EL DELINCUENTE ESPAÑOL

EL LENGUAJE

(ESTUDIO FILOLÓGICO, PSICOLÓGICO Y SOCIOLÓGICO)

con dos vocabularios jergales

POR

RAFAEL SALILLAS

AF273689

MADRID
LIBRERÍA DE VICTORIANO SUÁREZ
48 — PRECIADOS — 48
1896

© de la presente edición
   del 2024:

Editorial MAXTOR
   Fray Luis de León, 20
   47002 Valladolid (España)
   +34 983 090 110
   pedidos@maxtor.es
   www.maxtor.es

I.S.B.N. 978-84-1171-046-6
depósito legal: DL VA 262-2024

Advertencia preliminar

Mis modestas investigaciones criminológicas tienen un carácter que las distingue, y es el de ser investigaciones propiamente españolas, no solamente por la nacionalidad del sujeto investigado, sino por proceder en gran parte de una antropología muy anterior á la moderna antropología criminal.

Así lo manifesté hace algún tiempo al decir en una memoria ateneista *(La antropología en el derecho penal)* que «gracias á la intuición de nuestros literatos, se puede ordenar un libro de antropología criminal española, muy rico en la parte sociológica y en la psicológica, y más que ningún otro en el conocimiento de las sociedades delincuentes.»

No me proponía entonces acometer tan difícil empresa, aun sin más propósito que el de iniciarla; pero encaminándose en este sentido la dirección de mis estudios, el acopio de materiales en diferentes escarceos literarios, y la comprobación de las referencias con testimonios auténticos de la criminalidad viviente, me dan casi hecho el primero de los estudios de la delincuencia española asociada, estudio hecho con documentos verdaderamente humanos, y cuya singularidad se funda en construir el armazón de una psicología y de una sociología criminales con los modos de expresión con que . nuestros delincuentes se han espontaneado en las palabras de su propia jerga.

Este criterio creo que modifica bastante las apreciaciones de la antropología acerca del lenguaje jergal, dándoles un sentido más exacto, y definiendo más naturalmente los caracteres jergales.

Pero mi propósito al hacer esta advertencia no tiende á llamar la atención acerca de lo que el lector verá razonado en el texto del libro; ni á definir la importancia antropológica que tiene la materia de tal estudio; ni á ponderar la utilidad que reporta á jueces y magistrados el conocimiento de este singular lenguaje, sobre todo para distinguir á los delincuentes habituales de los de ocasión, que es el gran distintivo penal en los alcances de la ciencia jurídica contemporánea.

Lo que me propongo es justificar el título genérico de ésta y de las publicaciones que he de acometer en el empeño de iniciar estudios de antropología criminal española, á partir de los precedentes literarios y filosóficos, y á seguir en la comprobación de muchas realidades ignoradas.

Por eso el título genérico de *Delincuente español*, no es una pertenencia mía, es un banderín para todos los investigadores que en los estudios criminológicos tomen como punto de investigación el sujeto y el objeto nacionales: y de la importancia de sus trabajos resultará que el banderín se convierta en bandera que conduzca á establecer en el campo de la ciencia una orientación propia de la claridad de nuestras luces.

En otros tiempos estas luces permitieron columbrar lo que la ciencia ha visto algunos siglos después.

Sirvan de ejemplo el método y la enseñanza propiamente positivos de Juan Huarte, la intuición criminalista de Cristóbal de Chaves, y las profundas insinuaciones de los creadores y cultivadores de la novela picaresca.

EL LENGUAJE

(ESTUDIO FILOLÓGICO, PSICOLÓGICO Y SOCIOLÓGICO)

TEORÍA Y CARACTERES DE LA JERGA

DEFINICIÓN.—Es un fenómeno general la formación en casi todas las sociedades y en casi todas las lenguas, de una sociedad que difiere de la sociedad común, y de un lenguaje bastardo (1) que difiere en sus significaciones de la lengua del país, ó que la sustituye en una parte mayor ó menor con los términos de otra lengua.

El inglés tiene su *cant*, el alemán su *rothwoelsch* ó *kokamloschen*, el francés su *argot* y el español su *germania* y actualmente su *caló*.

¿En qué consisten esas sociedades? ¿En qué consiste su lenguaje?

Esas sociedades constituyen una segregación de la sociedad común, por no adaptarse ni á sus

_____

(1) En castellano ese lenguaje se llama *jerga*, equiparando su significación á la de la tela gruesa y rústica y á la del paño grosero, que también se llaman de ese modo.

tendencias, ni á sus costumbres, ni á sus leyes,
asociándose con arreglo á sus tendencias, a sus
costumbres y á sus leyes peculiares (1). Por eso la
asociación española que se caracterizó de ese modo
en los siglos xv y xvi y posteriormente, se llamó
germanía, es decir, hermandad, y el lenguaje que
hablaba, perfectamente definidor de sus condicio-

---

(1) «Por si eso no fuera bastante, ahí están las sociedades
de vida airada, constituidas para empresas de fuerza contra
el derecho, las cuadrillas de malhechores y bandidos, y aquellas otras que son su consecuencia, las brigadas de presidiarios en el sistema de prisiones en común. ¡Quién dijera que
también allí se produce un derecho consuetudinario, y que ese
derecho goza de autoridad como pudiera en una república
bien organizada, con una policía celosa y experta y con numerosa Guardia civil y ejército sobre las armas! Puede es-
tudiarse como notable ejemplo la antigua cárcel de Sevilla,
en la viva pintura que de ella nos dejó Cristóbal de Chaves.
Es todo un estado de derecho: como tiene su propia lengua y
una literatura peculiar, posee un sistema de funciones y de autoridades, libremente constituidas entre los penados mismos,
y con todo el prestigio debido á una larga tradición; todo un sistema tributario de patentes, gabelas y emolumentos; todo un
código de costumbres, unas abusivas y criminales, otras le-
gítimas ó indiferentes, pero todas igualmente irresistibles, en
cuanto que no puede sustraerse á ellas ninguno que se halle
sometido á su acción con no estar apoyados en ningún género de fuerza material: ni la administración de justicia es po-
derosa á desarraigar ese vicioso estado de derecho, sino
mudando las condiciones en que tales sociedades viven, ó
más bien disolviéndolas, dejando á cada delincuente solo
consigo mismo y envolviéndolo en una atmósfera de virtud
y de purificación que restaure en su alma la perdida noción
de la justicia.» (Joaquín Costa. *Teoría del hecho jurídico individual y social*, pág. 28.)

nes sociales, se llamó también *germania*, es decir, lenguaje propio, lenguaje de la hermandad.

De manera que entre la sociedad y su lenguaje existe una relación de intimidad caracterizada por peculiaridades sociológicas, psicológicas y filológicas. Por ser la sociedad en parte diferente de la sociedad común, tiene un lenguaje en parte distinto, y por acomodarse ese lenguaje al juego de una vida, contiene expresiones, modalidades y atributos de esa vida.

Hé aquí por qué las definiciones y los estudios de ese lenguaje han pecado de imperfectos. Los definidores é investigadores, ó se han atenido á la peculiaridad filológica, que es lo corriente en esta clase de estudios, ó han apreciado determinadas condiciones individuales concordantes con el tipo del idioma, ó, en fin, han fantaseado. Ninguno, absolutamente ninguno, ha estudiado el lenguaje y la sociedad como un todo, apreciando en el primero la expresión manifiesta de la segunda.

Según Mr. Royer (refiriéndose al *argot*), este lenguaje es un idioma de pura casualidad, que no ha pasado por el alambique de los Vaugelas, y que al través de los siglos ha conservado la sencillez de su tipo primitivo. Según Lombroso, que ha reunido y condensado todas las investigaciones referentes á las *jergas*, «uno de los caracteres particulares del hombre delincuente, reincidente y asociado, como lo está siempre en los grandes centros, es el uso de un lenguaje enteramente suyo, en el cual, mientras las asonancias generales y el tipo gramatical y sintáxico del idioma se conservan ilesos, está mudado completamente el léxico.» Con las observaciones de nuestro licenciado Chaves (Véase CARACTERES DE LOS DELINCUENTES SEGÚN EL LICENCIADO CHAVES. *La jerga*), se formula una definición mucho más antropológica. Se puede decir que la *germanía*, á que se refiere, es el lenguaje que usan los valientes, ladrones, rufianes y demás ralea, compuesto de «palabras acomodadas á la vida y entendimiento de esta gente.»

Resulta, pues, entre la sociedad y el lenguaje, una concordancia con la vida social y otra concordancia con el *entendimiento* de los individuos, concordancias tan íntimamente enlazadas, que sin individuos de determinadas condiciones no se concibe la formación de la sociedad, y sin la formación de la sociedad no se concibe la formación del lenguaje. De manera que este lenguaje empieza por ser un modo íntimo de expresión.

Así Mr. Royer se equivoca cuando atribuye á la «pura casualidad» la formación de ese lenguaje, y Lombroso acierta cuando lo define como «enteramente suyo» de quienes lo hablan; pero ese «enteramente suyo», sólo parece comprenderlo Chaves cuando le da un alcance biológico y sociológico enteramente desconocido en otras definiciones más modernas.

Sin que precise reunir los atributos esenciales de ese lenguaje para hacer una definición nueva, importa al interés de nuestro estudio hacer presente que toda investigación de la *jerga* debe mirarse preferentemente por el lado sociológico, aceptando el filológico como modo de interpretación de algunas formas que, por peculiares que sean, no constituyen lo verdaderamente esencial, porque lo esencial se encuentra en las manifestaciones de la vida, y esta vida es la única y autorizada definidora.

Por lo tanto, nos limitaremos á exponer, en primer término, qué caracteres se atribuyen á este lenguaje y cuáles de estos caracteres convienen con los de nuestra *germania*; cómo se ha formado, enriquecido y desvanecido ese lenguaje; y, en fin, cómo el lenguaje es expresión categórica de una sociedad y camino para llegar á conocerla.

Esto no impide el que á la vez que se presente la sociedad en función, se explique filológicamente el contenido de muchas palabras, para lo que nos serviremos de notas explicativas.

II. Caracteres que se atribuyen á las jergas.—En lo primero que aparecen empeñados los investigadores, es en definir si la jerga es un idioma ó un dialecto, y si participa de la naturaleza de ambos, Laurent (1) cree que Lombroso ha ido un poco lejos al elevar el argot á la dignidad de lengua. El escrúpulo no está verdaderamente autorizado, porque en la definición lombrosiana no se le concede esa dignidad toda vez que la jerga no hace otra cosa en la lengua de cada país

---

(1) E. Laurent. *Les habitués des prisons de París*, pág. 410.

que variar completamente el léxico, manteniendo
las asonancias generales y la sintaxis. En otro pasaje es donde le concede una parte de esa dignidad al admitir que, si no de la génesis espontánea,
participa la jerga del organismo y de la naturaleza
de las lenguas y dialectos, refiriéndolo principalmente á que los últimos se forman y deforman según el lugar, el clima, las costumbres y los nuevos
contactos (1).

Búscase luego en determinadas particularidades fonéticas una identificación de la jerga con las
lenguas primitivas, y á esta apelación corresponden las onomatopeyas y automatismos jergales.
Pero algunos investigadores no se contentan, para
establecer la comparación, con la estructura de algunas palabras, sino que la extienden á la estructura sintáxica y á la tendencia ideológica, y de esta
segunda comparación no resulta ni remotamente
acomodado el parecido. Tarde (2) demuestra las
diferencias que en este sentido son evidentes entre esas lenguas y el lenguaje jergal de cada
idioma.

Sin embargo, ni aun así la comparación es lo
bastante acomodada. Tarde tiene razón en cuanto
dice para manifestar las fundamentales diferencias que existen entre las lenguas primitivas y el
lenguaje acomodaticio que los delincuentes emplean, pero su comparación, si es pertinente para

---

(1)   Lombroso. *L'Uomo delinquente*, 4.ª edic., t. I, pág. 479.
(2)   Tarde. *La criminalidad comparada.*

desvirtuar ciertas tendencias que buscan la identificación del tipo criminal con el tipo salvaje, no
lo es para definir uno y otro modo de expresión.
La lengua primitiva es la rama de un tronco,
mientras que la jerga, como el mismo Tarde dice,
es el hongo que crece al pie de una encina. La
jerga se alimenta en todo y por todo de un organismo lingüístico determinado, para nutrir su propio organismo. Es, por lo tanto, la forma parasitaria de cada idioma, y procede, en vez de compa-
rarla con idiomas más ó menos remotos, hacer su
estudio en relación con el idioma de que se nutre.
En cada idioma las onomatopeyas y automatismos
constituyen manifestaciones infantiles, y esta in-
fantilidad no es sólo propia de la espontaneidad
intelectual del niño, sino un modo de inteligencia
indispensable para entenderse con los niños, en la
época en que no pueden comprender de otra manera. Así ocurre que muchos automatismos y onomatopeyas son inventados por los padres con excelente sentido pedagógico. Y por otra parte ni
los automatismos y onomatopeyas son exclusivos
del lenguaje jergal (existiendo como existen en el
lenguaje común), ni por su número y abundancia
caracterizan esa forma de lenguaje. Hágase el
cómputo de esas formas fonéticas en cada jerga y
compáreselo con el total de palabras de la misma
jerga, y se verá que su minoría es tan insignifi-
cante que no puede ser citada como elemento definidor y característico.

De las onomatopeyas y automatismos se pasa

á los arcaísmos. Según Lombroso (1), el contingente más singular de las jergas lo proporcionan las palabras anticuadas ó desaparecidas por completo de los léxicos vivos. Sin ser esto exacto en absoluto, porque aunque sea lo más singular no es lo más característico, conviene distinguir. En primer término no hay idioma que dentro de la región donde se hable no tenga zonas distintas, desde la caracterizadamente *arcáica* á la caracterizadamente *moderna*. Refiriéndonos al castellano, que es el que nos debe servir de ejemplo, se le pueden señalar en la Península diferentes zonas arcáicas, que corresponden á diferentes desenvolvimientos de la lengua romance. Hay regiones, como Portugal, que conservan formas lingüísticas que vivieron en Castilla y ya no viven. Hay regiones en el Alto Aragón más próximas por su fabla castellana á los siglos xv y xvi que al xix. Y hay, en fin, provincias en la Península que se caracterizan por el mayor número de incrustaciones arcáicas en su lenguaje. De manera que tratándose de un fenómeno significativo y general de la permanencia del lenguaje dentro de sus zonas de difusión, lo que se considera como singular en la jerga, es mucho menos singular que ese fenómeno, y tanto, que, al compararlo con él, la pretendida singularidad desaparece.

Además, conviene medir con relativa aproximación el arcaísmo, no fiándose para calcularlo de lo

---

(1) Loc. cit., pág. 475.

que dicen los diccionarios de la jerga, sino de lo que dice el lenguaje que se habla. Por ejemplo: entre los arcaísmos de la jerga española cita Lombroso *milanés* (el pistolete) y *joyosa* (dice *joyos*, la espada). Así lo dice el Vocabulario de Juan Hidalgo publicado en 1609. En aquel entonces el pistolete se decía *milanés* por dos razones: porque se usaba el pistolete y porque se fabricaba en Milán; pero hoy no se dice, porque al pistolete lo han ido sustituyendo otras armas de fuego, y porque ya han dejado de ser milanesas. Cuando se decía no era el término arcáico, ni de formación arcáica; y hoy, cuando se invoca como ejemplo de arcaísmo, se incurre en el error fundamental de creer que circula lo que está, como en vitrina de museo, en un Vocabulario casi del todo fenecido.

Joyosa no ha sido jamás una palabra arcáica de la jerga y su sentido es tan traslaticio como *milanés*. En éste se denomina el arma por la fábrica que la construye y en aquélla por el nombre de una espada célebre. Esta espada no es la del Cid, como equivocadamente se dice, sino la de Carlomagno (véase más adelante la nota á *Joyosa*), y aunque de la época de este emperador á la en que se emplea ese nombre hay distancia de siglos, tampoco la denominación es arcáica. Para demostrarlo basta detenerse á considerar el modo como esa palabra se incorporó á la jerga. Nos lo dice la voga que alcanzó un género de literatura (los libros de caballería) que penetró en lo más hondo de las capas populares, dejando allí, en los estratos de la

jerga, la incrustración traslaticia de tres espadas
famosas, la de Carlomagno, la de Roldán y la de
Reinaldos de Montalbán. (Véanse más adelante
las notas á *Durindana* y *Fisberta*.) Siendo, pues,
la adopción de la palabra coetánea de la literatura
que la propagó, no hay tal arcaísmo, ni actualmente existe, porque la palabra no se emplea.
Además, conviene advertir que dos de esas palabras (*Durindana* y *Joyosa*) han ingresado no solamente por influjo de la literatura que las propagó,
sino porque concurren en ellas determinadas sim-
patías jergales (1).

___

(1) También considera Lombroso como curioso resto arcáico el llamar *petum* al tabaco, diciendo que procede del antiguo español. No hay tal cosa. Nunca se ha llamado *petun*
al tabaco en España. Donde se le llamó *peto* fué en el Brasil,
y este nombre puede considerarse tan arcáico como tabaco,
pues es de la misma época próximamente, con la diferencia
de que el uno sobrevivió y el otro desapareció, quedando
aquél superviviente en parte, por haberle mantenido jergalmente su expresión metafórica, porque *peto* quiere decir
pecho.

En la *Fisiología y chistes del cigarro*, dice D. Serafín Estébanez (*Escenas andaluzas*, pág. 365): «En la Española la llamaron *cohuva*, en Nueva España *pisciel*, en el Perú *sayre* y en
el Brasil *peto*: en Europa, unos la llamaron *nicosiana*, de cierto quidam llamado Nicot, que en la embajada que de Francia
trajo á Portugal en tiempo del rey D. Sebastián tuvo conocimiento de esta hierba, y tomándola consigo la connaturalizó
en Francia: otros la llamaron *hierba regina ó de la cruz*; aquellos *vulneraria*; estotros *piperina*; pero los españoles habla-
mos y la llamamos *tabaco* y *efeté*: con tal nombre quedó bautizada para *in eternum*, porque los nombres que han de vivir
los ha de dar la gente de más autoridad.»

Más semejanza entre las lenguas primitivas y las jergas se podría encontrar, considerando que unas y otras se caracterizan por su pobreza lexicográfica y su riqueza de sinónimos. Sin embargo, en este particular lo que se advierte es que es más interesante y provechoso el estudio biológico y sociológico de la jerga que el estudio filológico. Los pueblos primitivos se caracterizan por la casi unilateralidad de sus acciones, y es consecuente que repitiendo con insistencia una misma acción busquen la variabilidad en el modo de denominarla. Las sociedades delincuentes se caracterizan de igual modo por su casi unilateralidad profesional, y de aquí que el modo profesional y los actos profesionales resulten superabundantemente calificados. No obstante, la sinonimia requiere también muy particular estudio. La insistencia en una acción no significa monotonía en la acción. La insistencia y la monotonía juntas representarían la acción siempre del mismo modo, y siendo representada monótonamente no la calificarían de un modo distinto. Dos calificaciones de una cosa aluden siempre á dos representaciones de la misma cosa, y siendo esto exacto, como en realidad lo es, la riqueza sinonímica alude riqueza de representaciones, y por lo mismo no basta decir, por ejemplo, que en la *Verba erótica* hay 300 sinónimos para denominar el acto veneno, 400 para las partes sexuales y 300 para la prostituta, sino se clasifican esos sinónimos por la diversidad de representaciones de una misma cosa. En nuestra *germania*, no en esa abundancia, sino mucho más limitadamente, existen algunos sinónimos para denominar á la prostituta, pero cada uno constituye una representación, y todos juntos concurren á definir sus peculiaridades y el papel que desempeña. Con mayor abundancia existen sinónimos para la denominación de los ladrones; pero esos sinónimos, bien estudiados, demuestran que en la práctica profesional del robo se ha llegado á una clasificación profesional muy aquilatada por aptitudes y tendencias, llevando á lo más sutil la división del trabajo ladronesco. Así que lo que esos alegatos en masa demuestran, es que la estadística, por conceptos excesivamente comprensivos, á lo que conduce es á dejar intacta la cuestión que se investiga.

Enlazando ahora la riqueza sinonímica con la pobreza lexicográfica, surge el concepto verdaderamente biológico y sociológico de los idiomas y las jergas. Un idioma pobre de palabras corresponde á una sociedad pobre de actos. Un idioma pobre de palabras y rico de sinónimos, corresponde á una sociedad reiterante en determinadas acciones. Su riqueza de sinónimos nos presenta lo culminante de las tendencias de esa sociedad, la pobreza lo embrionario, y la carencia lo desconocido. Lo que no está calificado no está representado, y lo que no está representado no se siente. Donde no hay palabras, por elementales que sean, para expresar determinados sentimientos, es que esos sentimientos no existen.

Ahora bien, si esto es exacto en lo que se refiere

á los idiomas, no lo es en lo que se refiere á las jergas, porque éstas viven al amparo de un idioma, del que se sirven y en el que se enmarañan, como una planta trepadora en un árbol, que para mantenerse en él necesita el sustento de su tronco y de sus ramas. Por eso las jergas, por muy difundidas que se hallen y por muy apretadas de términos y conceptos que se manifiesten, siempre dejan ver con evidencia el tronco nativo de que proceden ó en que se apoyan. Así, pues, los sentimientos que no se hallen calificados en la jerga no puede decirse que no existan en los individuos ó en la colectividad, porque esos sentimientos pueden tener su expresión caracterizada en el idioma nativo, que en este caso hace veces de idioma supletorio.

De todas maneras la jerga no se sustrae ni se puede sustraer á esa ley biológico-filológica que impone que lo representado y lo actuado predilectamente, sea por lo mismo predilectamente calificado. El lenguaje jergal en sus palabras contiene una expresión culminante de los caracteres y tendencias de la sociedad que lo habla. De aquí el mérito y la exactitud de la definición de Chaves. Ese lenguaje es un conjunto de palabras acomodadas «á la vida y entendimiento» de quienes las inventaron y las usan. Es un órgano que corresponde y se amolda á la función. Es un lenguaje enteramente representativo y definidor de una colectividad.

Dicho esto, resultará algún tanto ocioso cuanto se insinúa acerca de la pobreza de la jerga, y no menos desprovistas de fundamento las razones á que esa pobreza se atribuye. Parecen olvidar los que así razonan que en la formación de las lenguas normales influye un ambiente normal siempre amplio, y que las jergas no se desarrollan en ese ambiente, sino en otro, sobre anormal, restringido y oculto. Y aun así, si las condiciones del ambiente se lo permiten, las jergas manifiestan, como cualquier otro lenguaje, su tendencia á la difusión, y no por otro camino han conseguido penetrar algunas veces en el lenguaje común, en las costumbres (Véase LITERATURA-RUFIANESCA) y en la literatura. Sirva de ejemplo característico nuestra *germania*, á la que han tenido que hacer hueco los académicos en el Diccionario de la lengua, por haberla encontrado aposentada en las obras de Mateo Alemán, Cervantes, Quevedo y tantos otros.

No sirven, pues, las apelaciones al trabajo de depuración lingüística por obra de las autoridades constituidas y reconocidas, académicos, literatos y profesores (1), porque ese mismo trabajo de depuración existe en determinados períodos históricos de la jerga, siendo en sí un lenguaje que se caracteriza por su propiedad y su utilidad, no aspirando, en manera alguna, ni á la elegancia ni á las pomposidades que constituyen el vuelo de cada árbol lingüístico al manifestarse literariamente. Tampoco cabe, en mi opinión, referir esa pobreza á la imbecilidad de los inventores y habladores de jerga;

---

(1) Lombroso. Loc. cit., pág. 477.

á quienes se supone más ricos de espíritu que de
ingenio, porque la imbecilidad es en este caso un
concepto que peca de automorfismo por querer representarnos á esa sociedad como es la nuestra y
no como es en sí, y porque dentro de su manera
de ser, lejos de manifestarse imbécil para lo suyo
es, por el contrario, sutil, ocurrente y avisada.

Descartando las afinidades con las lenguas primitivas por el uso de onomatopeyas y automatismos,
apego á la tradición que se manifiesta en los términos arcaicos, riqueza de sinónimos y pobreza
lexicográfica, quedan otras formas de la jerga que
me permitiré calificar de formas de *disimulo* y formas de *representación*.

El disimulo es, en mi concepto, el verdadero ins-
pirador de la jerga, y este disimulo obedece al modo
y á los fines de la asociación que se sirve de tal
lenguaje. Por eso hay nombres genéricos de la
jerga que califican ese disimulo y que califican la
asociación. La jerga alemana se denomina por los
ladrones del pais *kokamloschen*, es decir, *lengua
astuta* (de las palabras hebreas *hanam*, cuerdo,
astuto, y *laschon*, lengua) y en sardo se la denomina *cobertanza*. La jerga española se llama
germania (del latín *germanus*, hermano), es decir,
hermandad.

El primer concepto del disimulo lo tenemos en
dos palabras de la jerga española, seguramente
las más calificativas y representativas de las cualidades y defectos de los asociados. Representan
al delincuente en la ejecución del delito y al delin-

cuente ante la justicia. Parten de la idea de dos colores: uno, el blanco, en que todo aparece claro, y otro, el negro, en que todo aparece obscuro. *Blanco* es el que se deja engañar, el que se acobarda, el que declara, el que confiesa. *Negro* es el que engaña, el que no se intimida, el que no abre su boca aunque lo mortifiquen las durezas del tormento, el que niega lo que le imputan. Esos dos colores corresponden á cualidades que se manifiestan en una lucha (la del delincuente con la sociedad), y definen que la jerga, ante todo y sobre todo, empieza por ser un lenguaje estratégico.

A partir de la realidad de este concepto, bien puede demostrarse un trabajo de depuración en las formas de disimulo. Hay formas sobrado elementales, primitivas é infantiles, que corresponden á la modalidad de las jergas de entretenimiento de Biondelli. Tal ocurre, en mayor ó menor grado, con la mayoría de los disimulos fonéticos, inversión de sílabas, cambios de vocales, añadido y mutación de desinencias, metátesis, transposiciones, supresiones y aumento de sílabas. En la jerga española son ejemplos de esta elementalidad las permutaciones *chepo* por pecho, *demias* por medias, *nipos* por pinos, *greno* por negro y *taplo* por plato; y las elipsis *guanta* por a-guanta, *garro* por a-garro, *gertas* por in-gertas y *tisbar* por a-tisbar. Estas formas serán ó no las primitivas de la jerga, pero es lo cierto que son las que tienen manifestaciones más limitadas. En la jerga española constituyen casi una excepción; y si nos atenemos á lo que se dice en el tercer romance de los anónimos de la colección de Juan Hidalgo, anteriormente á esta jerga hubo otra, pues allí se explican los términos de la *nueva germania*.

De las formas infantiles se pasa á otras que revelan mayor astucia lingüística, concordante con el más redomado disimulo de los que, para este efecto, se pueden considerar como profesores de la jerga. En las mismas permutaciones se descubre esta segunda tendencia. Una permutación que desfigure la palabra sin dar sentido nuevo á esa palabra, viene á constituir algo semejante á un logogrifo fácil de adivinar. Pero una permutación que transmute la palabra en otra palabra de uso común y de significado diferente, ya complica la interpretación y encaja más bien en los intentos del disimulo. Hacer esto es conseguir cambiar las palabras y las representaciones, y entonces la representación constituye el verdadero muro defensivo para que la palabra no se interprete. Además, dentro de esta forma se descubre otro perfeccionamiento, que consiste en que la permutación, sobre conseguir la transmutación de la palabra en otra de significado diferente, se realiza á partir del sentido de la palabra que se transmuta y de la representación calificadora que esa palabra tiene. Por ejemplo: en germania la posada se llama *percha*, demostrándose por los romances germanescos que esa posada alude preferentemente á la de la prostituta. Entre percha y posada no se advierte la coincidencia de representación. Además, la per-

cha de sastre ha adoptado en *germania* el nombre
arábigo de *alcandora*. Buscando por otro camino
la interpretación, se descubre que lo que se hace
en la posada, y preferentemente en la posada de
la prostituta, es «pechar», y de aquí que aparezca
claro que *percha* no es otra cosa que una permutación de esa palabra á partir de ese concepto.

Hay otro modo de disimulo que corresponde á
la elementalidad de las tendencias permutadoras,
y que tiene también dos formas: una en que se
desfigura un concepto comprimiéndolo en una palabra, pero sin que esta palabra tenga un significado común; y otra que desfigura una palabra
fusionando conceptos exactamente representativos, y haciendo una palabra de significado común
y enteramente diferente del jergal. De lo primero,
que constituye modos de contracción, son ejemplos las palabras *acetre* y *oseta*. La primera equivale al castellano *repullo* (del latín *repulsus*, re-
chazo), es decir, sobresalto corporal que produce
el miedo ó la sorpresa súbitos. En ese momento
de impresión, la persona impresionada se «hace
atrás», y ese modo representativo es el que con-
trae la jerga en la palabra ace-*tre*. La palabra *oseta* (J. Hidalgo la escribe *osseta*) define «lo que pertenece á la Rufianesca». Esa pertenencia hay que
deslindarla para entrar en la averiguación del significado. En parte ayuda la locución *echar de la
oseta*, «hablar recio, jurando y perjurando» (1);

_____

(1) En *La Pícara Justina* se dice (pág. 163, col. 1.ª).

pero esto es una generalización del concepto primitivo, que no se define. Lo que pertenece en primer término á la rufianesca, como se verá más adelante, es la propiedad de la mujer, y esta propiedad se defiende con alardes y con armas, como lo dice con toda claridad el texto y el sentido de los romances germanescos. (Véase POESÍA RUFIANESCA.) De esta propiedad arranca un imperativo equivalente al famoso «Nadie las mueva», formulado en una interjección arrogante, que se precisa en términos de demanda brabucona diciendo: «¡Quien tal ose!», y el «ose tal» ha venido á condensarse en la ose-ta. El otro modo de disimulo tiene su ejemplo bien categórico en la palabra jergal *calabaza*, que quiere decir ganzúa, no viéndose representativamente la concordancia entre ese instrumento ladronesco y la familiar cucurbitácea. Pero si se reflexiona en la función que desempeña la ganzúa, se advierte que lo primero que se hace con ella es introducirla en el agujero de la cerradura, es decir, *calar*, y luego dar vueltas y abrir, concepto de dominio del instrumento calificado por el verbo árabe *baza*, que significa dominar: *cala-baza* = cala y domina.

Aunque en la jerga todo obedece fundamentalmente al disimulo, el disimulo por alteraciones fonéticas es sumamente limitado en comparación

---

«Ahora que cosi, cosi, solía yo con este hombre hablar de la *oseta* y meter más ruido y armonía que gorrión en sarmentera; mas luego que le quise bien nunca tuve palabras.»

con el disimulo por representaciones. Este es el verdaderamente característico de la jerga, y lo que importa es deslindar lo que está representado y el modo de representación, á fin de que aparezca el entronque fonético con el entronque biológico y sociológico. El disimulo en este caso cambia radicalmente de modos. No lo realiza el manejo permutador de letras, sílabas y locuciones, sino el manejo de imágenes. Y este manejo no obedece como antes al capricho, al juego jergal impulsado por una tendencia disimuladora, sino al juego de la vida representado en una mente que ve ese juego á su manera. No se disimula por cálculo, sino por sentimiento de las cosas, y ese sentimiento es el que se singulariza demostrando su naturaleza peculiar y conjuntamente los estímulos determinantes. Lo que antes era disimulo constituye ahora diferenciación de la individualidad y de la colectividad; lo que era materia puramente filológica se convierte ahora en materia primordialmente biológica y sociológica.

Por lo mismo no se debe limitar el estudio á la palabra jergal, sino á la persona jergal, y demostrándose coincidentes ésta y aquélla, quedarán á la vez definidos el lenguaje y la persona.

¿Quién es la persona? Un delincuente. ¿Cómo se llama? De varios modos; pero hay nombres primordiales y genéricos que lo califican. ¿Cuáles son esos nombres? El primero rufián, que con su personalidad de rufián puede reunir la de ladrón y la de fullero. ¿Qué es el rufián? En primer término un representante de la fuerza, un hombre que domina y hace que le tributen. ¿A quién domina y quién le tributa? A la mujer. En segundo término es un representante del negocio y generaliza ese negocio á todas las formas de explotación propias de sus procedimientos y sus alcances. De aqui que el rufián empiece por darse nombres correspondientes á sus cualidades, y por dar nombres á lo que tributa y á lo que negocia. La influencia filológica es la misma que se manifiesta en toda sociedad comercial ó en toda sociedad civil que califica sus funciones y sus oficios. La jerga ha calificado largamente los oficios y las funciones rufianescas, ladronescas y fullerescas, y como estos oficios se desarrollan dentro de una asociación, la ha calificado también con una serie de particularismos. Con esta guía, desde un punto de afinidad, puede seguirse en el vocabulario de la jerga española todo el desenvolvimiento de la asociación y de sus asociados, el de una parte de la técnica profesional y algo de la estrategia que los fines de la asociación hacen ineludible. Lo calificado corresponde á una realidad, á un interés y á una práctica, y parezcan lo que quieran los términos de que se valen, resultará siempre que responden á un sentido íntimo que, si por acaso se disfraza, lo hace en la envoltura de una representación mental propia de su entendimiento. Por eso quien se proponga conocer la jerga ha de seguir un rumbo psicológico, pues de otro modo le será imposible penetrar en el origen y en la relación de sus representaciones

en una serie de enlaces que hasta ahora no han
sido estudiados.

Proceder de otra manera, presuponiendo caracteres para amontonar datos que ni siquiera se
estratifican, y buscando relaciones remotas fuera
del orden verdaderamente natural, es hacer acopio de materiales que para ser utilizados necesita-
rán ser nuevamente removidos. A esto conduce
el estudio de la personalidad truhanesca fraccio-
náriamente y como manifestación excepcional y
extraña, y no como manifestación real y definida.
Lo que importa, dejando singularismos aparato-
sos y comparaciones anticipadas, es reconocer
esa personalidad en su virtualidad inherente, sin
suplantarla con ingerencias críticas. Como tal personalidad lo que hace será malo, pero es propio, y
esa propiedad es lo que interesa. Las cosas calificadas por ella tendrán la impresión genuina de
su carácter, dando muchas veces mayor garantía
que cualquier profesor ó académico, porque lo calificado ha sido previa y reiteradamente experi-
mentado, y como trasunto de cosa vehemente sen-
tida, condensa, por lo menos, la definición de un
aspecto de esa cosa. Y ese aspecto nadie está en
condiciones de descubrirlo íntimamente más que
quien íntimamente se relaciona con él; así que
las palabras de la jerga, en lo que psicológica y socialmente tienen de definidoras, constituyen autoridad incuestionable.

De este modo el deslinde del lenguaje jergal
tiene que hacerse—supuesto que es lenguaje de

una asociación—fijando los límites de la colectividad que lo ha formado. Esos límites están en su entronque, en su desenvolvimiento y en sus relaciones. El entronque descubre personalidades primarias, y el desenvolvimiento personalidades derivadas ó afines. De aquí una clasificación ó enumeración minuciosa de esas personalidades caracterizadas por sus oficios. Las relaciones demuestran un modo de ser constitutivo, y dentro de ese modo de ser un fin, y dentro de ese fin un procedimiento, y dentro del procedimiento una actividad, y en la actividad un juego con sus ganancias, sus pérdidas y sus quiebras.

En este enlace aparecen relaciones de asociación en lo interno de la colectividad y relaciones de procedimiento con la colectividad que ha de ser explotada, y como esta colectividad se defiende y castiga, aparecen relaciones con sus organismos jurídicos que expresan en el lenguaje jergal los modos, formas y eficacia de esa defensa.

Hecho el deslinde sociológico, toda interpretación de conceptos psicológicos de la jerga ha de contrastarse en ese deslinde. Por divergente que resulte el concepto jergal del concepto común, esa divergencia se atenúa si se la relaciona con las condiciones en que ese concepto se ha manifestado; y sin el estudio de esas condiciones el del lenguaje resultará, como en efecto resulta, un desglosamiento más ó menos desordenado y equívoco. La jerga, la verdadera jerga histórica, la formada por una asociación delincuente en la época en que pudo

vivir y manifestarse á influjo de la tolerancia del
medio social, constituye un todo, representa una
personalidad, con sus partes enlazadas por un vín-
culo común; expresa una vida y un modo de vivir,
y sin ingerirse en las intimidades de esa vida, no
se podrá explicar otra cosa que ciertos caracteres
externos y llamativos que, por esto último, pare-
cerán caracteres esencialmente anómalos.

Y precisamente en la definición de lo anómalo—lo mismo en lo que respecta al lenguaje que á
otros caracteres antropológicos—hay mucho que
regatear á la pretendida pureza del método positivo. Lo anómalo puede ser tal si se aprecia parcial-
mente, y no lo puede ser, ó no lo será tanto, si se
aprecia en el conjunto de las condiciones que lo determinan, en cuyas condiciones ha de reconocerse un
proceso natural que fundamentalmente no difiere
de los procesos normales. Precisamente la antropología corre peligro de desvirtuarse en sus comienzos, porque el relieve que ha empezado á
conceder á lo pretendido anómalo, constituye poco
á poco una generalización exagerada y luego una
obsesión. Le puede pasar á la antropología lo que
á las religiones, que extendiendo inconmensurable-
mente los dominios de la fe, han hecho regla habitual de las manifestaciones milagrosas, siendo preciso que las mismas autoridades eclesiásticas se
preocuparan de refrenar esta tendencia, que constituía un peligro para los fines y la esencia de la
misma religión. La idea de lo anómalo, por lo pri-
vativa en la antropología contemporánea, corre el

peligro de difundirse en la idea de lo monstruoso, y á la antropología, como ciencia natural, lo que le interesa es que el hilo sutil de lo natural no se pierda nunca en el laberinto de las investigaciones, único modo de que esas investigaciones resulten convincentes.

Como manifestación fundamentalmente anómala ha sido estudiado el lenguaje jergal, olvidándose del parentesco íntimo que tiene con todas las formas normales en la producción lingüística, y sin detenerse á considerar que en el léxico y en el lenguaje común existen representadas todas ó casi todas las formas de la jerga. La anomalía, para que resulte coincidente con anomalías de otros órdenes y para que concurra á la definición de un tipo, se refiere á dos modalidades, que se pueden denominar en conjunto arcáica y patológica. La primera pretende hacer coincidir el tipo jergal con el tipo primitivo ó salvaje, haciendo resaltar en los habladores de jerga las tendencias conservadoras del lenguaje (no obstante la mutalidad característica de este lenguaje) y sus modos genuinamente primitivos. La segunda atribuye determinadas particularidades del lenguaje á la imbecilidad de sus autores. A este último carácter se atribuye la tendencia á animalizar y bestializar las cosas humanas, y al primero todo lo que se define como atavismo. Por eso dice Lombroso: «Hablan distintamente porque sienten de un modo distinto; hablan como salvajes porque son salvajes vivientes en medio de la floreciente civilización europea; adoptan, por lo mismo, como los salvajes, frecuentes onomatopeyas, automatismos y personificaciones de los objetos abstractos» (1).

La apreciación resulta bastante subyugada á un prejuicio é incurre en el defecto de las generalidades. Ya quedan hechas varias consideraciones que quitan valor á la pretendida singularidad de determinadas modalidades de la jerga y otras que reducen considerablemente los conceptos que se dan como característicos. En lo que se refiere á la jerga española, que es la que hemos estudiado detenidamente, cabe decir que las formas atávicas (onomatopeyas y automatismos) son muy pocas y que, como en el léxico común, constituyen la excepción, y que tampoco son muy abundantes las personificaciones de los objetos abstractos, que también existen en el lenguaje familiar. También son pocas las formas caracterizadamente arcáicas, tan pocas que no autorizan á inducir de ellas un carácter jergal y un atributo representativo. Las formas propiamente jergales son las representativas, y estas formas sólo se explican satisfactoriamente colocándose en la situación en que tales representaciones se manifestaron, lo que implica sustituir el modo filológico por el modo psicológico y sociológico para intentar el estudio de la jerga.

En conclusión, y como producto de nuestras in-

---

(1) Loc. cit., pág. 487.

vestigaciones de la jerga española, podemos resumir sus caracteres en los siguientes:

1.º La jerga empleada por los delincuentes se caracteriza por sus tendencias al disimulo.

2.º El disimulo afecta tres formas principales: 1.ª, de alteración fonética; 2.ª, de sustitución (palabras extranjeras); 3.ª, de representación.

3.º Las alteraciones fonéticas se pueden reducir á formas de permutación, de eliminación y de fusión.

4.º Las formas de sustitución, ó son accidentales, ó son predominantes. Las accidentales se advierten en las jergas derivadas inmediatamente de una lengua nativa, en que por contacto con otras lenguas, se han ingerido algunas palabras extrañas. Las predominantes caracterizan las jergas que han ido abandonando las palabras derivadas de su lengua nativa, para adoptar las de un lenguaje que, por la índole de la sociedad que lo habla, tiene una especie de representación jergal. Tal ocurre con la *hokamloschen*, mezcolanza de alto alemán vulgar, alemán judaico y expresiones y giros del hebreo iliterario, y con el *caló carcelario*, actual jerga española, en que predominan las palabras tomadas, influenciadas ó derivadas del caló ó dialecto de la lengua zíngara, hablado por los jitanos españoles.

5.º Entre los modos de representación hay uno fonético y otro imaginativo. En el fonético deben comprenderse los onomatopeyas, omofonias y automatismos, y también la fusión de una representación imaginativa con una alteración ó disimulación fonética más ó menos caprichosa.

6.º   Las formas de representación propiamente dichas, son las que dominan en el lenguaje jergal.

7.º   La representación casi nunca es caprichosa, sino que, por el contrario, responde á una impresión, á una sensación muy viva. Es un carácter de la jerga lo acentuado y exagerado de muchas representaciones, correspondiendo á lo acentuado y exagerado de las impresiones.

8.º   En la forma representativa se distingue el más ingenioso modo de disimulo, que consiste en transmutar una palabra en una representación absolutamente diferente.

9.º   Las formas de representación no constituyen propiamente tendencias al disimulo, y si el disimulo las produce algunas veces, es de un modo secundario. Lo privativo es la sensación que las determina.

10.º   Dentro de las formas de representación, son predominantes aquellas que corresponden al léxico profesional de la jerga, determinadas por la función á que obedecen, por el interés que representan y por el modo de realizar ese interés.

11.º   En el léxico profesional las agrupaciones más numerosas son las que se refieren á los nombres y cualidades profesionales, á la acción ofensiva y defensiva, y á las conexiones derivadas de esa acción.

12.º   A esa acción se debe atribuir el conjunto de impresiones determinantes del lenguaje jergal.

Y para que estas conclusiones tengan un valor positivo, conviene justificarlas con ejemplos de la jerga española.

CARACTERES DE LA JERGA ESPAÑOLA.

—Alteraciones fonéticas.—Formas de permutación.—*a) Permutaciones elementales.* — *Chepo* (pecho), *demias* (medias), *greno* (negro), *lepar* (pelar), *lepado* (pelado), *nipos* (pinos), *tamba* (manta), *taplo* (plato), *toba* (bota). En *tamba*, además de permutación, hay sustitución de la n por la b. Se da también el caso de sustitución sin permutación en *Cafar* = escapar, que es la sustitución de la z de «zafar» por la c. Lo propio ocurre en *buhar* = soplar ó descubrir alguna cosa, que es alteración de *bufar.*—*b) Permutaciones complicadas.* La primera forma es la de doble permutación, que consiste en permutar la palabra en una representación diferente. Tal ocurre en la permutación de «trigo» en *grito,* y la de «pechar» en *percha,* y la de «baile» en *leyva.* En estas dos últimas lo que se hace es formar una representación, definirla en una palabra y permutar la palabra en otra representación. Se forma la representación de la posada, y principalmente la de la posada de la prostituta, por lo que se hace en ella económicamente, que es «pechar», y se permuta la palabra en *percha.* Se forma la representación de la «manga de sayo» que como manga desprendida se agita con los movimientos del cuerpo y de los brazos, en «baile», y se permuta la palabra en un apellido célebre, *Leyva.* Hay caso de doble permutación, como ocurre en *coba* (real), permutada en *boca* (real). Incuestionablemente el concepto originario es *coba*, que en la jerga actual, y más bien en el lenguaje picaresco actual, significa engaño, porque el engañar ó entretener con razones encaminadas á este fin, se califica con la locución *dar la coba*. En este acto hay dos representaciones, una fundada en lo que hace la gallina con los polluelos, reteniéndolos bajo sus alas, y otra en lo que hace quien la imita «cobando» á los que se dejan engañar, que es hablar, lo que se personifica en la «boca», y de aquí la permutación de una y otra palabra en una y otra representación, para calificar lo que se saca del engaño, que es el real, el dinero. A partir de las permutaciones de una representación, se ofrece algún ejemplo en que á primera vista parece que se funde la representación con una desinencia jergal, pero lo que ocurre es que esa desinencia está tomada de otra representación. Por ejemplo: lo que la mujer gana con su cuerpo se llama en la jerga española *caida*, término alterado en *caire, cairo, cairón, cairia* y *cairelota*, para expresar en las cuatro primeras mutaciones la ganancia y en alguna de ellas el sitio en que se gana, y en la quinta la camisa gayada ó de placer, que es con la que se gana. Pues bien, las desinencias de mutación se hallan inspiradas en una concordancia de *caída* con cierto adorno del traje, con el «cairel», que familiarmente se llama también «caída». En las permutaciones que sólo se caracterizan por el cambio de una letra, hay también ejemplos de permutación de representación, como sucede en *buho* (soplón) derivado de *buhar*.

Formas de eliminación.—No son más numerosas en la jerga que las formas de permutación. A las citadas anteriormente (*guanta, garro, gertas* y *tisbar*), muy pocas se pueden añadir. Por eliminación de «extraviado» se ha formado *estravo* (loco), y de «ferreruelo» *herrero*.

Formas de fusión.—Estas formas son las características de la jerga, tan manifiestas é imperantes, que se descubre en muchos casos fusión de palabras y fusión de representaciones. Si alguna vez parece que la jerga tiene desinencias propias en algunas palabras que por su desinencia llaman la atención, se advierte luego que la fusión es la determinante de la desinencia. La tendencia á abreviar, que se da como carácter de la jerga, no es otra cosa que una de las modalidades de la fusión. Hay fusiones elementales, como *acetre* y *oseta*; hay fusiones con transmutación de representación, como *calabaza*; y hay, en fin, fusiones de palabras y conceptos. Del griego *artos* (pan), verdadero arcaismo de la jerga, se ha formado el español *hartón*, concordancia omofónica con «hartar», y concordancia calificativa, porque el pan «harta». Del nombre jergal *marca*, uno de los que califican á la prostituta, y del derivado de *artos*, *artife*, se ha formado el *marquiartife*, que significa también pan, y que por la fusión de conceptos significa pan de la prostituta, equivalente á tributo rufianesco. De *jiba* (bulto), que ya veremos más adelante que por otras representaciones equivalentes puede aludir á bulto de dinero, se ha formado el verbo *enjibar* (guardar y recibir), y por la fusión de éste con *caire*, el nombre de rufián *enjibacaire*, que indica que lo que guarda y lo que recibe es lo que la mujer gana con su cuerpo. El mismo *caire* fusionado con el verbo «dar», produce el término fulleresco *dancaire* (jugar por otro y con dinero de él). *Chanza* (sutileza ó astucia) se fusiona con *zaina* (bolsa) para calificar la tendencia en el término *chanzaina*, pues significando también sutileza ó astucia, indica que con ello se apunta á la bolsa; y es de presumir que aunque *chanfaina* (rufianesca) coincide en cierto sentido con la significación de un término castellano, esta coincidencia se haya estimado únicamente para el disimulo jergal, ocurriendo en la formación de este nombre la sustitución de la *z* por la *f*. *Godo* significa rico ó principal; pero para calificar más determinadamente la principalía rufianesca, se ha formado el término *godizo*, fusión de *godo* y de *iza* (prostituta). *Murcio* significa ladrón, y para calificar al ladrón que hurta á los que duermen ó hurta á primera noche, se ha tomado la representación del «gallo», como personificación de esas horas, formándose los calificativos fusionados de *murciglero* y *murcigallero*.

Formas de sustitución.—Constituyen estas formas, como ya se indica anteriormente, la ingerencia de palabras extranjeras en el lugar que ocupaban las de la lengua nativa. Estas formas en la jerga antigua (*germania*) son muy raras, y en la actual (*caló carcelario*) predominantes. Aparecen tomadas del francés las palabras *belitre, borne, dupa, muquir* y *muquición* y *sage* (astuto ó avisado): del italiano, *parlar, mancar, bracio, gamba, sacocha* (de *saccoccia,* alforjas), y probablemente *Suzarro, suzarrillo* y *vellerife*: del italiano y del francés *fromage.*

FORMAS DE REPRESENTACIÓN.—Son las genuinamente características de la jerga. La jerga no se distingue por tener modos fonéticos peculiares, sino por tener peculiares modos representantivos. No se distingue por la influencia filológica, sino por la influencia psicológica. Por lo tanto, hay que estudiar psicológicamente estas representaciones. Hasta ahora el modo representativo de la jerga se ha caracterizado en la modalidad de nombrar las cosas por sus atributos; pero este modo no se ha sometido á análisis para hacer las convenientes diferenciaciones y referir cada representación á su impresión ó su tendencia determinantes. A esta justificación se encamina nuestro estudio, que procuraremos exponerlo metódicamente.

Calificación por atributos.—Sesenta y dos palabras hemos separado del léxico jergal en que este modo de calificación se manifiesta. Unas acusan sensaciones de·dimensión: *ancha* (ciudad), *alta* (torre), *enano* (puñal), á que se puede añadir, como sensación de verticalidad, *plomada* (pared); otras califican por la forma en si ó comparativamente: *campana* (saya), *campanudo* (broquel), *hueca* (ca-

ña), *combada* (teja), *tejado* (sombrero), *aristas*
(piedras), *luna* (rodela), *cometa* (flecha), *embudos*
(zaragüelles), á que se puede añadir *barbado* ó
barbudo (cabrón) y *dentones* (tenazas); otras descubren sensaciones luminosas y sus derivadas:
claro (cielo), *clariosa* (agua), *luminaria* (ventana),
luceros (ojos), *rayos* (ojos), *verdón* (campo), *negra*
y *negrota* (caldera), *ilustres* (botas), *niebla* (madrugada); otras indican sensaciones táctiles: *liso*
(tafetán) y en cierto modo *babosa* (seda), á que se
puede añadir *blanda* (cama); otras se refieren al
sonido: *gruñente* (puerco), *balante* (carnero), *sonantes* (nueces), *golpeado* (postigo); otras son propiamente sustantivas: *barroso* (jarro), *ferronas* (espuelas) y *desosada* (lengua); otras precisan la posición que ocupa el objeto: *faldudo* (broquel), *cubierta* (saya), á que se puede añadir, por derivar
de este concepto, *capa* (noche); otras determinan la
función: *labradora* (mano), *pisantes* (zapatos y
pies), á que se pueden añadir *cruzado*—elipsis
cruz—(camino), *calca* (camino), *corriente* (río),
mordientes (tijeras); otras se conexionan íntimamente con sensaciones mortificantes ó dolorosas:
apretado (jubón), *duros* (zapatos y azotes), *tirantes*
(calzas), *tiradera* (cadena), *picante* (pimienta), *picón* (piojo), *punjiente* (espina), *quemantes* (ojos);
otras se inspiran en la idea de asociación: *liga*
(amistad), *hermanas* (orejas y tijeras); otras cafili-
can un todo por una parte: *banco* (cárcel); otras se
fundan en una cualidad imperativa: *cierta* (muerte), *fresca* (nueva); otras constituyen un modo es-

tético: *bonito* (ferreruelo); y otras, en fin, aprecian distintas circunstancias, como ocurre al denominar al gallo, que se llama *caporal, rey* y *obispo*, por su jefatura corralesca, *capiscol* porque canta, y *misacantano* porque coincide su canto con el toque de misa de alba.

A estos términos se pueden asimilar otros que aluden: á la dimensión longitudinal, *árbol* (cuerpo), *arbolado* (crecido), *asta* (lanza), *astado* (crecido), *chapitel* (cabeza); á la estrechez, *banasto* (cárcel); á la forma, *balanza* (horca), *ballestas* (alforjas), *cobarba* (ballesta), *carlancas* (cuello de camisa), *enrejado* (preso), *gabia* (casco), *calzas* (grillos), *pirámides* (piernas), *racimo* (ahorcado), *bosque* (barba), *orizonte* (casco), y aparentemente *bola* (feria), porque este término implica rotación; á las sensaciones luminosas, *centella* (espada), *fanal* (ojo), *lanternes* (ojos) y extensivamente *nube* y *nublado* (capa); á la función, *anclas* (manos), *martillo* y *martillado* (camino); á una sensación mortificante, *carcoma* (camino); á una sensación erótica, *dichosos* (botines ó borceguíes de mujer); á la idea de asociación, *cofradía* (malla).

Fijado este carácter de la jerga, que es incuestionable, lo que importa es advertir que en esencia no constituye singularidad—porque las cosas se denominan por apreciación de su naturaleza—y que la singularidad está en el modo.

Este modo puede hacerse depender ó bien de la naturaleza de la personalidad de los creadores de la jerga, en lo que conviene la definición de

Chaves, cuando la define como acomodada al entendimiento de tales gentes, ó bien de las condiciones del medio, que en la misma definición se tiene en cuenta al hablar no solamente del entendimiento, si que también de la vida.

Entonces podremos empezar por decir que los formadores de la jerga entienden de cierto modo y viven de cierto modo, lo cual les hace ver las cosas concordadamente con esas aptitudes é influencias.

Pero aun así, importa la distinción de si esas condiciones de entendimiento son nativas ó accidentales, y si lo segundo, precisar los accidentes.

En mi opinión hay algo nativo y mucho accidental, y como es difícil hacer un apartado categórico en estos dos grupos, y como no se debe eludir la demostración en cada caso del carácter que distingue á cada palabra, lo que procede es hacer la distinción enumerando los caracteres que indiquen una ú otra cosa.

Estos caracteres se pueden agrupar, por el momento, en dos fases, que consisten en la simplicidad y en la exageración de las representaciones.

Simplicidad de las representaciones.—Sin decir que sean ó dejen de ser imbéciles los formadores de la jerga, es notorio que las alteraciones fonéticas representan, en su excepción, modalidades propiamente infantiles, y que las representaciones concuerdan por su simplicidad con esta índole primitiva. Acudiendo, para explicarlas, á otro razonamiento de Lombroso (*Génio e follia*) que para definir en qué consiste el genio habla de combinaciones binarias, ternarias y cuaternarias de sensibilidad, podremos decir que en el lenguaje de los delincuentes sólo se descubren las primeras. Este lenguaje, relacionado con la naturaleza afectiva de sus inventores, permite hacer alguna indicación acerca de su sensibilidad. Esta sensibilidad es evidente en cuando se relaciona con determinados estímulos, y aparece como completamente embotada en otro orden de relaciones. La diferenciación de esa sensibilidad y de ese embotamiento es el camino para conocer las determinantes de la jerga, que no se ha formado ni ha podido formarse de otro modo, y en el desenvolvimiento de este estudio se procurará hacer particularmente esa diferenciación; pero por el momento lo afirmable es que las *representaciones* se *distinguen en conjunto* y en detalle por su simplicidad.

Para no repetir los ejemplos, basta fijarse en los que se han dado en la calificación por atributos. Esos atributos unas veces son categóricos y otras acusan una modalidad elementalísima. El jarro, por ejemplo, se llama *barroso*, porque está hecho de barro, cualidad genérica á toda la vajilla de mesa y de cocina. De un mismo concepto se saca una representación recíproca: la noche es *capa* y la capa es *noche*, y por extensión *nube* y *nublado*. La escudilla es *conca*, y la caldera, que es más cóncava que la escudilla, es *negra y negrota* por estar al humo. Así se advierte que los formadores de la jerga son unilateralmente impresionables, y que lo que más les impresiona se les impone como calificativo, razón por la que los sinónimos son muy abundantes en la jerga, toda vez que siendo la calificadora esa unilateralidad de impresionabilidad, dan á cada objeto un nombre por cada impresión que les produce, y no tienen luego sensibilidad dispuesta para fusionar esos nombres en un concepto sintético.

Precisamente la simplicidad de representación se descubre en los derivados de una impresión primaria. De la iglesia lo que más les impresiona es lo más alto, la torre, y la llaman a*lta*; luego para calificar la iglesia los subyuga la representación de «torre» y la llaman a*ltana*, y luego para calificar al que está casado, fijándose en que se casa en la iglesia, sigue el imperativo de la torre y lo llaman a*ltanado*. En este orden de lo alto, la lanza se denomina a*sta*, y todo lo crecido a*stado*, y alargar a*star*, y cargar un dado de mayor á menor, a*sta* también. Por el mismo influjo el cuerpo se llama á*rbol*, y fundiendo esta representación con la de torre, la cabeza *chapitel*. Este imperativo de una representación primaria es tan evidente, que sólo así se explica la impropiedad de alguna calificación. Tal ocurre con la de *corvado*, muerto, siendo así que la muerte se representa más bien por la extensión, el estiramiento, la rigidez. Pero ocurre que esta representación de forma empiezan á tomarla en la teja, que es *combada*, y por comparación con la teja llaman *comba* á la tumba de iglesia, y como el muerto está dentro de la tumba, lo llaman *corvado*. Si esto, en vez de á una representación de forma, se aplica á una representación de color, ocurre lo propio. Del color blanco parten las siguientes derivaciones: la sábana, por lo blanca, es *alba*, y el que está dormido, por estar entre sábanas, es *albanado*; el huevo, por ser blanco, es *albaire*; los dados, por lo mismo, son *albaneses* (en lo que ya se advierte la tendencia al disimulo por la conjunción de denominación con los naturales de Albania), y el jugador de dados *albanés* ó *albanequero*; por lo blanca es también la sábana *paloma* y *alcandora*; y luego el color *blanco*, que en la representación religiosa es símbolo de pureza, jergalmente califica al bobo ó necio, que se llama también *palomo*; y como para el rufián la mujer pública es boba y necia, pues este calificativo le cuadra á todo el que se deja explotar, la llama por lo *blanca*, con un calificativo equivalente al de *paloma*, es decir, *cisne*. A la misma simplicidad, á partir de una impresión llamativa, corresponde el llamar *claro* al cielo, *clarea* al día, á Dios *Coime* (señor) *de las clareas*, y á alumbrar *clarear*; y genéricamente *añublar* es cubrir, *añublarse* es cubrirse ó entristecerse, y *añublado* es el ciego, lo que se puede enlazar, pues que de esta impresión deriva, con todas las denominaciones de noche y de capa.

Volviendo ahora á las impresiones de longitud, si no en altura, en extensión, nos encontramos una concordancia entre *asta* (lanza) y *asta* (dado), con *tira* (camino), *tira* (una flor de fulleros), *tira an-*

gosta (juego de bolos), *tiro* (engaño, que evidentemente deriva de tira), que se extiende á una impresión de fuga calificada de *alolargo*, que es huir. Si en vez de una impresión de longitud, la determinante es una impresión de volumen, nos encontramos con que genéricamente todo bulto es *jiba*, y como esta impresión de volumen la produce el interés, la codicia rufianesca ó ladronesca (por lo que *jiba* significa también alforjas), la fusionan con una impresión de movimiento que califica á la prostituta de *pelota*, porque la bolean de mano en mano, y como este boleo es productivo, *pelota* se llama la bolsa con dinero, y luego como el interés se enlaza con la idea de tributación y de recaudación, la *jiba* viene á calificar el acto en el verbo *enjibar* (guardar y recibir) y á los que recogen el tributo, *enjibador* y *enjibacaire* (rufianes), dándose en el último nombre otra fusión elemental (*jiba* y *caire*) que anteriormente se especifica.

De la misma índole son otras derivaciones jergales, como, por ejemplo, las siguientes: de brecha, en el sentido de portillo abierto para dar el asalto, *brecha* y *brechador* (el que entra por tercio en el juego), *brecha* (dado), *brechar* (meter dado falso), *brechero* (el que mete dado falso) y *brechado* (el que es ganado con dado falso): y luego la generalización salta á los procedimientos judiciales, y *deslebrechar* es declarar, y *destebrechador* declarador ó intérprete. *Alar* (de «ala») es ir, *alarse* irse, y *alado* ido, y por extensión los zaragüelles son *alares* (en la jerga actual los pantalanes). *Flor* es engaño, *jardín* feria ó tienda y *florido* rico. De *pillar* (hurtar ó quitar) proceden las ampliaciones de concepto *pillar* (jugar), *pillador* (jugador), *pillado* (lo jugado ó quitado), que con un prefijo se convierten en *espillar*, *espillador* y *espillo*, para calificar últimamente los *espillantes* (naipes) (1). *Meseguero* es guarda de trigos; pero como en los sembrados poco de provecho pueden acaparar los ladrones, la calificación es evidentemente anfibológica, y que lo es lo demuestra el modo de formación, que consiste en adoptar muchas representaciones á partir de la recolección de las mieses. Así *gavillar* es juntar, *gavillador* ladrón que junta lo que ha de llevar, *gavillada* lo que el ladrón junta, y *gavilla* chusma de gente = *granar*, enriquecer, *granido*, rico y paga de contado, y *grano*, ducado de once reales, de donde ocurre que *meseguero* es el que guarda ó recoge esos *granos*.

Y aquí se encuentra un fenómeno de alteración fonética, que consiste en apurar el sentido del concepto y cuando se llega al concepto propiamente literal, permutarlo. Tal sucede con la generalización de *grano*, que al llegar al verdadero grano, que es el trigo, lo permuta en *grito* (la cebada la llaman *granoto*), y como esta palabra toca en otra, el verdadero grito se permuta también en *grido* (*gridar* y *gridador*).

Exageración de representaciones.—El carácter

---

(1)   Véase más adelante la significación y procedencia de **spilare**.

de simplicidad de las representaciones corresponde, por decirlo así, á una sensibilidad elemental, que se impresiona por lo llamativo, por el pormenor, por lo externo, y nunca, ó casi nunca, por el conjunto y el contenido de las cosas. Refiriendo este carácter al modo de ser de las naturalezas primitivas, tiene bastante más importancia que las apelaciones á las onomatopeyas y automatismos, que son modos excepcionales de la jerga, y á la calificación de las cosas por sus atributos, que no es un modo genuinamente diferencial.

Pero el carácter se completa y se define uniendo la simplicidad de representaciones con la exageración de esas representaciones.

En el modo de ver las cosas, la historia, por ejemplo, de las artes gráficas, nos demuestra que el período infantil de estas artes se distingue por la simplicidad del procedimiento y por la exageración de la representación. El niño que se ensaya en el diseño lo hace por perfiles, y en esos perfiles lo característico es la dureza, juntamente con la simplicidad, y con esto la exageración de la figura. Si se estudia el desarrollo de las representaciones en el grafismo de la palabra, se descubrirá el mismo fenómeno, y á él puede atribuirse la primera influencia de la exageración de las representaciones en el lenguaje. De otras influencias concurrentes hablaremos más adelante.

Al calificar el cuerpo ó algunas de sus partes, la exageración es evidente. El cuerpo se llama *árbol* en su verticalidad y *navío* en su movimiento,

á cuya primera exageración hay que añadir los
nombres de *porra* y *chapitel*, que se dan al rostro
y á la cabeza. Se llaman *sierra* y *sierras* el rostro
y las sienes, *asas* y *escarpias* las orejas, *lanternes*,
rayos y *quemantes* los ojos, *lumaderos* (¿limaderos?) los dientes, *aires* los cabellos, *bosque* la barba, *pirámides* las piernas, *rastrillo* la mano, y las
manos *anclas*. En algunas prendas del traje la exageración llega á tanto como á llamar *carlanca* al
cuello de la camisa, *lima* y *carona* á la camisa (por
el roce), *noche*, *nublado* y *nube* á la capa, *tejado*
al sombrero y *cortezas* á los guantes; y en lo de
tejado adviértese, para mayor relieve de la exageración, que á la casa la llaman *caverna* y *cuexca*
(cueva). En la calificación de las armas ofensivas
y defensivas, basta fijarse en que armar es *artillar*,
casco *horizonte* y cota *oncemil* (¿de las once mil
vírgenes?). El andar es *martillar*, y el camino,
por ende, *martillo* y *martillado*. Ir equivale á *volar*
(alar), *vuelo* es salto y *volador*, *volata* y *volátero*,
ladrones que ó roban por ventana ó lugar alto ó
acometen. La sensación del hambre está definida
con llamar al diente *clamo*, concordante con *clamo*
(enfermedad) derivado de *clamar* (dar voces). El
grito es *bufido*, y el aviso *bramo*, y descubrir *soplar*, y el descubridor *viento*. Los estados de iner-
cia se califican con verdadera rigidez: el embargo
de ánimo se llama *nabo* (sensación de verticalidad) y *peso*; enterrar es *plantar*, esconder *sepultar*,
y el dormido es *difunto*: á esta misma rigidez corresponde llamar á la gallina *piedra* (concepto im-

perativo *coba*) y al entonamiento *toldo*. El ruido es
tropel, la muchedumbre de una cosa *granizo*, y la
cárcel *ejército*. Se exagera al llamar al día *relámpago* y también al golpe: no tanto cuando á los
chismes se les llama *chispas*, y un poco por el término y un mucho por la amplitud, al llamar á la
mancebia *monte* (de «monte de Venus» al pubis), y
convertir el *monte* en *montaña*, y á ésta en *montaña de pinos*, de una representación figurativa del
miembro viril. También en esto se da el fenómeno
de permutación de convertir los pinos en *nipos*
para calificar los dineros, que es lo que esa montaña le produce al rufián que la explota.

Aunque explicables psicológicamente la simplicidad y la exageración de las representaciones,
correspondiendo á modos primitivos en el desenvolvimiento de la mente, existen otras influencias que
se deben analizar y que en muchos casos son completamente justificativas.

La exageración, que corresponde en muchos
casos á condiciones nativas, puede corresponder á
estados que la determinen. No hay que probar
cuán exageradores son el sobresalto y el miedo, y
cómo una vida constantemente sobresaltada puede
fomentar las tendencias exageradoras. Los creadores de la jerga vivieron entre el sobresalto del
delito, el sobresalto de la persecución y el miedo
á la pena; y aunque cierta clase de prejuicios quieran definir la naturaleza del delincuente como in-
sensible é imprevisora, lo cierto es que en la mecánica de su vida demuestran sensibilidad y pre-

visión relacionadas con el juego de esa misma vida.

El vocabulario jergal, que es expresivo muchas veces de esa sensibilidad exaltada y de esa previsión, lo demuestra, como se puede ver en una serie de ejemplos concluyentes.

a) *Representaciones que derivan de la persecución y del castigo.*—Sólo una palabra demostraría esa sensibilidad, la que llama *espina* á la sospecha. Pero hay otras cuyo proceso formativo es el dolor, dolor exagerado, pues arranca de las mortificaciones del tormento, y traducido en una expresión exagerada. El jubón se llama *apretado*, no porque sea una prenda ceñida, sino por la misma impresión que hace llamar á la justicia *justa*, término que aunque parece un apócope no lo es, aunque haya influido como determinante la contracción jergal. El jubón, por la tela de que está hecho, se llama *cotón*, si es fuerte con malla *cotón doble*, llamándose en su última derivación *cotón colorado*, precisamente cuando el cuerpo está al desnudo, pues ese término corresponde á la locución jergal «jubón de azotes», que califica esta clase de penas, y de aquí la impresión de *apretado*. Otra prenda se califica con esa misma impresión de apretamiento, el zapato. Se llama *estivo*, y *estival* el botín ó borceguí de mujer, para generalizarse á *estiva* (castigo), *estivar* (castigar), *estivado* (castigado), *estivón* (una carrera) y *estivos* (criados). La impresión no puede referirse á una mortificación accesoria, en las ocasiones en que el zapato aprieta, sino á una mortificación dolorosísima en el tormento del «botín», apretado por las cuñas. Otro tormento, la cama de cordeles, que jergalmente se denomina *trinquetes* (de trincar), explica, por un proceso doloroso, el nombre que se le da al cordel. Por de pronto adviértese que la impresión del grito está tomada de una impresión penal: *grido* (grito), *gridar* (gritar), *gridador* (pregonero). Exagerándola se llama *bramo* al grito ó al aviso que se da descubriendo alguna cosa, *bramar* á gritar ó dar voces, *bramador* al pregonero, *bramón* al descubridor ó soplón y *bramante* (1) al cordel, porque hace *bramar* y porque hace *gargantear* (término equivalente á *bramo* y á *bramón*), que es confesar en el tormento. La misma impresión de tomento explica el por qué se llama *sufrida* á la cama, porque la representación empieza en la cama de cordeles (*trinquetes*), y por tal razón el que sufre el tormento y niega es *sufrido*. El llamar á los zapatos *duros* concuerda con llamar *duros* á los azotes, en lo que puede haber una concordancia representativa por exageración entre *martillar* (caminar) y azotar, y también una concordancia entre la suela del zapato y la pretina, penca ó rebenque con que se azota, y también concordancia de amplificación con *estivo* (zapato); pero que se asimila á una impresión penal lo dice el derivado *durlines* (criados de justicia); y aquí encuentro la simpatía jergal que

---

(1) El Diccionario de la Academia pone interrogativamente la etimología de bramante, por si pudiera derivar del árabe *baram*, copo de cordero. En mi concepto es una palabra de la jerga que ha pasado al lenguaje común.

ha tomado la representación de *durindana* para
calificar á la justicia. (Véase la nota á *durindana*.)
A impresiones penales hay que referir concretamente el llamar por exageración *carlancas* al cuello de camisa (del atraillamiento de los galeotes en
la conducción desde la cárcel á las galeras), y *enrejado* al escofión de mujer (*enrejado* se llama al preso). Los conceptos de aferrar (*aferrar*, asir; *aferrado*, asido; *aferrador*, criado de justicia), y abrazar
(*abrazador*, criado de justicia; *abrazado*, al que
prenden), no tienen otro origen. La mano, que por
sus distintas funciones y representaciones tiene varios nombres, cuando se la denomina con el arcaismo *zerra* parece referirse principalmente á la
mano de la justicia (*azerrar*, asir; *azerrado*, asido;
azerrador, criado de justicia). El llamar *asas* á las
orejas, que parece una representación de forma,
corresponde al acto de asir por las orejas; y que
deriva de una representación y una acción penal, lo
dice el término *desasado* (desorejado). Convenien-
temente á esta y otras representaciones se llama
presa al tormento, *fieras* y *harpías* á los criados de
justicia y corchetes. A los que parten del prejuicio
de atribuir á los delincuentes determinadas preferencias, se les figuraría que el llamar *ansia* al agua
representaba una repugnancia por contraste, es
decir, por predilección al vino. El origen está bien
especificado en el «tormento de toca», por lo que
cantar en el ansia (*cantar*, descubrir alguna cosa)
equivale á hacer revelaciones en el tormento. El
efecto está perfectamente calificado por el «tor-

mento de toca», que consistía en atar al reo al potro, é introducirle en la boca una tira de toca ó gasa, y por este medio forzarle á tragar cierta cantidad de jarros de agua, cuyo número y cabida se ponía por diligencia en los autos (1). Así *ansia* significa originariamente tormento de agua, y derivadamente *ansias* son las galeras, que constituían el segundo tormento de agua para el galeote; y esta sensación de *ansia* denomina *angustia* la cárcel y *angustias* las galeras. A ese mismo imperativo penal me parece referible un atributo tan categórico como el dado á la muerte: la *cierta*. Este calificativo corresponde con los de la horca, *finibusterre* y *borne*, y parece encontrado no por la certidumbre de morir, sino por la de morir ahorcado en un tiempo en que la pena capital era espectáculo de todos los días.

Sin referirlos al tormento, hay otros términos que derivan de la persecución, empezando por los que califican las orientaciones. *Rumbo* es peligro (*peligro*, tormento de justicia). En este *rumbo* el bodegón se llama *registro* y el mesón *sospecha*, y el huesped que da posada, *secreto*; y para que se vea cómo el delincuente es precavido y cómo sus aficiones no lo subyugan al extremo de hacerle des-

---

(1) Hablan de ello D. Sebastián de Covarrubias en el *Tesoro de la lengua castellana*, y Pablo García, Secretario del Consejo de la Santa general Inquisición, en el *Orden de procesar*, que se imprimió por cuarta vez en Madrid el año de 1622.

conocer su interés, sabe que en el bodegón el vino
es *tiple*, porque hace *cantar*. Su sobresalto se significa claramente cuando llama *señal* al criado de
justicia, *apuntador* al alguacil (*apuntar*, señalar;
apuntado, señalado), *corredores* á los corchetes
(*correo*, el ladrón que va á dar aviso; *corredor*, el
ladrón que concierta algún hurto) y *rayo* al criado
de justicia. Donde más se ve este sobresalto es en
uno de los nombres que se dan al camino, *calca* (de
calcar), que acusa la suspicacia de dejar huellas.
Así las pisadas son *calcas*, es decir, huellas, y *calcar* es andar, por igual razón. Para no dejar huellas buscan lo extraviado y lo intrincado, y por eso
peñas es irse, *peñas* y *buen tiempo* irse huyendo, y
peñas de longares irse muy lejos (derivado *piñarse*, irse huyendo).

b)   *Términos de influencia marítima.*—Es una
influencia derivada inmediatamente de la penal.
Muchos de los formadores de la jerga debieron ser
indudablemente galeotes, y si la jerga se considera
indispensable como lenguaje disimulador y de soslа-
yo en la práctica del delito, más tenía que serlo en
la galera, donde el galeote formaba una agrupación comprimida por una diciplina rigorosa.

Me parecen incuestionablemente de esa procedencia los términos jergales *aferrar*, *alar*, *ancla*,
armada (flor que el fullero lleva hecha en el naipe),
artillar, *bateles* (junta de ladrones ó rufianes), *brecha*, *ejército* (cárcel), *engabiar* (poner en alto—*gavia* = casco, *gavión* = sombrero), *esquifada* (junta
de ladrones ó rufianes), *estivar*, *iza* (prostituta),

leva (ardid ó astucia), *levarse* (irse), *mareante* (ladrón que anda de una parte á otra—*mareador* = ladrón que trueca dineros), *mariscar* (hurtar), *navío*, *ondear* (tantear), *picar* (irse aprisa), *remolcar* (llevar), *tajamar* (cuchillo de campo), *toldar* (cubrir ó aderezar) y *trinquetes*.

El calificativo *tajamar* puede citarse como uno de los de mayor exageración; de esta exageración, aunque exactamente representativa, participa el término *ondear*, que explica por el oleaje los movimientos del que tantea el lugar por donde ha de cometerse un robo: el nombre de *iza*, por erectadora, representa también exageradamente el acto de la erección viril. En los demás nombres puede precisarse ó la exageración representativa ó la concordancia representativa á partir de imágenes que al galeote, desde la sujeción del banco en la galera, se le quedaron muy grabadas.

c) *Acción.*—Otra influencia exageradora puede encontrarse en la modalidad de la acción, tal como las palabras jergales la traducen. Que la jerga es profesionalmente un lenguaje táctico, lo dicen dos de sus condiciones singulares: el disimulo y la rapidez en la acción. Estudiando en este sentido la jerga, resultan las siguientes calificaciones y relaciones. Calificación representativa del movimiento: *bola* (feria) y sus derivados. Calificación exagerada de la agilidad: *volador*, *volatero*, *volata*, *vuelo* (nombres de los ladrones y del salto). Calificación exagerada del poder visual: los nombres de *águila*, *aguilucho*, *aguileño*, *azor* y *lince*, calificativos de determinadas clases de ladrones. Término en que á un tiempo se expresa la mirada y la acción: *enturar* (mirar)=*enturar* (dar). Término en que se expresa la acción y el resultado: *tocar* (engañar). Términos que relacionan la mirada y la acción: *guiñón* (seña con el ojo), *guiñar* (señalar ó hacer del ojo), *guiñarol* (al que guiñan ó hacen del ojo) = *guiñarse* (irse). Término que expresa longitud por velocidad *alolargo* (huir). Concordancia en que la cualidad parte de la acción, se traduce en acción y califica profesionalmente: *Leva*—derivado del término marítimo «leva»—(ardid ó astucia) = *levarse* (marcharse, irse) = *levador* (ladrón).

EUFEMISMOS.—Todavía resalta más el carácter marcadamente exagerado de las representaciones contrastándolo con el pequeño número de eufemismos que aparecen en la jerga, eufemismos que, por otra parte, responden en general á las tendencias anteriormente definidas.

Es eufémico el término *cantar*, comparado con los en cierto modo semejantes *gridar*, *bramar*, *gargantear*. Fundamentalmente significan lo mismo, como lo demuestra la locución jergal *cantar en el ansia* (declarar en el tormento). Pero *cantar* (descubrir alguna cosa) se generaliza á un modo psicológico propio de los procederes de los delincuentes profesionales, que se distinguen por hábiles y no por violentos y forzudos. *Encantar* (entretener con razones engañosas) es lo mismo que *cantar* con un prefijo encubridor, y que en este caso, en vez de descubrir, quiere decir adivinar, como

lo demuestran actualmente la significación y los
procederes del *timo*.

Otro término que concuerda con el anterior es
balada (concierto), en cuya eufemia no debe admitirse ningún trasunto musical, sino algo que casa perfectamente con los modos de acción. A mí
me parece una fusión del sustantivo *bala* y el
verbo «dar». Jergalmente significa el primero «pelota de hierro ó plomo», y jergalmente se relaciona
con *tiro* (engaño ó burla) y con *tira* (flor de fulleros), y define la índole del concierto á que se alude, especificándola en acción casi tan concisamen-
te como cuando *tocar* significa engañar.

Se podía decir que *balada* era un derivado jergal de *baile* (ladrón, lo mismo que *bailador*, *bailón* y *bailico*), eufemismo en que también se distingue lo exagerado de la acción representadora,
que llama á robar *bailar* y á todo suceso *baila*. Y
según la advertencia al romance «Perotudo», esta
representación está inmediatamente en contacto
con los procedimientos penales, toda vez que el
título *baile* se emplea «porque trata de ladrón que
ahorcaron.»

Dos eufemismos (y son tales si se les contrasta
con un calificativo de la misma significación, como
altana, por ejemplo), responden á la misma influencia judicial. La iglesia se llama *estrella* y *salud*. ¿Por qué? No hay más que fijarse, para adi-
vinarlo, en lo que dicen algunas jácaras, el licenciado Chaves y algunas novelas picarescas. Al tomar declaración al delincuente, nadie le saca más

palabras que «Iglesia», que en su concisión quiere decir derecho de asilo. Por ese derecho la iglesia es *estrella*, es decir, guía al refugio (de aquí la representación de la torre, *alta*) y *salud*, contra el juez, el tormento, la cárcel, el verdugo y las galeras.

Otro eufemismo, *caricia* (cosa que vale caro) se interpreta por derivación y por representación, fundiéndose estos dos modos jergales en la misma palabra. Evidentemente que de «caro» han hecho *caricia*; pero el modo de hacerlo no es caprichoso, sino coincidente, porque el rufián empezó por ver lo «caro» de la «caricia» femenina, y en este, como en otros muchos casos, una simpatía jergal, fundió las dos ideas.

Ya se verá más adelante cuánto influye el interés en los conceptos y términos de la jerga; y que el eufemismo disimula ese interés, lo dicen las palabras *flor* (engaño), *florido* (rico), y *jardín* (feria ó tienda de mercero). Lo propio se puede decir de *cisne* y *paloma*, eufemismos que califican á las tontas que se dejan explotar.

Como excepción puede citarse el eufemismo sensual *dichosos* (botines ó borceguíes de mujer), porque en la jerga española la sensualidad no es la determinante calificadora, en las palabras que con ella pueden relacionarse, sino el sentido económico.

Para acabar con la lista de eufemismos, que son muy pocos, pueden citarse otros dos, en que ahondando se descubriría seguramente una relación de contacto con ese interés, categórico ó profesional. Me refiero al nombre que se da á las lágrimas (*perlas*) y á la ventana (*luminaria*), que no son nombres tomados de una representación propiamente estética, porque el delincuente nunca hace derivar su lenguaje de ese modo de representación.

CONCORDANCIAS Y DERIVACIONES. —Definida la jerga por su peculiar carácter representativo, su estudio se debe reducir á fijar los modos y tendencias de esas representaciones, y luego á buscar los derivados y sus concordancias. Esta es la verdadera raíz del lenguaje jergal, como numerosos ejemplos lo demuestran.

Bastarían los ejemplos ya citados para demostrar que la jerga es un lenguaje en absoluto concordante con la vida y entendimiento de una determinada agrupación social, pero pueden citarse muchos otros, lo mismo en este párrafo que en lo restante de este estudio.

Evidentemente los ladrones han representado en la mano un símbolo de la propiedad y de la posesión, y así abrir la mano ó *palmar* es «dar por fuerza», y de aquí deriva *despalmar* (quitar), *despalmado* (el robado), *despalmantes* (los que quitan). Los rufianes, por razón de su oficio, han tenido idea cabal de dos clases de estigmas, los estigmas legales y los estigmas venéreos y sifilíticos, y fundiéndolos en una representación, que alude á una forma de esclavitud de la mujer y á las consecuencias del comercio libidinoso, han derivado de *marcar* (señalar en el rostro) los nombres de las prostitutas *marca, marquida* y *marquisa*. El rufián ha representado el comercio como todo el mundo, es decir, como cambio, y para él *cambiar* es «trocar», pero la manera de su comercio se especifica en las derivaciones *cambio* (mancebía) y *cambiador* (padre de mancebía). El ladrón se ha representado el robo como penetración en el lugar donde estaba lo que había de robarse, calificándolo con el verbo *calar* (meter mano en alguna faltriquera), derivado de *cala* (agujero), con el modo reflexivo *calarse* (entrar en alguna casa á hurtar), y los calificativos profesionales *caleta* (ladron que hurta por agujero) y *caletero* (el que va con el *caleta*) derivándose á *calado* que es el hurto que se descubre. La impresión de huella que les hizo denominar *calca* al camino, se generaliza á *calcas* (las pisadas), *calcar* (pisar ó apretar), *calcorrear* y *calcotear* (correr), *calcoleado* (corrido), *calcorros* (zapatos) y *calcatrife* (ganapán ó palanquín), en cuyo último derivado no existe, en mi concepto, una desinencia jergal, sino una fusión que no sé en qué consiste. Una sensación determina en muchas ocasiones una serie de concordancias. Tal ocurre con el estado de depresión moral que se traduce exageradamente con dos impresiones físicas, una que revela por impresión de quietud el estado del ánimo cohibido (*balsa* = embarazo) y otra por impresión de gravitación (*peso* = embargo, *pesado* = embargado). Que esos estados se refieren á impresiones procesales, lo dice el llamar *alivio* al descargo que da el preso y *alivio* al procurador que fa-

vorece ese descargo. Que se refiere al delito ladronesco, lo dice también el llamar *aliviado* al que
es robado y *aliviador* al ladrón que recibe el hurto
que se ha hecho para ponerlo en cobro, con lo que
el «peso» es calificativo de la propiedad. Otra concordancia que se relaciona también con impresiones procesales me parece encontrarla en la denominación *tiple* que se da al vino, porque hace hablar, y así los nombres de *bufia* (bota de vino) y
bufiador (tabernero), me parecen derivados de
bufido (grito) y *bufar* (gritar). Derivaciones cíclicas
las encontramos en *gura* (justicia), *guro* (alguacil),
gurullada (corchetes y justicia), *gurón* (alcaide de
la cárcel) y *gurapas* las galeras. Concordancia de
comparación es llamar *hermana* á la camisa (hermandad con el cuerpo) y *hermanas* á las orejas y
tijeras.

Para no acumular más ejemplos baste citar dos
concordancias bastante singulares y traslaticias.
La concordancia de llamar *cortezas* á los guantes,
¿no está en llamar *árbol* al cuerpo? La concordancia de llamar á la carnicería *contrato*, siendo así
que la carne se denomina arcáicamente *crioja* y
el carnicero *criojero*, ¿no está en la concordancia
rufianesca de representarse el comercio de la prostitución como comercio de carne?

PERSONIFICACIONES.—Por considerar que derivan de representaciones más ó menos definidas ó
por completo ignoradas, incluimos aquí este grupo
de palabras jergales, cuya modalidad aprovechan
algunos antropólogos para la asimilación de los

caracteres de la jerga á los de las lenguas primitivas.

En la jerga española, la personificación de las cosas inanimadas es un fenómeno excepcional y muy poco significativo. Por de pronto concuerda con una tendencia muy generalizada al apelar para estas personificaciones á tres nombres que se usan para personificaciones familiares. Familiarmente un «Juan Lanas» es la personificación de un hombre sin carácter y que se deja dominar; «Juan Palomo, yo me lo guiso y yo me lo como», como el refrán dice, es la personificación del egoísta; y de aquí otra serie de Juanes, en que figura en primer término Juan Soldado, «cuya vida es larga de contar». Equivalente es la generalización patronímica de Pedro, que en «Perico el de los Palotes» personifica á un cualquiera, y en «Perico» y en «Don Pedro» alude al vaso excrementicio. Menos usada es la personificación de «Lucas», aunque su representación despectiva está bien caracterizada en el «Lucas Gómez» que la sátira ha sacado á relucir tantas veces.

Pues bien, esos tres nombres son los únicos usados en las personificaciones jergales de la jerga española. En dos de ellos, Juan y Pedro, resalta la misma aplicación de las significaciones familiares, caracterizándose, por ende, lo sufrido y lo manoseado. *Juan* es el cepo de iglesia, y el que está encadenado, derivando seguramente esta segunda acepción de la idea de «cepo». Por su significado económico vienen las derivaciones calificadas de

Juan Dorado (moneda de oro) y *Juan Platero* (moneda de plata), y el fullero que va en busca de esas monedas calificó de *Juan Tarafe* el dado de jugar, llamándose *Juanero* el ladrón de cepos de iglesia. Por su significación penal se apellidó al encadenado *Juan Díaz* (tal vez por ser «diez» los eslabones de la cadena), y el mismo concepto de pasividad se descubre en la denominación de machete, llamado *Juan Machiz*, cuyo apellido es una corrupción jergal de machete. *Pedro* es el cerrojo de la puerta, y el capote ó tudesquillo, y el vestido que tentándolo tiene pelo y lo «usan los ladrones de noche». *Lucas* y *Masselucas* son los naipes.

ORIGEN DE LA JERGA.—Otro punto que se ofrece á la investigación es éste, tratado muy en general y con afirmaciones poco demostradas. La duda de Borrow de si todos los lenguajes picarescos tienen un mismo origen, se puede convertir en afirmativa, con una sola variante, la de que habiendo unidad en los caracteres humanos de toda índole, existen dentro de esa unidad variedades que los diferencian. Así la picardía, en su significación humana, es igual en todas las naturalezas y es diferente en las distintas nacionalidades. Además, la organización de esa picardía no difiere en lo fundamental de un país á otro, como tampoco difieren los medios represivos empleados contra su desarrollo, y de aquí también que por organización y por represión se junte á la paridad de naturaleza, la paridad de condiciones evolutivas.

Por lo mismo, así como la personalidad del delincuente no se puede sustraer al tipo de la raza, la jerga, ni filológica ni ideológicamente, se puede sustraer al tronco de la lengua madre. Sus formas filológicas, que ya hemos demostrado que son excepcionales, se encuentran en la lengua originaria, ya en el léxico académico, ya en el léxico vivo en las distintas zonas que caracterizan el desarrollo de esa lengua. Sus formas representativas, obedecen á un modo de vivir y á un modo de sentir determinantes. En lo que coinciden esos modos de vivir y de sentir, hay analogía de expresión entre una y otra jerga, y como la coincidencia no llega á ser absoluta, obsérvase en cada jerga el predominio de un carácter nacional. La demostración exigiría un estudio comparativo de todas las jergas conocidas, y como ni este es nuestro propósito, ni tenemos materiales para intentarlo, ampliaremos con este pormenor el estudio de la jerga española.

Lo que interesa, principalmente, es plantear una cuestión histórica, toda vez que se introduce una lamentable confusión al manejar los términos de la jerga, no tales como son, sino como fueron.

La jerga tiene sus períodos de iniciación, incremento y decadencia. Por no definir esos períodos se incurre en el error de atribuir á la jerga, como carácter definido, la tendencia á la mutalidad constante. Entre nosotros el Sr. Capmany sostiene que la jerga se ha mudado casi cada diez años.

Ni existe esa periodicidad, ni ha sido compro-

bada con datos positivos, ni la mutalidad jergal se
ha apreciado en sus causas verdaderas.

Si la sociedad picaresca reuniera las condiciones de una sociedad permanente, la mutalidad sería un carácter significativo. Por el contrario, esa
sociedad es siempre inestable, y en pocos años ha
aparecido disuelta y transformada. Actualmente,
en los momentos en que se afirma esa mutalidad,
la inestabilidad es mayor que nunca. Por eso Laurent afirma, con su autoridad de investigador directo, que el *argot* está menos extendido y se habla menos de lo que se cree, existiendo muy pocos
individuos que lo sepan hablar corrientemente,
ocurriendo que los criminales de las prisiones de
París esmalten sus conversaciones con palabras tomadas del *argot* de toda clase de oficios y del *argot* propiamente dicho, y no de un *argot* exclusivamente suyo.

Y en cambio, en una época no muy lejana, el
argot tuvo aspecto de lenguaje asidua y propiamente manejado, porque entonces las asociaciones
delincuentes tuvieron más inmunidades de asociación que ahora. El progreso social, la mejor organización jurídica y penitenciaria, son los disolven-
tes de esas sociedades, y, por lo tanto, los disol-
ventes de la jerga.

Algunas de las observaciones apuntadas nos
permitirían decir que las cárceles son los grandes
centros académicos de la jerga y que su desorden,
por fomentar la asociación delincuente, fomentó
su lenguaje. Pero, sin negar este influjo, que es

notorio y demostrado, debe advertirse que la disolución de la jerga española es muy anterior al relativo ordenamiento de nuestras cárceles y establecimientos penales, donde aún subsiste mucho de su modo de ser tradicional.

La disolución consiste en otra cosa, y casi casi se podría decir que la decadencia de la jerga sigue los pasos de nuestra decadencia histórica. El centro jergal puede establecerse en Sevilla, y su período de mayor incremento en la época en que esa ciudad era centro de contratación y emporio de comercio con las Indias. La jerga no se forma, como se ha creído (1), á influjo de la tiranía, sino á influjo de la utilidad. Las sociedades delincuentes tienen carácter marcadamente utilitario y se forman, para valernos del lenguaje de *Rinconete* y *Cortadillo*, donde hay gentes de «buena entrada», que llevan en su acecho las gentes de «mala entrada» á que se refiere la típica novela de Cervantes. Únase á ese núcleo utilitario una contaminación social del espíritu de picardía que distingue á esas asociaciones, y el ambiente está hecho. Quítese la atracción utilitaria, y la asociación desaparecerá y con ella la jerga. Modifíquese el ambiente de tolerancia haciendo perder estabilidad á la asocia-

---

(1) Acaso este lenguaje oculto debió su origen á causas menos reprensibles de lo que después ha sido su uso. *Germania* al parecer significa *hermandad*, y no fué extraño que la formasen las generaciones oprimidas, que siempre ha habido en el mundo, para guardarse de sus opresores. (*Quijote*, t. IV, pág. 353. Nota de Clemencín.)

ción, y esa falta de estabilidad se conocerá inmediatamente en la jerga. Así ocurre que las dos
condiciones acusan en nuestro país el mayor es-
plendor de la jerga, manifestándose la contaminación social del espíritu de picardía en una literatura llamada picaresca, donde se conoce el influjo jergal. A la vez, y como hecho de esa misma
condensación, puede citarse la publicación del *Vocabulario* de Juan Hidalgo, que acusa, más que una
inteligencia rebuscadora en el recolector, una exteriorización de la picardía y su lenguaje, que ya
flotaba en el lenguaje nacional.

El hecho de la disolución de la jerga española
se manifiesta claramente en estar hoy influida por
el elemento gitano. En la jerga de los siglos XVI
y XVII ese elemento es casi enteramente desconocido, y en la jerga actual es el predominante. Casi
ninguno de los términos de aquella jerga se puede
interpretar por términos gitanos, mientras que en
el Diccionario del caló se recogen muchos términos jergales. Esto, más que un hecho de contacto,
acusa el predominio y la estabilidad de una asociación sobre otra más subordinada é inestable. Lo
inverso, es decir, el predominio de esa segunda
sociedad y ese lenguaje sobre la anterior, acusa
un aumento de inestabilidad en la primera. Y en
efecto, para que la *germania* se agitanara fué preciso someterse en mucho á la vida errante de los
gitanos; y para que á ese segundo influjo siguiese
otro, con la marcha de los tiempos y el modo de ser
de la vida contemporánea, los gitanos han adquirido

mayor estabilidad social, y puestos en contacto con las costumbres y la lengua del país, van perdiendo poco á poco sus costumbres y su lengua, tan acentuadamente, que ya hay muchos gitanos que desconocen por completo el caló de sus más inmediatos antecesores. De igual modo no hay un solo delincuente que se pueda considerar como hablador de jerga, por la sencillísima razón de que esa jerga ha desaparecido y ya no puede renacer.

La jerga actual se reduce á una traducción de determinadas prácticas profesionales, y por lo mismo es sumamente reducida. Quedan remansos en que viven algunos términos de la antigua *germania*, algunos neologismos jergales y bastantes palabras del caló, y lo que subsiste y lo que se ha salvado de la disgregación es precisamente lo más indispensable á la sociedad jergal, lo que se relaciona con lo utilitario ó tiene concomitancia directa ó indirecta con ello.

Más adelante se encontrarán las pruebas de estas aseveraciones.

LA JERGA EN LA LITERATURA.—Corrobora el juicio que se acaba de exponer el estudio de la evolución literaria de la jerga.

La jerga empieza por tener una literatura propia en un modo genuino de la poesía nacional: el romance. Este romance tradujo desembozadamente la vida picaresca, y no puede decirse que la exteriorizó, porque el hecho de condensarse en una literatura demuestra que la exteriorización en las costumbres ya era un hecho sancionado. En otra parte

(Véase Poesía rufianesca) hemos estudiado la evolución social de esta literatura y la evolución literaria, bastando decir que empezó por una literatura anónima, y acabó por bautizarse con un nombre jergal, el de Jácara, y por codearse con las musas de autores conocidos é ilustres.

En sus comienzos la jerga es, por decirlo así, tan espesa en las jácaras, que se comprende la necesidad de la publicación del *Vocabulario* jergal de Juan Hidalgo, aunque no fuese más que para la interpretación de sus romances propios y anónimos. Después, en las jácaras y bailes de Quevedo, subsiste mucho de la jerga, pero predomina el espíritu picaresco y un modo de crítica con el conexionado; y más tarde la jerga se elimina poco á poco y el sentido picaresco decae hasta extinguirse.

Lo propio ocurre en la literatura picaresca nacida, en mi opinión, del proceso evolutivo de las jácaras.

Puede discutirse cuál fué la primer obra picaresca, pero ro cuál fué la primer obra picaresca y jergal. En el *Lazarillo de Tormes* se hace una alusión á la gerigonza de los ciegos sin citar ni un sólo término de esa geringoza. Además, el *Lazarillo,* por su asunto, no trata más que un modo de picardía, y no la picardía propiamente dicha, que se tradujo por primera vez en la obra de Mateo Alemán, bautizada por el público con el título antepuesto de *pícaro* «Guzmán de Alfarache».

En esta obra se usan términos jergales y semijergales de diferentes picardías, ya que no de diferentes jergas picarescas. Se dice: «aprendí á jugar de dedillo, balanza y golpete» (1), para dar á entender que aprendió á dar las mercadurías faltas de peso. Se habla de los «percances» de las gentes de cocina (2), calificando de ese modo las sisas. Se habla de «trocar á trascantón» (3), «mudar y trastejar» (4) y «hacer trascantones» (5), para expresar diferentes modos de engaño. Se habla de un procedimiento briviático la «venturilla» (6), y con la locución «comenzamos á plaguearle» (7) se designa el modo de pedir de los mendigos.

La jerga, propiamente dicha, está representada en los términos *mariscar* (8), *entrevar* (9), *landre* (10), *descornar* (11), *bramar* (12), *perchar* (13),

(1)   Pág. 225-2.ª
(2)   Pág. 226-2.ª
(3)   Pág. 241-2.ª
(4)   Pág. 242-2.ª
(5)   Pág. 256-1.ª
(6)   Pág. 244-1.ª
(7)   Pág. 244-1.ª
(8)   Págs. 221-1.ª, 248-1.ª-300-1.ª; «porque habiendo de buscar marisco», pág. 298-1.ª
(9)   «*entrevaba la flor*», pág. 226-1.ª; «*entrevándome la flor*», 237-2.ª; y el que nunca « *or entreverare*», 242-1.ª; «y como les *entrevaba la flor*, burlábame de ellos», 288-2.ª
(10)   «que no hagan *landre* en capa, capote, ni sayo», 242-1.ª; «busqué hilo, dedal y aguja, hice una *landre*», 356-1.ª
(11)   «que ninguno *descorne levas*, ni las divulgue», 242-1.ª
(12)   «ni *brame* al que no fuere del arte», 242-1.ª «Cuando esto me sucedió, luego hice dar aviso á mi capitán, que apenas alcanzó el *bramo*», 300-2.ª
(13)   «que los que tuvieren hijos, los hagan venteros, *per-*

cicatero y *bajamanero* (1), *avizorar* (2), *palas* (3), *gabias* (4), *poleo* (5), *águila* (6), *cañuto* (7), *tomajón* (8), *músico* (9), *ansia* (10), *izas* (11), *azerrador* (12), especificándose una buena parte de los oficios y excelencias ladronescas en el siguiente párrafo: «Ninguno entendió como yo la *cicatería*: fui muy gentil *caleta, buzo, cuatrero, maleador* y *mareador, pala, poleo, escolta, estafa* y *zorro*; ninguno de mi tamaño, ni mayor que yo seis años, en mi presencia dejó de reconocerse *bajamanero* y *bahari* (13).

---

chando con ellos las iglesias»,242-2.ª; «y si no les pecha lo ponen luego en *percha*», 301-1.ª

(1)　Pág. 282-1.ª

(2)　«estuve avizorando por todo aquello», 299-1.ª «Y después cuando nos avizoran en la agonía, cálanse las *gabias*, y no conocen á nadie», 300-1.ª

(3)　«*Palas* hay tan tiranos y desalmados, que luego estafan y lo aplican todo para sí», 299-2.ª

(4)　Véase la nota (8).

(5)　«Cuando no podían derramaban el *poleo*», 300-1.ª

(6)　«y muy *águila* para cualquier ocasión», 302-1.ª

(7)　«que no está entre la muerte y vida más del canto de un traidor *cañuto*», 302-1.ª

(8)　«ya siendo *tomajón*, pidiendo á mis amigos y conocidos del tiempo pasado», 345-2.ª

(9)　«Dícenme que Soto, tu camarada, está malo, de que se burló mucho el verdugo con él, hasta hacerlo *músico*», 353-2.ª

(10)　«Era muy gentil *azerrador* de cuesco de uba; siempre había de ser su taza *de profundis*, que hiciese medio azumbre, y esto lo descompuso en el *ansia*», 354-1.ª

(11)　Pág. 354-2.ª

(12)　Véase la nota (10).

(13)　Pág. 298-1.ª

El que después maneja la jerga con igual desenvoltura y aun mayor abundancia de términos, es Cervantes. En el *Quijote* existen algunas palabras y locuciones jergales; pero la obra picaresco-jergal por excelencia es *Rinconete y Cortadillo*. El lector puede encontrar en su lectura las siguientes palabras, expuestas en el orden con que aparecen: *cañuto, entrevar, aduana, finibusterre, embesados, gurapas, ansias, cuatrero, murciado, roznos, cantar, guro, trena, guras, postas, avizorando, floreo de villano, retén, humillo, sola, raspadillo, verrugueta, colmillo, tercio de chanza, astillazo, blanco, gorja, levas, cica, trainel, sorna, bajamanero, avispones, avispando, guzpataros, palomas, rufo, flores* y *bajón*, repitiéndose una vez *trainel* y *embesado*.

Quevedo es un gran conocedor de la jerga, pero la aplica preferentemente á la literatura de las jácaras, de que antes se hace mención con referencia á un estudio especial.

La *Pícara Justina*, que es de cepa genuinamente picaresca, tiene su elemento jergal, no muy abundante, pero auténtico. Lo que trata más especialmente (págs. 86-90), es lo referente á la *vigornia*, y en este particular puede ser consultada como texto único. Dos veces emplea la locución *tomar las del martillado* (págs. 85-2.ª y 137-2.ª). El término *durindana* (64-1.ª) y también *durandarta* (119-1.ª), no lo aplica con propiedad jergal, aunque sí con algo de la ironía que probablemente lo transportó á la jerga. En lo que se refiere á las

prostitutas cita el nombre de *marquesa* (66-1.ª) y
con el de *marca* (91-1.ª y 2.ª, 112-2.ª, 114-2.ª) juega del vocablo reiteradamente. Cita también la
manflota (158-1.ª) y la casa de las «mujeres *maletas*» (102-1.ª) Emplea con mucha oportunidad y
exactitud la locución jergal *echar de la oseta*, aunque alterándola en *hablar de la oseta* (163-1.ª) Y
hay palabras jergales en los tres siguientes textos:
«se atravesó el *acho* y birléle» (78-2.ª); «inclinado
á estas *levadas*» (118-1.ª) y «tiros, mochila y *levadas*» (141-1.ª)

En *Estebanillo González* se encuentran los siguientes términos germanos: «hice *peñas* y *Juan
Danzante*» (297-1.ª), «*padre de damas*» (317-2.ª),
«y en hacerles los mandados su *mandil*» (317-2.ª),
alcandoras (333-1.ª), «y temiendo que se *descorna-
se la flor*» (303-1.ª), «andaban *brivando* por todo
el reino» (305-1.ª), «teniendo más de *negro* que de
blanco» (309-1.ª), «me *afufé*» (343-1.ª), «á boca de
sorna» (354 1.ª.)

Después la novela picaresca decae de su primitivo origen, se forma en otro ambiente, que en
parte es personal de cada autor y en parte artifi-
cioso, pues deriva no de la realidad, sino de la
imitación de los modelos. Entonces la jerga, co-
nexionada íntimamente con el asunto de esta literatura, ya no habla, ya no inspira, queda como la
memoria de algo muerto ó desvanecido. Así ocurre que en el *Escudero Marcos de Obregón* sólo se
recogen cuatro términos jergales: «que no les *des-
cornase la flor* (451-1.ª), «volvió el *gayón* la cabeza»

(458-1.ª), «cuatro corchetes y cuatro *sellencas*» (462-2.ª), neologismo jergal derivado probablemente de *sillene*, y *cogió las del martillado* (464-1.ª) En *El Soldado Pindaro* se remoza alguna vez la picardía y revive el lenguaje jergal, aunque con algunas alteraciones que demuestran su descomposición. Los pocos términos jergales que emplea son los siguientes: «nos *trocasen la flor*» (279-3.ª), «tres sellos de ladrón, *ratero* y *guro* que te puso Céspedes» (296-1.ª), «*descuerno de las flores*» (296-1.ª), «*guzpataro*» (296-2.ª), «*soplamiento* y *antuvión* con que su presidente fué embestido» (304-1.ª), «fomentaba otro *guro* á los jugadores»(306-1.ª), «recoja y guarde el *güeltre*»(1) (306-1.ª), «levantó el *bramo*» (334-2.ª), «así *garló* el villano» (361-2.ª) En otras novelas queda, por excepción, un término jergal superviviente. Tal ocurre en *Día y noche de Madrid*, donde se alude á las *marcadas* (418-2.ª); en el *Diablo Cojuelo* y en *Don Gregorio Guadaña*, que se llama á la cárcel con un nombre jergal que todavia es muy usado («dar con ellos en la *trena*» 33-2.ª; «para dar conmigo otra vez en la *trena*» (277-1.ª), y en *El Castigo sin venganza*, donde se dice: «era Don Marcos de los sanos de Castilla» (555-1.ª)

Y como si en el hecho hubiese cierta analogía, ocurre que así como cuando la delincuencia asociada pierde su personalidad la jerga se descom-

---

(1) Esta palabra la acepta la Academia como de germanía, pero es gitana.

pone y busca un lenguaje supletorio en el caló,
cuando la novela picaresca pierde el hilo psicológico del verdadero pícaro, surge la figura del gitano, que en Mateo Alemán está conmemorada por
algún inciso, sin que nunca la presente en escena,
y que Cervantes la exhibe detalladamente en la
Gitanilla y en el *Coloquio de los perros*; pero, sin
contar con lo que de ellos se dice en la obra citada
de Espinel, nadie ha querido describir más íntimamente su vida que el Dr. Jerónimo de Alcalá en
El Donado Hablador, obra donde la rebusca más
diligenciosa no encontrará un solo derivado de la
antigua jerga.

El hecho no es del todo indiferente, como lo demuestra hoy mismo el propio DICCIONARIO DE LA
LENGUA ESPAÑOLA, donde se confunde la picardía
con la gitanería, y la sociedad y la lengua de aqué-
llos y de éstos en definiciones que demuestran con
toda claridad que en este punto, á la descomposición jergal, sigue una descomposición literaria y
más tarde una confusión académica (Véase LA
HAMPA).

LA GERMANIA

(ASOCIACIÓN DELINCUENTE)

El lenguaje jergal usado por los delincuentes españoles es el lenguaje de una asociación picaresca, y no lo denomina, como ocurre en otras jergas, una particularidad ó un sentido de ese lenguaje, sino el mismo concepto de asociación: por eso se llama *germania*, que quiere decir hermandad.

El término no necesitó ser inventado jergalmente: existía ya en nuestro lenguaje político y en nuestro lenguaje jurídico, y vamos á ver cómo las dos influencias intervinieron en su adopción.

Se llamaron «germanias» en Aragón ciertas asociaciones municipales, y después «las juntas formadas por los que al principio del reinado de Carlos I se sublevaron en el reino de Valencia y en la isla de Mallorca.»

La evolución de este concepto debe buscarse más remotamente, sin otra guía que el valor que

actualmente tiene esa palabra en las costumbres
jurídicas de Aragón. Allí el pueblo conoce y emplea los términos «agermanado» y «agermanarse»
con referencia á ciertos matrimonios, que estable-
cen por contrato comunidad de bienes. A esto se
refiere un autor (1) cuando dice: «y aun pierde el
dote, y más la parte de los bienes que por sociedad, ó como acá decimos, germania, tuviere comunes con el marido». De manera que «germania» tiene un primer significado de sociedad, que
se extiende á la calificación de determinado modo
económico de la sociedad conyugal y á determinados modos de la asociación política.

Del primer modo ha quedado en el lenguaje
usual el nombre de «germania» para calificar el
amancebamiento, nombre que no me atrevería á
decir si es extensivo ó primitivo ó coetáneo del
que califica la germania legal, pero que en la germania delincuente acusa el verdadero entronque
de esta asociación.

Si la sociedad delincuente se llama *germania*,
el entronque de esta denominación aparece caracterizado con los nombres del rufián y de la
prostituta, *germano* y *germana*. Por lo tanto, *germania* funde el concepto de amancebamiento con
el de comunidad de bienes, pues ya se sabe que
el enlace de la prostituta y del rufián constituye
una comunidad para el comercio que hace la primera y ampara y beneficia el segundo.

---

(1) Cerdan de Tallada. *Visita de la cárcel y de los presos*,
pág. 461, 2.ª edición. Valencia, 1604.

Después se agregan á esta explotación otra serie de explotaciones abusivas, ladronescas y fullerescas, y subsiste para todo el nombre de *germania*, con su significado genérico de sociedad, nombre tomado por los delincuentes de un concepto común muy amplio, aplicándolo y extendiéndolo á su modo de sentir y á sus fines particulares.

En el primer concepto, es decir, en el de la sociedad masculina y femenina, resulta desdoblado el nombre del siguiente modo:

Germania.—Sociedad conyugal.

Germania.—Amancebamiento.

Germania.—Prostitución (sociedad rufianesca).

En el segundo concepto, es decir, en el de asociación política para determinados fines, resulta también derivado á una agrupación ilegal.

Germania. — Asociaciones municipales y gremiales.

Germania.—Asociación de rufianes, ladrones y fulleros.

LA JERGA Y LA SOCIOLOGÍA.—Ese entronque debe hacer suponer que la *germania* no es un lenguaje caprichoso que se determine por remotos parentescos del delincuente con seres más ó menos primitivos, sino lenguaje de una sociedad que traduce su constitución y sus tendencias, troqueladas en su modo de vivir.

Por eso la jerga española tiene que estudiar poco fonéticamente y tiene que estudiar mucho representativamente. Su estudio, dentro de la antropología criminal, es más que nada un estudio sociológico y en parte psicológico.

Demostrada como queda la índole propiamente representativa de esta lengua, falta ahora por investigar lo verdaderamente constituvo de la asociación en las representaciones en que se traduce.

Empieza, en su significado rufianesco, por calificar la mancebía, las prostitutas, los rufianes, los dueños ó encargados del burdel, las alcahuetas, los contribuyentes, los estados de la mujer en relación con su oficio y las relaciones económicas entre la prostituta y el rufián.

Continúa, en su significado ladronesco, la clasificación minuciosa de los ladrones por cualidades genéricas y por especialidades, agrupándolos principalmente por procederes que impliquen violencia ó que supongan habilidad y astucia; agregándose la clasificación de los auxiliares de los ladrones y de otros elementos afines á la sociedad agermanada.

Definidos los órganos, el lenguaje jergal interpreta la función, y en el orden de esta función expoliativa surge una serie de conceptos reveladores de la naturaleza de la sociedad, con sus modos peculiares de ver y de sentir y sus relaciones, en cuyas relaciones estriba la gran influencia en los modos representativos, como anteriormente queda demostrado.

Agrupadas las palabras jergales por personificaciones y por conceptos, se evidencia la concordancia entre el modo de ser de esta sociedad y sus modos expresivos, con lo que se precisa la índole de su lenguaje; resultando que el estudio de la jerga tiene un interés primordialmente sociológico y es más que nada incorporable á la sociología como verdadero documento natural.

De este supuesto se origina nuestro estudio en que la jerga aparece como lo que es, como un organismo perfectamente· diferenciado en relación inmediata con la sociedad que la produce.

Por el estudio de la jerga la sociedad delincuente aparece diferenciada en dos grupos, el rufianesco y el ladronesco, que vamos á exponer.

GRUPO RUFIANESCO.—El entronque de los calificativos *germano* y *germana* en inmediata relación con el calificativo genérico de *germania*, demuestra que éste es el grupo primordial. Lo demuestra también el que en el entronque de la personalidad rufianesca con la ladronesca, la primera aparece como calificativa. El rufián asume todos los atributos del ladrón y del fullero, y las preeminencias se le aplican á él, correspondiéndole todo aquello que supone jefatura y dominio.

Dentro de este grupo resultan las siguientes diferenciaciones.

Nombres de la mancebía.—Se la conoce con los siguientes nombres alegóricos: *Montaña, Montaña de pinos, Monte, Campo de pinos* (1), *Manfla, Manflota* (2), *Guanta* (3), *Pisa* (4), *Vulgo* (5), *Cerco* (6), *Cambio* (7), *Aduana* (8), *Cortijo* (9), *Guisado* (10), *Casa llana* (11) y *Pifla* (12).

El lugar y sitio donde se sientan las mujeres se llama *estrada* (13).

Nombres de las prostitutas.—Las prostitutas

---

(1) ¿Llamarían *pino* al miembro viril? ¿Quiere decir que durante el cóito se planta un *pino*, representado el tronco por el miembro y la copa por el vello del pubis? *Montaña, monte* y por extensión *campo*, debe ser un derivado directo de la denominación *monte de Venus*, que se da á la región pubiana.

(2) Del sanscrito *manapá*, bella, seductora. En castellano es la mujer con quien se tiene trato ilícito. En la *Pícara Justina* se dice: «y busque una aguzadera de puntas de trompos en la manflota» (pág. 158, col. 1.ª)

(3) Ejemplo de eliminación: *a-guanta* = aguanta.

(4) Concepto de dominio público. La *pisa* todo el mundo, como á la calle.

(5) Concepto equivalente al de *pisa*.

(6) Representa disimulo y recato; *cerco* es vuelta ó rodeo.

(7) Concepto económico.

(8) Concepto de tributación.

(9) Concepto de propiedad. Puede significar también reunión de gente, por derivar *cortijo* de corte.

(10) En castellano antiguo quiere decir «dispuesto, preparado, prevenido de lo necesario para una cosa».

(11) Igual concepto que *pisa*.

(12) ¿Pifla?

(13) Estrada (del lat. *strata*, del italiano *strada*) f. Camino. Igual concepto que *pisa*.

(mujeres públicas, del mundo, rameras, damas de mancebía) reciben los siguientes nombres: *germana*, *tronga* (1), *grofa* (2), *marca*, *marquida*, *marquisa* (3), *pencuria* (4), *pelota* (5), *gaya* (6), *ma-*

---

(1) *Tronga*, s. f. Barragana, manceba (DICCIONARIO CALÓ-CASTELLANO de D. Francisco Quindalé).

(2) Del latín *scrofa*, puerca. *Stroca* se dice en la jerga italiana. Lombroso incluye esta palabra entre los arcaísmos.

(3) Que está marcada. Alude á la marca legal y á las lacras venéreas. En el *argot* existen las dos palabras. *Marque* = mujer de ladrón: *marquise* = mujer pública.

En la *Pícara Justina* se hacen frecuentes alusiones á este calificativo: «¿de qué le sirve á la pícara pobre hacerse *marquesa* del Gasto, si luego han de ver que soy marquesa de Trapisonda y de la Piojera y condesa de Gitanos?» (pág. 66, columna 1.ª) «Hoy se casa el monarca con su *márca*» (página 91, col. 1.ª) «Este es el día mayor de marca, en que vuestro monarca se casa con su *marca*» (col. 2.ª) Y porque me nombres, te digo que Marcos te llama *Marca* de más de marca» (pág. 112, col. 2.ª) «Lo de la marca se borre, que el rey no comete el marcar á gente de tan ruín marca; cuanto y más que un pigmeo como él no puede marcar á una giganta como yo» (pág. 114, col. 2.ª) En *Día y noche de Madrid* se lee: «Pero conociéndole el capricho una de las *marcadas* de este país, le ha puesto en el estado que ves, pues lo mísero del vestido dice la posibilidad de su dueño» (pág. 418-col. 2.ª)

(4) De *penca* (del latín *pungere*, punzar). Alude al acto del coito.

(5) ¿Indica que unos hombres la dejan y otros la toman, tirándola, como á la pelota en el juego? Se llama *pelota* á la bolsa con dinero.

(6) Deriva del latín *gaudium*, alegría, gozo.

raña (1), *hurgamandera* (2), *coima* (3), *cisne* (4), *tributo* (5), *iza* (6) y *consejil* (7).

Los nombres aluden á la condición de la mujer, á la función y á los beneficios que las prostitutas realizan. No hay ninguno indicador de las categorías de estas mismas prostitutas. A la ramera muy despreciable se la llama *rabiza* (8), y esto indica que no reconocen en la prostitución más que dos categorías: las prostitutas que están ó no están en condiciones de tener clientela.

NOMBRES DE LOS RUFIANES.—El rufián (9) se clasifica en las siguientes categorías: *cherinol* (10), el que es principal en la rufianesca ó ladronesca;

---

(1) En el sentido material de *marañar* (enmarañar) y en el sentido figurado de enredar al que con ella se relaciona.

(2) De *hurgar* (menear ó remover una cosa) y de *mandar.*

(3) *Coima*, significa en castellano el derecho que se paga al garitero por el cuidado de prevenir lo necesario para las mesas de juego.

(4) No conozco la formación jergal de ese nombre. Su aparente sinonimia con la ave palmípeda no debe tener relación alguna con el sentido oculto de este nombre. Sin embargo, si se la compara al cisne por la blancura, se la llama indirectamente *blanca*, es decir, tonta.

(5) En el mismo sentido que se llama *aduana* al lupanar.

(6) De *izar.* ¿Expresa figuradamente que la prostituta *iza* en el sentido de poner en erección?

(7) ¿De *consejo*, por reunir en la mancebia á los señores?

(8) De *rabo* ó *iza*. Que no tiene rabo... disponible.

(9) Del germano *ruffer*, alcahuete.

(10) Del árabe *cherif*, jefe.

jayán (1), el que es respetado por todos los demás; *jaque* (2), león, pendencia, *rufo* (3), los valientes ó camorristas, lo mismo que *ruido; consejo*, el astuto; *aviso*, el confidente de prostitutas y ladrones; *germano* y *germán*, amancebado, agermanado (4); *engibador* y *engibacaire* (5), recaudadores de la ganancia de las prostitutas, y *gayón* (6), guardador de rameras.

NOMBRES DE LOS DUEÑOS Ó ENCARGADOS DEL BURDEL.—En el burdel famoso de Valencia (7), llamábanse *hostalers:* en la jerga les comprende el nombre genérico de *padres de mancebía*, con las variantes de *padre, cambiador* (8), *alcancía* (9) y *tapador* (10).

NOMBRES DE LOS SIRVIENTES DE LAS PROSTITUTAS, RUFIANES Y ENCARGADOS Ó DUEÑOS DEL BURDEL. —Sólo hay un nombre que corresponde en exclusivo al criado de la mujer de mancebia: el de *re-*

---

(1) De *gigante*.

(2) Del persa *zah*, rey.

(3) Apócope de rufián. En la jerga italiana *ruffo* es fuego, y en la española *rufón* es eslabón con que sacan fuego.

(4) Agermanado, amancebado = *izado*.

(5) De *engibar*, guardar y recibir, y *caire*, lo que la mujer gana con su cuerpo.

(6) De *gaya*, ramera.

(7) MANUEL CARBONERES. *Picaronas y alcahuetes ó la mancebía en Valencia.* Valencia, 1876.

(8) Concepto económico.

(9) Del árabe *alcanz*, tesoro. Concepto económico.

(10) Encubridor.

clamo (1). Los demás nombres de este grupo son comunes á los criados de rufián ó de mujer pública. Se llaman *faraute* (2), *trainel* (3), *urgamen-*

---

(1) Anuncio, propaganda.

(2) Del alemán *haren*, el que lleva y trae mensajes.

(3) De *traer*. No sé si la denominación *trainel* la emplean como jergal los escritores anteriores al siglo XV. El Arcipresto de Hita llama *trainel* á la alcahueta.

898.—A la tal mensajera nunca le digas mara,
   Bien ó mal, como gorgee, nunca le digas pícara,
   Sennuelo, cobertera, almadana, coraza,
   Aldaba, *trainel*, cabestro, nin almohara.
                          (Col. 1.ª, pág. 255'.

Ciertamente la mayor parte de estos calificativos tienen índole é intención jergal. El de *mara* puede ser el origen de *maraña* (enredadera), que se da en *germania* á la mujer pública.

Llama también *trainel* á su criado, que sustituye á la alcahueta en sus oficios.

1595.—Pues que ya non tenía mensajera fiel,
   Tomé por mandadero un rapás *trainel*.
   Hurón había por nombre, apostado doncel,
   ·si non por quatorce cosas nunca ví mejor que él.
   Era mintroso, hebdo, ladrón é mesturero,
   Tafur, peleador, goloso, refestero,
   Rennidor, et adevino, sucio, et agorero,
   Nesçio, perezoso, tal es mi escudero.
                          (Col. 2.ª, pág. 277).

Por último, hay otra cita que seguramente hizo equivocar la interpretación al autor del glosario de las palabras antiguas que constan en los versos del Arcipreste. Habla éste de una zorra que, encontrando cerrada la salida del pueblo, se hizo la muerta y se dejó quitar algunas partes de su cuerpo, y sólo huye cuando pretenden quitarle el corazón. Un za-

dales (1), *mandilandín, mandil, mancil* y *mani-blas* (2).

Los criados de rufián se llaman: *guardapostigo, piltro* (3), *novelero* (4), *jorgolín* (se da también este nombre al compañero del rufián), *jorgolino* (5) y *revuelta*.

Criado de rufián equivale á aprendiz de rufián, y de aquí el grupo de los rufianillos, que se llaman *rufezno* (6) *espadachín* y *pagote* (7).

---

patero le quita la cola y aquí se alude nuevamente á *trainel*.

1389.—Pasaba de mannana por y un zapatero:

O, dis, que buena cola! más vale que un dinero;
Faré, *trainel* della para calzar ligero,
Cortóla, é estudo más queda que un cordero.

(Col. 1.ª, pág. 271).

El autor del glosario dice que *trainel* es «el calzador del zapatero», y no se comprende fácilmente que de úna cola se pueda hacer un calzador. Mejor se podría hacer un tirapié, instrumento indispensable para calzar (hacer calzado).

Otra cita que conviene á explicar la etimología de *trainel* es ésta, del mismo Arcipreste:

140.—Luego seré contigo desque ponga un fraile·

Con una freila suya, que me dise: trayle, trayle.

(Col. 2.ª, pág. 272).

(1) De *urgamandera*.
(2) De *mandar*. ¿Será también de tapar, por el uso del mandil?
(3) De *piltra* = cama. De *piltro* = aposento.
(4) Que lleva y trae nuevas ó noticias. La nueva se llama *fresca*.
(5) Probablemente este nombre es un automatismo.
(6) Cachorro de rufián.
(7) *Pagote*. Los que de mandiles están para ser rufianes y

Los criados de padre de mancebía son guardas de mancebía y se llaman *guardadamas*, *guardacoimas* y *guardaizas*.

NOMBRES DE LAS ALCAHUETAS.—La alcahueta no tiene representación propia en la germania. Se la conoce con igual nombre que á la ramera muy despreciable: *rabiza*, equivalente á ramera jubilada. Grado igual ó inferior representa la *cotarrera* (1)—mujer baja y común—aunque el vocabulario jergal no la clasifica como alcahueta. En los romances de la germania se la llama *madre*.

NOMBRES DE LOS CONTRIBUYENTES.—Son genéricos una porción de nombres, que se expondrán más adelante, alusivos á la condición, categoría y riqueza de las personas de quienes puede obtenerse beneficio ó ganancia. Aluden á este resultado los términos *contribuir* (acudir dando algo) y *contribuidor* (el que da algo). El frecuentador de las mancebías ó burdeles, se llama *manflotesco* (2). También pueden referirse á los contribuyentes las denominaciones de galán (*enjaezado*) y entonado (*camaleón*).

TÉRMINOS REFERENTES Á LOS ESTADOS DE LA MUJER.—Son los que implican actividad ó inactividad en el comercio de la prostitución. Cuando la prostituta trabaja, gana; cuando gana, cae; cuando

---

guardan la mujer para que la paguen. En la jerga moderna se llaman *pinchos*.

(1) De *cotarro*. De *coto* = mancebía.
(2) De *manfla*.

cae, peca. Por lo mismo, lo que la mujer gana con su cuerpo, llámase *caída, caira, caire, cairo* y *cairón* (1); y cuando la mujer deja de ganar por alguna cosa que lo impide, ni cae, ni peca y su situación denomínase *disanto* (2).

TÉRMINOS REFERENTES Á LOS BENEFICIOS QUE LA PROSTITUTA PROPORCIONA AL RUFIÁN.—Comprenden dos formas de tributación: lo que la mujer envía al rufián (*socorro*) (3) y lo que las mujeres envían para librar ó desempeñar sus rufianes (*rescate*).

LA PROSTITUTA Y EL RUFIÁN.—En el vocabulario jergal no hay palabra genérica que denomine al hombre y la hay para la mujer.

_____

(1)   Derivaciones de *caída* sin más que la permutación de la *d* en *r*. Concordancia con «cairel», que también es llamado «caida».

(2)   Contracción de *día* y *santo* = *día santo*. El romance número 1592 del *Romancero General*, de D. Agustín Durán (tomo XVI de la *Bibliotecade autores españoles*, pág. 502, col. 2.ª) dice:

> El disanto fué Belilla
> A la baila de la aldea,
> El cabello suelto al hombro
> Y no como suele en trenza.
> Pensó que el solar ajeno
> A su mal pusiera treguas,
> Sin acordarse que al triste
> Más le entristecen las fiestas.

Puede considerarse como un arcaismo, que aún se emplea en Extremadura. El Diccionario de la Academia incluye también el adjetivo anticuado DISANTERO, equivalente á dominguero.

(3)   El hurto también se llama *socorro*.

El hombre está representado por oficios, categorías, cualidades y defectos, pero no por una denominación común y específica, mientras que la mujer es designada con un calificativo genérico, concordante con otras representaciones también genéricas.

Genéricamente se la llama *luda* (1), cuyo significado, cualquiera que éste sea, no envuelve un concepto favorable, toda vez que las derivaciones *ludia* y *ludio*, califican á la «bellaca» y al «bellaco». En las mismas palabras calificativas de uno y otro sexo, el entronque fonético no equivale á entronque de significación. *Coime* es «señor de casa» y *coima* «mujer del mundo». La representación de aquél coincide con el significado común de COIME, que es «el que cuida del garito y presta con usura á los jugadores», y la representación de aquélla coincide con el significado común de COIMA, que es el «derecho que se paga al gariero».

Puede decirse, por lo tanto, que el nombre más definidor de cuantos se aplican á la prostituta es el de *tributo*, y que en la jerga no tiene ni una representación afectiva, ni siquiera una representación sensual, absorbiéndolo casi todo la representación propiamente económica.

A partir de ésta, todos los nombres jergales

---

(1)   ¿Del italiano *lúdere*, bromear, jugar, festejar?

¿Del provincialismo extremeño *ludiar*, «dar fermento á la masa con la levadura?»

¿De *ludia*, levadura?

¿Del latín *levare*, de donde deriva *léudar* = ludiar?

referentes á la prostituta y al burdel, acusan, en primer término, un concepto que puede decirse privativo de todas las sociedades explotadoras, y después una representación de la función, con su cortejo indispensable y con alguno de sus accidentes más notorios.

Las sociedades explotadoras tienen por fuerza que empezar por dividir á las gentes en explotadores y explotados. Es una representación que se impone por la naturaleza de unos y otros, evidenciada en la práctica del fin que se persigue. Las condiciones del que explota, en contraste con las del que se deja explotar, resaltan y se definen, y resultan calificativas espontáneamente. Definen un modo de habilidad y un modo de torpeza, y agrupan á los listos y á los tontos.

Este concepto de simplicidad y astucia es tan categórico en la jerga, que á él obedece no solamente la conceptuación de la mujer y del rufián, si que también la del ladrón y del robado, distinguiéndose, por lo mismo, diferentes categorías de ladrones, y aun diferentes categorías de tontos, constituyendo, ya que no aristocracias, mediocridades y plebes, excelencias, medianías y vulgaridades.

El influjo de este modo de ver y de sentir, es determinante de gran número de palabras del lenguaje jergal, y la expresión de esas palabras nos dice que se formaron al medir las dificultades para realizar una explotación y las aptitudes de quien la acomete, resultando así empresas fáciles, menos fáciles y difíciles, que califican en ordinario, medio y superior á quienes las intentan y las logran; y como este intento, que supone un agente activo, implica también un agente pasivo, la jerga mide la pasividad calificando también grados de tontería.

De cuantos grados de tontería se pueden señalar en la jerga, ninguno tan inferior como el referente á la mujer. Lo dice el nombre de *tributo*, que especifica su condición siempre subordinada, porque la mujer puede cambiar de rufián, confiándose á otro rufián más valeroso ó imperante, pero nunca ser independiente. Lo dicen las aplicaciones de una nota extrema de color, empleada para calificar la tontería, á cosas que se relacionan con el oficio que practica la mujer. *Blanco* es bobo ó necio, y *palomo* necio ó simple, y en mi opinión el llamar *alba* y *paloma* á la sábana no implica la denominación por un atributo, toda vez que cosas tan blancas como ella no se califican por la nota de color, sino por otra cualidad. Lo privativo en estas denominaciones es el interés determinante, y la sábana va unida á conceptos de pasividad que permiten la explotación, como lo demuestra el nombre de *albanado* (dormido). Coincidente con ese interés es el nombre de *albaire* (huevo), en que llama la atención la desinencia concordante con la de *caire*, lo que, en mi concepto, implica la fusión de lo blanco con una relación erótica (el testículo), demostrándose la influencia predominante del interés subordinada á una explotación, y expresada en una nota de color calificativa. Por lo mismo, el llamar *cisne* á la prostituta representa el mismo concepto de necedad fusionado con un requiebro poético. La misma nota de color, representando la tontería que permite ciertas explotaciones, califica de *albanés* (de *albaneses*, dados de jugar) al jugador de dados. Lo demuestra, por último, el nombre genérico *luda*, que parece antinómico de *caricia* (cosa que vale caro), porque si éste quiere expresar lo costoso de las caricias femeniles, el primero, en las derivaciones *mina ludia* (cobre), *ludios* (cuartos ú ochavos) y *ludio* (ochavo, cuarto ó moneda de cobre), revela lo miserablemente reproductivo de la prostitución; y como el concepto de *caricia* es económicamente el más exacto, puede afirmarse que el poco aprecio que revelan los derivados de *luda* consiste en el desdén denominador impuesto por la facilidad de esa ganancia.

Agrupando los calificativos de la prostituta y del burdel, se ve que aluden los primeros á la función que la mujer desempeña (*pencuria, gaya, maraña, hurgamandera, iza* y *consejil*), á la pasividad de esa función (*pelola*), al tributo que le pagan y paga á su vez (*pelota, coima* y *tributo*), y á sus propios estigmas.(*grofa, marca, marquida* y *marquisa*); y se ve que aluden los segundos á la función (*montaña, montaña de pinos, monte, campo de pinos, manfla, manflota, guanla*), á la clientela (*pisa, vulgo, cerco, cortijo, guisado, casa llana*) y al tributo (*cambio* y *aduana*).

La misma influencia se advierte en otras representaciones y derivaciones como ocurre en la de *caida* (lo que la mujer gana con su cuerpo), de donde viene la derivación jergal del tributo, y aun de la mancebía (*caira, caire, cairo, cairón, cairía*), y luego la generalización á algo que se relaciona con esa caida, porque contribuye al estímulo erótico, como ocurre con la «camisa gayada ó galana» (*cairelota*). De igual modo se representa el erotismo en el nombre de los botines de mujer (*dichosos*); y aunque *estival* (botines de mujer) parece derivación de *estivo* y éste de *estivar*, según un proceso representativo de que se ha hablado anteriormente, la influencia erótica puede haberlo tomado del italiano *stivále* («calzado de cuero para defender la pierna del agua y del fango, *que se usa generalmente para montar*») en una representación traslaticia.

Si esto es exacto, en *estivo* y en *estival* aparece una fusión de representaciones, fusión que también existe en el nombre de la cama (*sufrida*), que de un lado alude á la cama de cordeles en que se sufre el tormento y de otro á la cama de mancebía, que aguanta (*guanta*) lo que no es decible. Y esta fusión resulta por completo evidenciada si se tiene en cuenta que para el rufián, en sus relaciones con la cárcel y la mancebía, esas son dos representaciones casi permanentes, y por eso se traducen en términos significativos.

Otro nombre de la cama aparece enlazado con el concepto que el rufián tiene de la mujer, calificada por su servidumbre. No la llama «pécora» (oveja), pero la tiene por tal, toda vez que á la cama la llama *ovil* (del latín *ovile*; de *ovis*, oveja) en su significado de redil ó aprisco; y es probable que el calificativo «mala pécora» se enlace con esta representación jergal.

Otro nombre, un poco confuso, puede interpretarse buscando su representación y la forma fonética que lo haya transmutado. Me refiero á *piltra* (cama), que por generalización denomina al aposento (*piltro*) y al criado de rufián (*piltro*). Por tales relaciones se descubre que esta cama, más que las anteriores, es la propia cama burdelesca, y las representaciones del burdel *montaña, monte* y otras equivalentes, nos permiten suponer que deriva de PILA (montón), y que se ha formado por elipsis de «pilastra» (*pil* (as) *tra*) ó del italiano «pilastro» (*pil* (as) *tro*) de la misma significación, que deriva del latín *pila* (pilar).

Si todos los calificativos denotan en la mujer conceptos de pasividad y servidumbre, en el rufián, por el contrario, denotan conceptos de explotación y de dominio. Y es que la mujer, que parece el núcleo de la *germania* por el entronque del *germán* y la *germana*, no tiene en esta sociedad representación propia. A la prostituta la representa el rufián, que es su hombre, su rey, su jefe, su protector, su defensa, su garantía, su confidente y su consejo (1). La respetan, no por sí misma, sino por el

_____

(1) El Licenciado Chaves nos ofrece el siguiente expresivo testimonio: «Prendióse un *Fulano de Molina* por rufián, que en el arte (por no llamarle oficio á cosa tan mala) se aventajó á todos los de su tiempo; pues se le averiguó haber sacado de

respeto que impone su rufián (1). Es su esclava,
testimonio exagerado de una esclavitud histórica,

casa de su padre una doncella, la cual, creyendo á sus malas
palabras de que se había de casar con ella, la engañó hasta que
la puso en el lugar más público de Sevilla, que era una calle que
la llaman del Agua, donde había otras muchas mujeres que
vivían como las del partido. El cual la azotaba y castigaba el
día que no le daba muchos dineros para jugar, porque también
tenía su parte de fullero. Enseñábale á la miserable mujer, la
orden que había de tener en llamar y engañar hombres, dándole sus lecciones, dos cada día, enseñándola deshonestida-
des, palabras, y fingimientos y monerías para sacarles el dinero, como tan diestro en saber de la manera que esto se ha
de deprender, enseñar y tomar de memoria. Imprimió en
ella, como en cera, tanta desenvoltura, que ya la celaba
Molina (que así se llamaba) de los que visitaban su casa,
que es venir á la mayor miseria á que suelen venir, según
dicen los deste miserable oficio: de manera que para saber si eran del *alma* los que le hablaban, ó *contentos*, que
es su nombre propio de los que no llevan las mujeres interés, le hizo precio y postura de cada uno que entrase. Y
como iban entrando, se estaba en la calleja, y á cada hombre que entraba echaba una china en la capilla de la capa; y
después en presencia de la mujer echaba la cuenta por las
chinas y aquello cobraba; y si faltaba algo la castigaba. Vi-
nóse la mujer á descubrir á otra de su trato, que le preguntó
por qué la trataba mal Molina; contóle la historia y al fin
della concluyó la mujer diciendo: «No quieras saber más,
hermana, de que trato con hombre que aunque quiera fiar mi
mercadería y hacienda, no me da lugar ni puedo». Fué echa-
do en galeras por diez años, y por las chinas fué llamado por
mal nombre *Echa-chinas*.»

(1) «He sabido—le escribe Molina—que mientras cumplo
el tiempo de galeras te has acomodado con el *Paisano*, hombre desflorado, á quien los demás no sólo no respetan, pero
aun le quitan lo que tú le das».

y no es, en las manifestaciones expresivas de su lenguaje, ni su pensamiento ni su sentimiento, sino su *maleta* (1).

El rufián tiene de la mujer un concepto exclusivamente económico y él se designa con nombres propios del que domina y á la vez explota, aunque el carácter de dominio es el más saliente. De los nombres calificativos del rufián, dos aluden al agermanamiento, dos al tributo, uno á la custodia, uno á la enseñanza, uno á la confidencia, y los demás, hasta siete, al predominio. (Véase POESÍA RUFIANESCA.) En la organización del burdel aparece el triple concepto de familia (como lo demuestran los nombres de *padre* = alcahuete, y *madre* = alcahueta), de propiedad *(guardadamas, guardacoimas, guardaizas)* y de negocio *(reclamo, faraute, trainel)*. Las funciones están expresadas en tres conceptos: el de encubrir *(tapador)*, el de comerciar *(cambiador)* y el de recaudar *(alcancía)*. Esas funciones están representadas por el *padre* de la mancebía y por sus sirvientes, no por el rufián, cuyo papel constituye el ejercicio de un protectorado, y lo demuestran, además de sus procederes, su educación y encumbramiento. Los nombres de *mandil, espadachin* ó *rufezmo* y *mandi-*

---

(1) En la jerga actual llámase *maleta* (diminutivo jergal de malo) al mal torero. En *germanía* significa «mujer pública á quien trae uno consigo, ganando con ella». En la *Pícara Justina* se llama á la casa de prostitución «casa de las mujeres maletas» (pág. 102, col. 1.ª)

landin, indican categorías para llegar á ser rufián. (Véase (POESÍA RUFIANESCA.)

Con estos datos puede plantearse históricamente una cuestión que divide á los antropólogos, haciéndoles incurrir á unos en extremos de galantería y á otros en apasionadas negaciones de cualidades. Me refiero á la representación de la mujer en la delincuencia.

Según Lombroso, el equivalente de la criminalidad en la mujer (que, como se sabe, es cuatro veces menos criminal que el hombre), es la prostitución, y según los mismos delincuentes, manifestados en la sinceridad de su lenguaje, la mujer, con todo su carácter pasivo, tiene su representación en la delincuencia habitual.

La mujer, según la psicología *germanesca,* no solamente no delinque, sino que no tiene personalidad para delinquir, y por lo mismo, no forma parte de la sociedad delincuente. Es la personalidad más pasiva de cuantas personalidades se denominan en la jerga, y esta pasividad la incapacita para los fines explotadores de la delincuencia, porque empieza por ser el primer objeto de esa explotación. Constituyen sociedad los criados de los rufianes con el nombre genérico de *mandilada* y constituyen sociedad los rufianes y los ladrones, calificándose estas juntas con los nombres de *bateles* (1), *birlesca* (2), *cofradía* (3), *chanfai-*

---

(1) Véase el concepto de *esquifada.*
(2) De *birlar* = estafar; *birlador* = estafador.
(3) Concepto de hermandad.

na (1), *cherinola* (2), *esquifada* (3), *germania* (4), *jacarandana* (5) y *rodeo* (6).

Y, sin embargo, en el entronque social *(germano-germana-germania)* representa uno de los factores; pero, como factor femenino, se caracteriza por un entronque semejante al que tiene en la sociedad común y por la misma carencia de representación social.

Y es que el delincuente, en esto como en otras cosas de que se ha de hacer mención, no se separa de la naturaleza ni del medio de la sociedad donde

---

(1) Gente liviana. CHANFAINA = guisado hecho de bofes ó livianos picados. En la *Pícara Justina* se dice: «no hay cosa criada sin *chanfaina* de malo y bueno» (pág. 163, columna 1.ª)

(2) De *cherinol.* Probablemente este nombre califica las juntas de los rufianes principales. En el *Coloquio de los perros*, se dice: «y que saque á plaza toda la chirinola de esta historia» (pág. 211, col. 2.ª)

(3) Puede indicar la carga que lleva un esquife, ó derivando de ESQUIFAR (prevenir de remeros á las embarcaciones), significará picarescamente que todos pueden ser galeotes, si es que ya no lo han sido.

(4) Concepto de hermandad.

(5) Indica comunidad de lenguaje y comunidad de tradiciones y costumbres. *Jacarandana* (de *jácara*) = lenguaje de los rufianes. JÁCARA (del árabe *zácar*, narración de un hecho memorable). Romance alegre en que por lo regular se cuentan hechos ó cosas de los jaques ó de la gente rufianesca. *Jacarandina* = jacarandana = jácara, música para cantar ó bailar. = Modo particular de cantarla los jaques.

(6) Concepto de hallarse fuera de la ley. Para reunirse tienen siempre que dar *un rodeo*, esquivando á los agentes de la justicia.

nace y vive, porque de esa naturaleza y de ese medio participa y se nutre, distinguiéndose por ser una representación exagerada de las inclinaciones de esa naturaleza y de las condiciones de ese medio, en donde existen, diluidos ó atenuados, los vicios que él personifica.

La mujer es núcleo, punto de atracción, amparo y hasta fomento de la delincuencia habitual, con solo constituir el primer y más seguro elemento económico de esa delincuencia. Es un ser débil colocado en una función ilegal, que por imperiosa es tolerada, y que se mantiene bajo el protectorado de una fuerza abusiva. Este es su papel y este su entronque.

El rufián representa el autoritarismo masculino y todos los defectos de pudor y probidad de las sociedades de su tiempo. Empleado en la explotación, no se contenta con la relativamente fácil que le asegura el tributo de la mujer que de él depende, y por tendencias individuales y de relación con otros seres de su índole, de la personalidad rufianesca, que parece la primitiva, según la manifestación jergal, surge la personalidad ladronesca y fulleresca, definiendo el tipo de rufián, que no es solo alcahuete, sino que es alcahuete y ladrón y cuantas cosas puedan desdoblarse de su natural, acomodado á todo género de explotaciones y abusos.

Por lo mismo, aunque el rufián se caracteriza en el tipo del bravo y baratero, y aunque por sus condiciones primordiales se identifica más con el delincuente de fuerza que con el de habilidad, y aunque haya rufianes que sean propiamente rufianes, y ladrones que no sean rufianes, la rufianería y la ladronería aparecen en contacto directo y constituyendo sociedad, en lo que se distingue el segundo y más característico entronque de la *germania*.

GRUPO LADRONESCO.—Se puede juzgar de la importancia de este grupo, comparado con el anterior, fijándose en lo limitado de las conceptuaciones jergales que á la prostitución se refieren, y en lo diferenciado de todo cuanto respecta á ladrones y fulleros. Ciento ocho nombres distinguen por cualidades y especialidades á estos últimos, y la misma abundancia se aprecia en cuanto se refiere á su técnica profesional y á su vida de relación.

La gran fuente de las representaciones jergales dimana de este grupo, que constituye la verdadera *germania* en su concepto de sociedad.

Y como en sus distintas clasificaciones aparece bien diferenciado, es inútil entrar en ningún preámbulo generalizador, siendo más propio y conducente abordar esta parte de la sociología criminal estudiada en el vocabulario de la jerga.

LOS LADRONES.—En *Rinconete y Cortadillo*, que sobre ser la más escogida de las novelas ejemplares, merece la predilección del antropólogo criminalista por ser un interesante estudio de las asociaciones delincuentes, Monipodio, el *cherinol* de la *germania* sevillana, continúa el examen de los dos aventajados catecúmenos, interrogándolos del siguiente modo:

—«Volviendo, pues, á nuestro propósito, querría saber, hijos, lo que sabéis para daros el oficio y ejercicio conforme á vuestra inclinación y habilidad.»

La pregunta, que podrá parecer reveladora de la perspicacia del astuto interrogador, no es otra cosa que un término obligado, elemental é imprescindible, correspondiente á lo que en lenguaje procesal se llama generales de la ley.

Y no consistió en otra cosa que en las generales de la ley de los hampones, el interrogatorio á que Rincón y Cortado fueron sometidos. Primeramente les pregunta por «el ejercicio, la patria y los padres», luego por su sabiduría, y, últimamente, por el «ánimo», no solamente para acometer empresas, si que también «para sufrir, si fuese menester, media docena de *ansias* (1) sin desplegar los labios y sin decir esta boca es mía».

De manera que el examen de ingreso consistió en inquirir accidental y secundariamente la filiación y en persuadirse de las aptitudes profesionales y de la consistencia individual como garantia de una sociedad que se funda en dar á cada uno oficio y ejercicio conforme á su inclinación y habilidad, y en mantener el secreto de sus procederes y sus actos.

Lo primero se demuestra muy cumplidamente

---

(1)　*Ansia* = Tormento.

con la variada y minuciosa clasificación de los ladrones.

Desde lo genérico á lo condicional y á lo especial, los ladrones aparecen clasificados por sí mismos, tal vez con más escrúpulo y competencia que
un investigador pudiera hacerlo, porque nadie, en
asuntos de interés, es capaz de clasificar á los su-
yos mejor que el propio interesado, y en *germania*, como en cualquiera otra asociación, el interesado es la sociedad para los fines colectivos, sean
los que fueren.

Genéricamente aparecen clasificados los ladrones que no se distinguían por determinada especialidad ó condición, en: *baile, bailador* (1), *ciquiribaile, hacho* (2), *murcio* (3), *turlerín* y *bir-*

---

(1) *Bailar*, en germania, significa hurtar.

(2) HACHA = baile antiguo: *hacho* = bailador.

(3) Lombroso da una etimología inadmisible. Según
él (*L'nomo delinquente*, t. I, pág. 470), *murcio* deriva de Murcia, derivado que tiene un carácter histórico, por tratarse de
una región en que abundaban los ladrones. No sabemos si
antes de decidirse á formular esa etimología, precisó históricamente la reputación ladronesca de la región murciana,
que á nosotros nos es desconocida. Es verdad que en nuestro
refranero se dice: *Mata al rey y vete á Murcia*, ó vete á Málaga,
ó á otras muchas partes, lo que revela un concepto de impu-
nidad. Pero no hay un refrán como el de *En Malagón en cada
casa hay un ladrón, y en la del alcalde, hijo y padre*, que confir-
me la reputación ladronesca que Lombroso atribuye á los
murcianos. Es más, ninguno de los lugares truhanescos, que
constituyen una verdadera geografía delincuente, corresponde á Murcia. Tampoco consta en los lugares geográficos
de la poesía rufianesca y sólo en un romance (*Vida y muerte*

lo. (Birlar = estafar; *birlador =* estafador; *birles-*

---

de Maladros) se dice que un ladrón había venido de Murcia, por no decir que había venido de *murciar,* ó por decirlo de otro modo. Dice así:

> Y á Tarragón llegó el *bramo*
> que está dentro, en un garito,
> á solas con un lagarto (ladrón)
> que venido había de Murcia (de robar)
> aquella sorna (noche) á su lado,
> y repartían la farda (ropa)
> de lo que habían trabajado.

En el *Coloquio de los perros* (Cervantes) dice, hablando de unos gitanos, que «Al cabo de veinte días me quisieron llevar á Murcia» (pág. 217), lo que, dada la reputación ladronesca de los gitanos, tan especificada por Cervantes, puede ser un modo de decir semejante al de J. Hidalgo cuando habla de Tarragón y de su compañero de robo y de botín. En el *Quijote* la única alusión que se hace á Murcia es la de los comerciantes que van á esa región á buscar seda. Tampoco en *germania* hay ningún nombre que consagre la reputación ladronesca que Lombroso supone, como se consagra, en otro sentido, la de Sevilla, llamándola *Babilonia* («amparo de pobres y refugio de desechados» la llama Cervantes en el *Coloquio,* pág. 208, col. 1.ª), ó la de Zaragoza, que promueve el que á todo pueblo se le llame *Taragoza* y á toda ciudad *Taragozagida* (que puede ser un revoltijo jergal de *tarha* (árabe)= derecho, y Zaragoza.)

Mur es palabra anticuada, que significa ratón. (MURCIÉLAGO. Del latín *mus muris* (ratón) y *caecus* (ciego). Un antiguo refrán castellano, dice: «Lo que has de darle al *mur,* dáselo al *miz».* Miz es voz onomatopéyica que denomina al gato. Quevedo, manejándola, hace un chiste en la jácara *Vida y milagros de Montilla.*

> Por decir, adónde va
> mi querido, equivocóse,
> y me dijo: «*miz* querido,
> hubo risa. y él perdone.

ca = junta de rufianes y ladrones.) Al ladrón joven ó principiante se le llama *chirlerin* (1), *ladrillo* (2) y *bailico* (3); al viejo, *bailón* (4).

Clasificados por condiciones, se denominan: *si-*

Sancho dice este mismo refrán (*Quijote*, 2.ª parte, cap. LVI) llamando al gato por su nombre: «lo que has de dar al *mur* dalo al gato», y en otro refrán español se conserva la misma palabra: «Al *mur*, que no sabe sino un agujero, presto lo toma el gato». El Arcipreste de Hita no llama al ratón de otro modo.

90.—Pario un mur topo, escarnio fue de reir.

(Col. 1.ª, pág. 230).

Y así muchas veces más, en algunas empleándolo como diminutivo y como plural en otras.

1405.—Comenzo á querellarse, oyolo el muresillo.

(Col. 2.ª, pag. 271).

1.350.—Los mures con el miedo fuyeron al andar.

(Col. 2.ª, pág. 269).

Añádase que la terminación *cio* se emplea como despectiva, y resultará que *murcio*, sobre no tener relación alguna con Murcia (si no es la constante relación de los disimulos jergales), vale tanto como ratón ó ratonzuelo *(similirante)*, quedando reducida su significación histórica á una equivalencia de historia natural.

De igual modo que antes á cierta clase de ladrones que se entrometían con facilidad en las faltriqueras, se les llamó *murcios*, hoy se los denomina *ratas*. Esta es toda la evolución del concepto.

(1) *Chirlar* (voz imitativa) = hablar. *Chirlerin* = indiscreto.

(2) Diminutivo de ladrón, concordando con el nombre de cachorro de perro = cachorro de ladrón.

(3) Diminutivo de *baile*.

(4) Aumentativo de *baile*.

milirante (1), el ladroncillo temeroso; *ratón*, el cobarde (2); *buzo*, el muy diestro ó que ve mucho y profundiza en los asuntos referentes al delito, siendo de la propia familia el *lince* (3), el *atalaya* (4), el *espía*, el *avizor* (5) y el *avispón* (6), constituyendo todos la policía ó espionaje de la hermandad: *chucero* (7), el muy astuto; *brasa* (8), el muy vivo; *farabusteador* (9), el diligente; *sano de Castilla* (10), el disimulado; y, genéricamente, los astutos y de buena disposición para el oficio de ladrones, *águila, aguileño, sage* (11) y *gerifalte* (12).

Por especialidades, se clasifican los ladrones

---

(1) Del latín *similis*, semejante, y *rate*, ratón =*simili-rate*, semejante al *ratón* = ladrón cobarde.

(2) En la jerga actual ha quedado el calificativo de *ratas* para señalar á las distintas clases de *tomadores, descuideros, safistas*, etc. (Véase LA DELINCUENCIA HABITUAL). *Ratón* = ladrón de faltriqueras.

(3) Ladrón de mucha vista.

(4) Del árabe *atalayi*, centinelas.

(5) Del árabe *abcer*, plurar de *baçar*, ojo, vista, perspicacia. En germania, los ojos se llaman *avizores*.

(6) *Avispedar* = mirar con cuidado ó recato.

(7) Equivale el adjetivo CHUZÓN, astuto, recatado, difícil de engañar.

(8) BRASA, en sentido figurado, como se traduce en la locución «pasar sobre brasas».

(9) *Farabustear* = buscar; *fara* = de *far*, hacer; *bustear*, corrupción de buscar = hacer — buscando.

(10) Suena á concepto nobiliario en *germania*.

(11) Tomada directamente del francés *sage*.

(12) GERIFALTE = halcón.

según la calidad de las cosas ú objetos de que se
apoderan, ó según la industria de que se valen
para practicar el robo. Los ladrones de animales,
verdadera especialidad de los gitanos y de los andaluces, se dividen en: *lobo, lobatón* (ladrón de
ovejas y carneros (1), *gomarrero* (2) (de gallinas y
pollos), *gruñidor* (3) (de cerdos), *apartador de ganado* (4) (de ganado en general), *almiforero* (5) (de
caballos ó mulos) y *cuatrero* (6) (de bestias).

Como el ladrón de animales es un ladrón ru-
ral, incluiremos como apéndice de este grupo al

-----

(1) El carnero se llama *balante* (por su voz) y *velloso* (por
la lana).

(2) La gallina se llama *gomarra* y *soma*. En el Diccionario
de la Academia se pone entre interrogantes la etimología de
gomarra, refiriéndola al sánscrito *Kumára*, joven. ¿Será *soma*,
elipsis de Sodoma, y *Gomarra*, alteración de Gomorra, aludiendo al vicio de esas dos ciudades, en atención á que á la
gallina la monta el gallo? También se llama *coba*, porque co-
bija los huevos para incubarlos y los pollos para abrigarlos,
y *piedra*, por su quietud cuando incuba. El pollo de gallina
se nombra *gomarrón*; el gallo, *rey, caporal, obispo, capiscol*
(porque canta) y *misacantano* (porque canta cuando dicen la
misa de alba).

(3) El cerdo se llama gruñente por su voz ó gruñido.

(4) Se comprende á todos los ganados que pastan en el
monte. El cabrón, ó macho cabrío, se llama *barbado, barbudo*.

(5) De *almifor* (del árabe *almifar*, caballo ligero); *almifora*, la mula. El rocín se llama *postillón*.

(6) Bestia en germanía se dice *treza*, con el significado común de animal cuadrúpedo y, sobre todo, de labor. *Cuatrero*
deriva de cuatro, pues el caballo, además de *almifor*, se llama *cuatro*; el cuártago, ó caballo de poco cuerpo, *cuatropeo*, y
el asno, *cuatro de menor*.

lagarto (ladrón de campo) y al *salterio, tropelero* (1) y *ermitaño de camino* (salteadores).

Entre las especialidades figuran también el ladrón de bolsas, *cicatero* (2); el de capas, *redero* (3); el de cepos de iglesia, *Juanero* (4); el que roba en tienda de sedas, *alcatifero* (5), y el que roba oro, *cachuchero* (6), aunque esto general-

---

(1) Porque va en tropel ó cuadrilla.

(2) De *cica*, que en germania significa bolsa. Teniendo en cuenta que cicatero quiere decir en castellano algo semejante á avaro, *cica*, en el significado jergal, es la bolsa del avaro *(cicarazate)* ó de los ahorros. La bolsa se llama también en germania *cuadrada* (por su forma), *pelota* (por estar repleta de dinero), *zaino* (tal vez por lo oculta, pues zaino, como adjetivo castellano (del árabe *hain*, traidor), significa «traidor, falso y poco seguro en el trato») y *cigarra* (el bolsón *cigarrón*), tal vez porque sobándola suena con un ruido equivalente al canto del insecto de este nombre, canto que en el experimento popular se produce cuando al insecto se le toca el vientre. El asidero de la bolsa se llama *pezón*.

(3) La capa se llama *red* (porque envuelve y sujeta), *nube*, *nublado* y *noche* (porque cubre y emboza) y *aguela* (tal vez porque esta prenda dura mucho).

(4) El cepo de iglesia, donde se deposita la limosna, se llama en germania *Juan*, probablemente porque allí sólo se echan los ochavos. *Juan dorado* se llama la moneda de oro, y *Juan platero* la de plata.

(5) La seda se llama en germania *alcatife* (¿del árabe *alcatifa*, tapete ó alfombra fina?) y *babosa*.

(6) *Cachucho* se llama el oro en germania. Cachucho, en castellano antiguo, significa cartucho. ¿Es por el continente por lo que califica el contenido la denominación jergal? Se llama también el oro en germania *mina mayor*, en superposición á la plata, *mina menor*. La dobla de oro se llama *turquía*.

mente no significa especialidad, sino fortuna en
encontrar oro y no otra clase de moneda. Como
agregados á este grupo, se pueden incluir al *hormiguero* (1) y al *bajamanero* (2) ó ratero, clasificados por la insignificancia ó poco valor de sus
hurtos.

En consideración á la manera de practicar el
robo, aparecen clasificados los ladrones en dos grupos: comprende el primero á los que usan violencia ó se valen de algún procedimiento mecánico, y
también á los que se distinguen por su agilidad y
resolución en sus empresas; comprende el segundo
á los que practican el engaño *treta* ó *flor*, como se
dice en germania.

Primer grupo: se llama genéricamente *azor* (3)
al ladrón de presa alta; *volata* (4), al que hurta por
ventana ó tejado; *ventoso* (5), al que hurta por ventana; *altanero* (6), al que hurta por lugar alto; *escalador*, al que se vale de escala ó de cualquier
otro medio para subir; *escalona*, al que escala paredes; *guzpatarero* (7), al que agujerea y horada

---

(1) De hormiga.
(2) Bajas - maneras = poca habilidad para el oficio de
ladrón.
(3) Ave de rapiña.
(4) De volar.
(5) ¿De ventana ó de viento? Probablemente lo segundo.
(6) En germania se llaman *alta* la ventana y la torre, *altana* el templo.
(7) *Guzpataro* = agujero.

las paredes; *caleta* (1), al que hurta por agujero, y *caletero*, al que va con el *caleta*; calabecero, *picador* y *percador* (2), al que emplea ganzúa, y *garabero*, al que usa garabato (3); *filatero* (4), al que hurta cortando alguna cosa, y si lo que corta es la ropa donde hay bulto de dinero, *landrero* (5); al que extremadamente resuelto entra en cualquier casa, *comadreja* (6); si toma con frecuencia, facilidad y descaro, *tomajón* (7); si corriendo acomete á hurtar, *volatero* (8); si arrebata lo que roba y huye,

---

(1)   *Cala* = agujero.

(2)   La ganzúa (de gancho) se llama en germania *calabaza* (de *cala*, agujero, y *baza* (del árabe *baza*, dominar); *clauca* (del latin *clavícula*, llavecita); *sierpe* (porque se enrosca en la cerradura) y *pescada* (de *pescar*, porque *pescado* es el robado con ganzúa). *Picador* y *percador*, equivalen á pescadores en el sentido de equiparar la ganzúa con el anzuelo, por estar doblada.

(3)   Garabato, es un palo á cuya extremidad superior se encaja un hierro dispuesto para descolgar prendas. En germania se llama *garabo* y *mazo*.

(4)   *Filar*, en germania, es cortar sútilmente. La uña sobre la que se corta, se llama *percha*.

(5)   *Landre* = bulto de dinero. LANDRE, en castellano, «bolsa escondida que se hace en la capa ó vestido para llevar oculto el dinero».

(6)   Por semejanza con los procedimientos del animal de este nombre. Derivado de «comadre».

(7)   En la jerga actual ha quedado la denominación genérica de *tomadores* para designar á cierta clase de ladrones. (Véase LA DELINCUENCIA HABITUAL.)

(8)   De *volar*. Se llama también *levador* (de *levar*, que en germania es moverse ó irse).

rastillero (1); si quita por fuerza, *despalmante* (2), y si desnuda al que roba, *desmotador* (3).

Segundo grupo: lo subdividiremos para no confundir dos géneros de especialidades. Hay ladrones que apelan á cualquier forma de disimulo ó que se procuran cierto género de ventajas, distinguiéndose ó por los agentes de que se valen, ó por la profesión que adoptan, ó por el momento en que practican el hurto, ó por los disfraces que renuevan, ó por su movilidad ó por los lugares de su elección definida. Hay ladrones caracterizados en exclusivo por recurrir siempre á procedimientos de habilidad.

La primera subdivisión comprende: al *fuli-*

---

(1) De RASTRILLAR = limpiar con el rastrillo lino, cáñamo, hierbas; recoger la parva de las eras. Como deriva de RASTRO, tal vez quiera decir que el *rastillero*, por su ligereza, no deja rastro. La mano, en germania, se llama *rastrillo*. La denominación obedece á comparar los dedos con los dientes del RASTRILLO y la mano, en conjunto, con ese instrumento dedicado á limpiar y á recoger. En la jerga moderna, *limpiar* equivale á hurtar.

(2) En germania se llaman las manos *zerras*. Lombroso incluye entre los arcaismos *zera* = mano. *Despalmar* (abrir las palmas) es quitar por fuerza, y *palmar*, dar por fuerza una cosa. La mano se llama también en germania *labradora* (porque trabaja), *ancla* (porque sujeta) y *garro* (elipsis de *a-garro*; ó de GARRA, expresando igual sentido de sujeción). Quitar ó arrancar es *talar*. Sacar ó llevar *desbalijar*.

(3) *Motar* = hurtar. *Desmotar* = desnudar por fuerza á una persona para robarla.

dor (1), que tiene muchachos á su servicio para que de noche le abran las puertas de las casas; al *golondrero* (2), que se hace soldado para hurtar sin riesgo; al *gollero* (3), que roba en los grandes concursos de gente; al *murcigallero* (4), que hurta á primera noche; al *murciglero* (5), que hurta á los que están durmiendo; al *lechuza* (6), que hurta de noche; al *lagarto* (7), que muda de vestido para que no le conozcan; al *marcante* (8), que cambia

---

(1) ¿Del latín *filius*, hijo?—Véase la jácara *Vida y milagros de Montilla* (Quevedo).

(2) *Golondrino* = soldado. De GOLONDRINA, tal vez porque van en compañías ó bandadas. *Golondrera* = compañía de soldados. En el argot llaman al gendarme *hirondelle de grève*. Esta tendencia de los delincuentes profesionales está confirmada en el siguiente pasaje del *Coloquio de los perros*: «Quiso mi buena suerte, que halléallí una compañía de soldados, que según oí decir se iban á embarcar á Cartagena: estaban en ella cuatro rufianes de los amigos de mi amo,»—«iba la compañía llena de rufianes churrulleros, los cuales hacían algunas insolencias por los lugares do pasábamos, que redundaban en maldecir á quien no lo merecía» (pág. 213, col. 1.ª)

(3) De GOLLERÍA, que deriva de gula.

(4) De *murcio* (ladrón) y *gallero*, que indicá que es un ladrón que roba cuando canta el gallo.

(5) Variante de *murcigallero*.

(6) Referencia á la opinión de que la lechuza roba el aceite de las lámparas de la iglesia.

(7) Alude, tal vez, al camaleón, por lo que muda de colores.

(8) De marear = navegar. Navegar, en el lenguaje común, tiene un sentido traslaticio. No navega sólo el que va en nave, sino el que con un carro se dedica á hacer transportes á localidades generalmente lejanas.

de localidad y no tiene sitio de permanencia; al *mercader*, que anda siempre donde hay trato; al *boleador* y á los *comendadores de bola* (1), que andan en ferias.

La segunda subdivisión comprende con seguridad dos categorías: la de los ladrones de habilidad y la de los tahures ó fulleros. Para deslindarlas conviene inquirir la diferencia que pueda haber entre *treta* y *flor*. Seguramente que la hubo entre los puristas del lenguaje villanesco, pero fuera de ellos se confunden, de tal manera, que aun por Cervantes resultan barajadas. Rincón, especialista en flores, dice que aprendió «de un cocinero de un embajador ciertas tretas de quínolas y del parar, á quien también llaman el andabola», mientras que Cortado llama tretas á lo «que dicen mete dos y saca cinco» y á «dar tiento á una faltriquera con mucha puntualidad y destreza», lo que descubre sin género de duda que Rincón con sus naipes, que «usan de una maravillosa virtud con quien los entiende», era un tahur, y Cortado, preciándose de que «no pende relicario de toca, ni hay faltriquera tan escondida, que mis dedos no visiten ni mis tijeras no corten, aunque la estén guardando con los ojos de Argos», era

---

(1) De *bola*, que en germania significa feria. La llaman *bola* en sentido de movimiento, porque las ferias se celebran sucesivamente en distintas localidades. Por el mismo sentido de traslación se llama familiarmente BOLA á la mentira, porque la mentira rueda de boca en boca. *Bolear* = caer.

tomador del dos («mete dos y saca cinco»), tan tomador como los de ahora.

Puede admitirse, sin embargo, que la flor (1)
se refiriera en exclusivo á todo engaño hecho con
los naipes, indicándolo así la significación de la
palabra denominadora de un determinado juego,
y que la treta (nombre que no es propiamente de
germania, aunque lo distingue la construcción jergal) (2), señalara los demás juegos (los de dados
sobre todo) y los demás procedimientos de habilidad en los delincuentes profesionales.

Justo es reconocer que lo que se refiere al juego y lo que alude al robo, constituye en el Vocabulario de germania dos agrupaciones casi independientes; y digo casi, porque la independencia
no significa otra cosa que especialidad, sin que se
distinga en ningún caso la índole característica del
fullero de la del ladrón.

De todos modos es bastante la indicación diferencial de ambas significaciones, sin que quepa
en este estudio otro detalle, conviniendo que la
atención se fije en la modalidad característica de
ciertas tretas y de ciertas flores, que es lo que

---

(1) Aunque deriva de un determinado juego, como se trata de un engaño, existe aquí la relación natural entre fior y
fruto. Cervantes la precisa en el siguiente pasaje del *Casamiento engañoso*: «Finalmente, nuestra plática se pasó en flores
cuatro días que continué en visitalla, sin que llegase á coger
el fruto que deseaba» (pág. 202, col. 1.ª)

(2) TRETA, contracción de *estratagema*.

constituye, por decirlo así, la esencia del procedimiento.

Flores ó tretas, ladrones ó fulleros, se distinguen ó por el predominio de la habilidad manual, ó por el predominio de la habilidad que llamaremos psicológica. (Véase LA DELINCUENCIA HABITUAL. *Tomadores, timadores.*)

Habilidad manual es la del *bajamano* (1), que entra en una tienda señalando con una mano alguna cosa, y hurta con la otra lo que tiene junto á sí; habilidad manual es la del *landrero* (2), que cambia dinero, recibe el dinero y no da el cambio, dando á entender que lo ha dado. Habilidad psicológica es la del *bribión* (3), que para engañar halaga con buenas palabras, y la del *chancero* (4), que usa de chanzas ó sutilezas para hurtar.

Lo que tiene es que esas habilidades no se pueden ejercer independientemente, necesitando el

---

(1) Monipodio manda inscribir á sus nuevos cofrades del siguiente modo: «Rinconete y Cortadillo, cofrades; noviciado, ninguno; Rinconete, floreo; Cortadillo, bajón». Coger debajo del brazo se llama *bajamano*, y el hurto que se lleva debajo del brazo, *sobaquillo.*

(2) Trocar ó cambiar una alhaja por otra = *gardar*; trueque ó cambio de lo mismo = *garda*. Esta palabra no consta en el Vocabulario de Hidalgo, y sí en el Diccionario de la Academia. Sales Mayo la incluye como gitana, y como tal se menciona en la *Pícara Justina.*

(3) *Bribia* = arte y modo de engañar halagando con buenas palabras. En la jerga italiana, *birba* = limosna.

(4) *Chanza* = sutileza ó astucia. *Tocar* = engañar; deshacer engaños = *entubajar.*

prestidigitador delincuente influir más ó menos en
el ánimo de su víctima para realizar el escamoteo,
y necesitando el psicólogo un momento de acción
para apoderarse de lo que persigue.

Trátase, pues, de dos habilidades combinadas,
y no siendo posible colocar á un lado la habilidad
manual y al otro la psicológica, la verdadera distinción consiste en definir los grupos, caracteri-
zándolos por el predominio de la habilidad que los
distingue, sin que puedan prescindir, para realizar
el hecho, de la otra habilidad que se convierte en
secundaria.

· Las referencias del VOCABULARIO de Juan Hidalgo no son en modo alguno suficientes para conocer todas las variedades de habilidad usuales
en la *Germania*, aunque ya veremos en otra parte
de este estudio que lo fundamental puede redu-
cirse á términos bien caracterizados.

Cervantes, en *Rinconete y Cortadillo*, habla de
flores y de tretas, cuya definición no conocemos.
Tales son el *humillo*, la *sola*, de las *cuatro* y de las
ocho (jugar de), el *raspadillo*, el *colmillo* y la *boca
de lobo* (1).

Las definidas en el *Vocabulario* de Juan Hidalgo son las siguientes:

_____

(1) En las jácaras (Véase POESÍA RUFIANESCA) se mencionan varios procedimientos. *Estebanillo González* cuenta los
siguientes: «señalando las cartas por las puntas para qui-
nolas y primera, dándoles el raspadillo por la cartera, y
echándoles el garrote y la ballesta para las pintas, sin otra
infinidad de flores» (pág. 289, col. 2.ª)—«media docena de ba-

TRETAS (llamaremos tretas á todo aquello que se refiere principalmente á las prácticas de los ladrones, sin relación inmediata con las de los fulleros). Las definen las siguientes categorias de ladrones: *Aguila de flores llanas* (ladrón que de ordinario usa flores ladronescas), *bribión* (que halaga con buenas palabras para engañar), *levador* (muy sutil, que usa de muchas tretas para hurtar), *mareador* (que trueca dineros), *chancero* (que usa de chanzas ó sutilezas para hurtar), *landrero* (que juega de bocadillo) (1).

No están definidos los procedimientos de que unos y otros se valen, porque no hay modo de escribir una técnica que se funda, más que en reglas, en la aptitud de cada individuo; pero se comprende que todos los procedimientos consisten en tener golpe de vista muy sutil y penetrante (véase lo que se dice del TIMO), en saber halagar ciertos sentimientos generalmente egoistas (véase también el TIMO), en saber enganchar á la gente (lo de *levador* debe interpretarse en el sentido literal de *leva*, enganche de incautos), en saber marear, ilusionar y engatusar con la palabra, después de haber adivinado con la intuición. El en-

---

rajas, á las cuales yo y el italiano le dábamos con la de Juan trocado, y al garitero y á los tahures con la de Juan grajo» (pág. 290, col. 1.ª)

(1) *Bocadillo*, de boca. *Juego de bocadillo* = juego de palabras. De esta clase de juegos mareadores era la *bernardina*, de que habla Cervantes en *Rinconete y Cortadillo*. En la jerga teatral se llama *bocadillo* á un inciso del diálogo.

tretener con razones engañosas se llama *encantar*.

La *treta*, que en la jerga actual, con un sentido más exacto de lo que significa, se llama *timo*, es el modo de delinquir que se funda en la acción puramente personal sin empleo de coacciones materiales; es la coacción psíquica aplicada como proceder para apoderarse de lo ajeno.

Algunas tretas de otra índole se mencionan en el vocabulario de Juan Hidalgo. Tales son la *pala* (1), la *feila* (2), la *compuesta* (3), la *penchicarda* (4) y el *pechardino de manga* (5).

---

(1) *Pala*. Ponerse un ladrón delante de uno á quien le quieren robar para ocuparle la vista.

(2) *La feila* (probablemente es una corrupción jergal de lo que en términos ordinarios se llamaría *la hecha*. *Feita*, por hecha, dice el pueblo en el Alto Aragón.) Flor que usan los ladrones cuando los cogen en algún hurto, que se fingen desmayados ó con mal de corazón.

(3) *Compuesta*. Cuando han robado á alguno, y los mismos ladrones parecen delante del que han robado, con diferentes vestidos.

(4) *Penchicarda* (probablemente es una contracción de tres voces. La primera puede ser PENDENCIA, y la última, literalmente, *carda*, en atención á que esta clase de gente es llamada gente de la *carda*, y en esta treta quien sale cardado es el bodegonero.) Ardid que ejecutan algunos ladrones ó rufianes en el bodegón, donde, después de comer ó cenar, revuelven una pendencia, y así se salen sin pagar.

(5) *Pechardino de manga* (de *pechar*. Tal vez se llame *manga* á la confabulación.) Cuando entre dos ladrones quieren hacer que pague alguno por ambos una comida ó cena, concierta el un ladrón con el que ha de engañar, que reserven del gasto al compañero, y avisan al bodegonero que si lo que les diere á comer ó á cenar monta diez, que pida veinte,

Flores (llamaremos flores á todo engaño que se relacione principalmente con los juegos de naipes y de dados). Hasta ahora, en la organización de la *germania,* hemos contado, aparte las mujeres, á los rufianes y ladrones, cuyo tipo aparece muchas veces refundido en esta sociedad. ¿Comprende esta refundición á los fulleros? Sin duda alguna.

La fullería es una modalidad de los procederes germanescos, que no varían de propósito ya se especule con la mujer, ya se robe con ó sin violencia ó con falsía, ó ya se engañe con los naipes y los dados ó con cualquier otro modo de prestidigitación.

No existen tantas clases de fulleros como de ladrones; pero, sin embargo, en la clasificación germanesca aparecen algunas variedades.

Genéricamente, al jugador se le llama *pillador* (1), *ficante* (2) y *espillador* (3), y al fullero *cier-*

---

y así da el uno de los ladrones y el que ha de ser *Pechardino,* cada uno su parte, y el tabanquero le vuelve los diez al uno de los ladrones, quedando pagado con los otros diez que le dió el *Pechardino.*

(1) De PILLAR (del lat. *pilare,* despojar, robar.) PILLO, adj. fam. (pícaro), PILLUELO.

(2) De *ficar* = jugar. Del italiano *ficcare* = meter una cosa en otra con poca violencia. *Ficante* equivale al participio presente (*ficcante)* del verbo italiano. La equivalencia más aproximada de *ficante,* es entremetido.

(3) De *espillar* = jugar ó quitar algo. *Espillantes* = los naipes. *Espillo* = lo que se juega ó se quita. En la jerga italiana *spilare* es jugar. Lombroso la incluye entre las palabras extranjeras, como procedente del alemán.

lo (1), *carretero* (2) y *taquín* (3). Si es jugador de
dados, se le conoce con los nombres de *albaneguero* y *albanés* (4); si hace trampas floreando el
naipe, es *florero*; si juega con dados falsos, *hormiguero;* si usa de la flor de retener ó salvar, *salvatierra;* si toca ó señala el naipe, *tocador;* si mete
dado falso en el juego, *brechero* (5); si tercia en el
juego, *brecha* y *brechador*; si juega por y con dinero de otro, *dancaire* (6), y si saca ó cobra el barato en la casa de juego, *Vilagómez* (7).

En general, todos los nombres tienen un significado de provecho y de ventaja, no solamente
al calificar á los jugadores, si que también á la
casa de juego, al juego mismo, á los útiles y á los
procedimientos para jugar.

Todos estos grupos de palabras constituyen

---

(1) *Cierta* llaman en germania á la muerte. Tan cierta
como la muerte, que ninguno puede eludirla, es *cierto* el
tahur en la ganancia. Este calificativo lo menciona Cervantes
en *El celoso extremeño*. Refiriéndose a los jugadores dice: «á
quien llaman ciertos los peritos en el arte» (pág. 159, col. 1.ª)

(2) Probablemente no deriva de carretero, guiador de ca-
ballerías, sino de carrete; es decir, devanador.

(3) Este nombre puede tener cierto alcance histórico en la
historia del juego. Alude al juego de la taba, que, como
es sabido, se juega con un hueso astrágalo. En Aragón se
llama *taquinero* al jugador de taba.

(4) Tal vez porque los dados son blancos.

(5) De BRECHA. Mete dado falso y hace brecha.

(6) De DAR y *caire* (lo que la mujer gana con su cuerpo .

(7) Todavía queda en nuestro lenguaje usual alguna locución equivalente, como «tomar las de *Villadiego*.»

un vocabulario especial en la *germania*, lo suficientemente expresivo para comprender cuantas acepciones se refieren á esta manera de apoderarse de lo ajeno.

La casa de juego se representa como una red tendida á los incautos, y se llama *boliche* (1), ó como un lugar desde donde se acecha resguardadamente, y por tal razón se la llama *garito* (2). El juego ha tomado su nombre de la misma idea sutil que bautizó con el dictado de *brasa* al ladrón muy vivo, tan vivo que lo que hurta lo debe coger con igual ligereza que si se tratase de brasas de fuego: tal ligereza debe ser indispensable para manejar los naipes y los dados, pues el juego es *brasas*, y si es también *carro*, no es carro del que se tira, sino carro ó carrete que devana el dinero de los *puntos* (3). El dado ó los dados de jugar se denominan: *brecha*, *peste* (4), *gañir* (5), *Juan Tara-*

---

(1)   Se puede considerar como un derivado del nombre de la bola que se emplea en el juego de las bochas, ó del juego mismo del boliche; pero, dada la intención de los calificativos germanescos, es más probable que se refiera á boliche, red.

(2)   De GARITA. (Del fr. *guérir*, proteger; del al. *wheren*). *Garitón*, aposento.

(3)   En la jerga actual, los *puntos* son los jugadores. Es un calificativo sumamente generalizado á otras aplicaciones, y casi puede considerársele incorporado al lenguaje general.

(4)   La maldición se llama *peste*. El dado, en tal sentido, es maldición de los perdidosos.

(5)   Tal vez deriva de GANAR.

fe (1), *tarafes, hormigas* (2), *albaneses* y *cuadros* (3).
El dado hecho de mayor á menor se denomina
asta (4) y la terna de dados *terniza.* La baraja ó los
naipes son conocidos con los nombres de *Lucas,*
Masselucas, boyuda, bueyes (5), *espillantes* y
huebra (6).

Completa esta parte del Vocabulario de germanía una colección de voces referentes á las diversas flores que emplean los fulleros.

Flor y *foraina* (7), quieren decir engaño; *flo-*
rear, engañar ó florear el naipe; *ficar* es jugar, y
espillar, jugar ó quitar algo; *mazada* (8) alude á
que el fullero da con algún encuentro que junta;
apandillar (9), es procurar suerte favorable ó formar encuentros con fullerías; *armada* ó *arma-*
dilla (10), es dar uno á otro para que juegue; *tira*

---

(1)   *Tarafada,* flor ó trampa de los dados. *Tarafana,* aduana. *Tarafes,* los dados. Fusión de *tara* y *afana.* Concepto de
tributo.

(2)   Probablemente es una alteración jergal de HORMA.

(3)   Por la forma cuadrada.

(4)   Del concepto de *asta,* que expresa longitud.

(5)   El nombre genérico de *carro,* que se da al juego,
autorizaría á suponer el por qué se llama á los naipes *bueyes*
y *boyuda* y al fullero *carretero.*

(6)   De *obra.* Corresponde también al concepto de *bueyes.*

(7)   El concepto debe estar tomado de los juegos cuya suerte consiste en reunir las cartas que constituyen la FLOR ó suerte del juego.

(8)   De MAZA. Equivale á la locución «dar golpe».

(9)   De PANDILLA (de *banda*). Liga ó unión.

(10)   Es un concepto jergal muy generalizado y derivado.
Se aplica á designar todo complot para enredar á una perso-

y *tarafada* son flores de fullero, y *verrugueta* (1) lo mismo en el juego de naipes; *retén*, es tener el naipe cuando el fullero juega, que se suele decir *salvar* (retener el naipe), y ellos dicen *salvatierra*; *hincar*, alude á la operación de hincar ó fijar el dado; *cargar*, á cargarlo de mayor ó menor; *remolar* (2), á disponerlo de manera que no corra sino á la parte que está cargado; *brechar*, á meter dado falso en el juego; *pandar* (3), á juntar y componer los naipes para hacer una trampa ó fullería, y *verruguetear* á usar de verruguetas. Estas dos últimas con la *verrugueta*, la *armada*, el *panderete*, la *astilla* (4), el *ala de mosca*, la *raspa*, el *cortadillo*, el *ballestón* y el *redoblón* (5), son las flores de que los fulleros usaban en el juego de naipes y cuya modalidad no está definida en el *Vocabulario* de Juan Hidalgo (6). De todas las palabras que se re-

___

nà. Se dice *armarla, armársela*, «buena se la *están armando*». También se dice «vamos á *armar* una partida», aludiendo á jugar á tal ó cual juego.

(1) De *verruga*. Tal vez llamen así á cierta aspereza en los naipes para conocerlos.

(2) De REMOLÓN (del latín *remorari*, retardar). *Remolar* quiere decir hacer remolón el dado.

(3) En el caló *Pandar*, v. a., es atar, liar, arrollar, estrechar, cerrar, encubrir. En la jerga actual se dice *apandar* en el sentido de recoger y extensivamente de robar.

(4) De *asta*.

(5) Acción de redoblar el naipe para hacer el fullero la flor.

(6) Probablemente todas esas fullerías se reducen, como las que en la actualidad se conocen, al *pego* («echar el pego»), á la *marca* (marcar el naipe) y al *salto* (dar el salto de

fieren á la fullería, sólo quedan por mencionar el *bolsillo* (bolsa que llevan los fulleros para esconder los naipes) y la *tira angosta* (juego de bolos).

AUXILIARES DE LOS LADRONES.—En el vocabulario jergal aparecen las siguientes clases: el *cofrade* (1) (ayudante de ladrones); el *ondeador* (2) (que tantea por donde ha de hurtar); el *gavillador* (3) (que junta los que han de llevar para el hurto); el *aliviador* (que recibe el hurto que otro hace y se va con él para ponerlo á cobro); el *aguilucho* y el *aguileño* (que entran á parte con los ladrones sin hallarse en el hurto); el *corredor* (que concierta el hurto); el *correo* (que va á dar los avisos); el *piloto* (que va delante de otros guiándolos para hacer el hurto); el *doble* (que ayuda á engañar); el *paletero* (que ayuda á hacer *pala*); el *azorero* (4) (que acompaña al ladrón y lleva lo que hurta); el *levador* (que carga el hurto); el *polidor* (que vende lo que han hurtado otros), y el *pulidor, pulido* (5) y

---

una carta). El *cortadillo* debe ser un modo de *marca*, como la *raspa* y la *verrugueta*, y el *ballestón* un modo de salto.

(1) Corresponde al concepto de *germania* = hermandad ó cofradia.

(2) A este grupo pertenecen los *avispones* (de *avispedar* = mirar con cuidado y recato), de quienes hay en *Rinconete y Cortadillo* dos ejemplares en los «dos viejos de bayeta con antojos, que los hacía graves y dignos de ser respetados, con sendos rosarios de sonadoras cuentas en las manos».

(3) De GAVILLA (del ar. *abila*, haz de mieses). Se dice GAVILLA de ladrones.

(4) De *azor*, ave de rapiña. *Azorero* = compañero del *azor*.

(5) De *pulir*, en el sentido jergal, que todavía se conserva

arrendador (que compran lo que hurta el ladrón);
el *carduzador* (1) (que negocia con la ropa que hurtan los ladrones); el *garitero* (2) (que encubre ó da
cama ú hospedaje á los ladrones), y el *polinche* y
poleo (3) (que encubre á los ladrones ó los abona
y fía).

Hay otras clases de auxiliares ó bienhechores,
que no pertenecen fundamentalmente á la hermandad, y entre los que, según Monipodio, figuran
«el procurador que nos defiende, el *guro* que nos
avisa, el verdugo que nos tiene lástima, el que
cuando alguno de nosotros va huyendo por la calle
y detrás le van dando voces: *al ladrón, al ladrón,
deténganle, deténganle,* se pone en medio, y se opo-
ne al raudal de los que le siguen, diciendo: «Dé-
jenle al cuitado, que harta mala ventura lleva; allá
se lo haya, castíguele su pecado». Al hablar de la
justicia y las prisiones se verá cómo en el vocabulario jergal aparecen determinados algunos de tales auxiliares indirectos.

Los matones.—Como tipo especial, tienen en
el vocabulario germanesco representación bastante
limitada y pobre.

Los nombres de los rufianes *(cherinol, jayán,
jaque, león, pendencia, rufo* y *ruido)* indican que su

---

actualmente. *Pulir* quiere decir vender ó empeñar una prenda ó un objeto.

(1) Tiene el mismo sentido que *pulir,* puesto que significa
CARDAR. (CARDUZA = CARDA.)

(2) De *garitón,* aposento; *garitero,* aposentador.

(3) Debe ser una derivación jergal de *polidor, pulidor; pulido = polinche, poleo.*

categoría era la de bravos ó matones. El Licenciado Chaves, en su *Relación de la cárcel de Sevilla,* evidencia el papel principal y dominador que representaban los valientes.

Peró en *germania,* para los fines positivamente utilitarios de la hermandad, el matón, por su exclusiva cualidad de bravo, valía poco y representaba poco. El vocabulario nos indica que la industria tiene más importancia que la fuerza.

A cuatro nombres queda reducida toda la calificación jergal de estos individuos, que en el corral de Monipodio están representados por Chiquiznaque y Maniferro, «dos bravos y bizarros mozos, de bigotes largos, sombreros de grande falda, cuellos á la valona, medias de color, ligas de gran balumba, espadas de más de marca, sendos pistoletes cada uno, en lugar de dagas, y sus broqueles pendientes de la pretina». *Bravote* (1) se llama al fanfarrón ó matón; *bravatero,* al que hace fieros; *vigornio* (2), al guapo ó valentón de los que andan en cuadrilla, y *los de la vigornia,* á los guapos que andan en cuadrilla para hacerse temer (3).

(1) La terminación es despectiva.

(2) ¿De VIGOR = *vigor-nio?* En la *Pícara Justina* desempeña un papel importante la *Vigornia.* (Véase LA HAMPA.) La Academia escribe *bigornio* y acepta la etimología genérica, refiriéndose á *bigornia (los de la),* de *bis,* dos y *cornu,* cuerno.

(3) Aunque la representación de los matones aparece tan limitada en el léxico jergal, véase en la POESÍA RUFIANESCA cómo el carácter del rufián se define por lo valentón, y cómo á este carácter obedecen los nombres que se dan á las armas ofensivas y defensivas.

PSICOLOGÍA Y SOCIOLOGÍA DE LA JERGA

Claro aparece que la *germania* reune todos los aspectos de una hermandad profesional. Se diferencia de las otras hermandades y sociedades nada más que en los fines, y en ella se cumplen todas las leyes y todas las determinaciones de una sociedad natural y humana.

De primera intención parece que entre lo honrado y lo delictuoso existe un abismo infranqueable; y si esto es exacto en el orden moral, no lo es en el social, porque socialmente hay actividades y manifestaciones que no se reputan delincuentes y, sin embargo, tampoco se pueden reputar morales, en la moral estricta.

Los fines de la *germania*, aislándolos por el momento de su calificación ilegal, son francamente utilitarios, y la utilidad se logra por un modo de industria y un modo de comercio. De aquí que, comercial é industrialmente, tengan parentesco con algunas modalidades del comercio y de la industria, que en las sociedades modernas revisten formas que se llegan á confundir con las del delito.

No han llegado, ni se han aproximado siquiera, las sociedades superiores á una altura de probidad que las destaque considerablemente de las sociedades organizadas para delinquir, y subsistiendo, como subsisten, tal vez hoy más exageradamente que nunca, en el comercio muchos modos de engaño, en la contratación muchas formas de fullería, y en la industria muchas maneras de falsificar y contrahacer, fuera injusto envolverse en el convencionalismo social que pone al Código como límite de una y otra clase de engañadores, falsificadores y fulleros, para establecer diferencias somáticas, psíquicas y sociológicas entre unos y otros.

Lo que la *germania* explota y lo que la *germania* maneja, se explota y se maneja en los altos y en los medios sociales, lo mismo que en los bajos, aunque á mayor altura se manifieste más discreción ó más tolerancia, por un modo de convencionalismo que solo rige cuando la presión del medio social aparece sumamente disminuída, favoreciendo á ciertas clases elevadas.

Tal vez, si pretendiéramos convertir estas indicaciones de sociología criminal en apuntes de filosofía social, resultasen conclusiones en exceso demagógicas. Pero de cualquier modo, es lícita la afirmación de que el estudio del delito contra la propiedad representa una especie de reactivo para proceder al análisis de la propiedad, descubriéndose á los primeros ensayos que en la propiedad hay residuos, mezclas y combinaciones de delito, porque en muchos de los modos de adquirir, la humanidad se ha mostrado y se muestra naturalmente delincuente.

No es de este momento el análisis de tal afirmación. Tiene su estudio apropiado, en que, por la índole del asunto, no hay otro medio que abordarla. Por ahora baste decir que sería erróneo estudiar la *germania* como una sociedad sumamente retardada en la evolución, medianera con las sociedades primitivas y representativa de un tipo social arcáico, cuando lo que aparece en ella es la representación más culminante y especificada de todos los vicios y defectos de probidad de que se hallan imbuídas las sociedades superiores.

Representa la germanía dos formas; una activa y otra parasitaria. La forma parasitaria se define en el tipo y en las propensiones del rufián, tipo que modernamente se ha ponderado al extremo de motivar el famoso rescripto del emperador Guillermo II de Alemania y el proyecto de ley presentado á las Cámaras francesas por el ministro de Justicia de la República, M. Fallieres (1).

---

(1) En 6 de Marzo de 1337, el rey D. Pedro IV de Aragón dictó la siguiente orden real sobre revocación del oficio de rey Arlot. («Aureum opus regalium». *De revocatione officii regis Artoli.*)

«Nos, Pedro, por la gracia de Dios, rey de Aragón, de Valencia, etc. Como sea conveniente á la dignidad real, que aumente las virtudes en los súbditos y aleje los vicios, pa-

El rufián, considerado naturalmente, no es otra cosa que la representación descarada de la tutela masculina. Genéricamente es el sostenedor (*souteneur*, según el feliz calificativo que le aplican los franceses) de la mujer en el lucro carnal, variando su carácter por gradaciones, declives y modalidades, desde hombre de placer que satisface una necesidad afectiva (del *alma* y *contento*, se dice en *germania*), á protector, guardián, y, por último, á empresario, que educa á las jóvenes para ejercer con ellas el comercio del amor y realizar pingües ganancias (1).

---

rece cosa impropia que el que está dedicado á cosas altas y eximias, tenga que entender en cosas de poca importancia y mayormente en negocios viles en los cuales hay peligro de las almas y naufragan las conveniencias del honor y el decoro de la justicia, *para cuyo remedio* debemos dedicar algún tiempo ó encargarlo á otros. Sabemos, en efecto, que por alguno de nuestros antecesores, estuvo ordenado en otro tiempo que se pusiera al frente de las mujeres viles que sacan lucro de sus cuerpos, cierto *personaje* llamado el rey Arlot y aun otros, los cuales, exigiendo de ellas lucro torpísimo de su deshonesto comercio, las entregaban á quienes querían y disponían de sus casas y las poseían á ellas y á sus bienes como si fueran señores; y lo que aún era en mayor desprecio y ofensa de Dios y de los hombres, difamando á las mujeres buenas y medianas, las agregaban á estar en compañía de las malas por la fuerza ó por la calumnia; por lo cual, perdida la vergüenza contra su propia voluntad, algunas veces (más de lo que debían) ejercían las pasiones infames de sus cuerpos, siguiéndose de los *deshonestos* principios de dichas ordenanzas, que sirven de fomen de torpeza para los venideros.»

(1) La nomenclatura y sinonimia del rufián es muy va-

Chichiznaque y Maniferro con la Gananciosa y
la Escalanta, y el Repolido con la Cariharta, representan en *Rinconete y Cortadillo* el agermanamiento de la prostituta y el rufián, é indican á la
vez el modo particular de unión de las prostitutas
con la delincuencia asociada, en cuya unión las
prostitutas ni dejan su carácter ni toman, si no es
por rareza, un carácter delincuente propiamente
dicho (1). Su papel lo define Monipodio con estas
palabras: «Son también bienhechoras nuestras las

riada en Francia. Además del nombre genérico de *souteneur,*
le aplican los de *homme de quantité, Greluchon, Barbillon,
Mangeur de blanc, Poisson, Marlou, Miché, Maqueráu, Dos-vert
Alphonse* y otros. Entre los *souteneurs* los hay de diferentes categorías, personificando la alta el *souteneur du grand monde* ó
souteneur chic, y la baja el *souteneur de barrière.* El segundo,
según el doctor Reuss *(La prostitution en France et a l'etranger)* ha modificado esencialmente su fisonomía. Antes era un
Hércules, siempre dispuesto á batirse y capaz de derribar un
buey de un puñetazo. Hoy es un joven afeminado, frecuentemente imberbe, y en quien la astucia y la ferocidad sustitu-
yen al vigor y á la fuerza.

Según las más recientes informaciones, el *souteneur du
grand monde,* comerciante, periodista, literato, abogado ó mé-
dico, y necesariamente joven, de gallarda presencia y distinción en los modales, no es otra cosa que un hombre de placer.
Pero el hábito, la experiencia y la necesidad lo transforman
en *souteneur chic,* el más peligroso de los industriales del
amor, porque se dedica á la rebusca de jóvenes hermosas, á
fin de corromperlas y amaestrarlas en las habilidades del oficio, constituyéndose de ese modo, con un serrallo á disposición de todo el mundo, una buena renta.

(1) Véase la representación que tiene el rufián en la POE-
SÍA RUFIANESCA.

socorridas que de su sudor nos socorren, así en la *trena* (cárcel) como en las *guras* (galeras).»

La forma activa de la germania se conoce en toda su organización profesional. No hay para qué repetir las minuciosas clasificaciones que quedan apuntadas, en las que se ve, aún más que el cumplimiento de la ley de división del trabajo, la consagración de las aptitudes y especialidades, llevadas á pormenores y detalles más que menudos.

Se especifica en la clasificación, tanto lo que constituye ordinariez como lo que constituye excelencia dentro del oficio, y se equipara á condiciones representativas en los seres ó en los objetos, para denominar con exactitud y disimulo, á uso jergal.

En los nombres de germania casi todo es representativo ó derivado de una representación, y como este proceder es el propio de nuestra mecánica mental, que no diferencia por ello ni á los delincuentes ni á los honrados, lo que importa, para establecer el distingo, es inquirir la índole de las representaciones.

Por esa índole es muy posible que con las palabras del vocabulario de *germania* nos sea permitido esbozar en este estudio una anatomía, una fisiología, una psicología y una sociología germanescas; pero ateniéndonos á las palabras denominadoras de las diversas clases de ladrones y fulleros, cabe decir que en tales palabras rigen menos las que se pueden conceptuar como anomalías filológicas, que las que son manifestaciones de cualidades y

aptitudes para la práctica del robo y del engaño.
En tales nombres lo que rige no es, por decirlo así,
la raíz de la palabra, sino la raíz de la función, y
así resultan generalmente las palabras, muy orien-
tadas en su significado.

Se alegará, no obstante, por los que se empe-
ñan en descubrir en el delincuente formas *vicamen-
te fosilizadas*, tanto en lo material como en lo intelectual y en lo afectivo, que en las representaciones
predomina lo animalizado, cuando no lo grosero;
y sin negar exactitud á la afirmación, prudente es
advertir que este modo es el más generalizado en
el lenguaje familiar y aun en el ponderativo, y si no
lo fuera, el llamar á cierta clase de ladrones
águila, aguileño, aguilucho, gerifalte, lince, azor y
azorero, constituye, con la propiedad del calificativo, un modo de heráldica.

En germania el verdadero definidor es el sentido utilitario, y utilitariamente es *hormiguero* el
ladrón de cosas menudas y de poca importancia,
es *cachuchero* el que roba oro, y es *comendador de
bola* el ladrón de alcurnia, que rueda y gana de feria en feria. Por lo mismo no es posible distinguir
en esta sociedad clases, sino oficios más bajos ó
más altos, más ordinarios ó más hábiles, más ó
menos lucrativos. La organización no es general,
sino por pequeñas agrupaciones, más que permanentes eventuales, para un fin determinado. La comunidad tampoco es constante, señalándose de
todos modos cierta convivencia especificada en los
que antiguamente se llamaron lugares truanescos,

de los que aún quedan algunos, de antigua ó de
nueva formación; cierta semejanza de costumbres;
cierta igualdad de procedimientos debida, á no du-
darlo, á la unidad de enseñanzas, y una indiscuti-
ble comunidad del lenguaje, en la que hemos de
acabar por distinguir los caracteres esenciales de
la *germania.*

De igual modo que el análisis del lenguaje jergal nos ha proporcionado la clasificación y la significación de las prostitutas, rufianes, ladrones y
fulleros, estudiándolo en lo mucho que aún queda,
habrá de proporcionarnos también la serie de relaciones que constituyen la peculiaridad de esta
asociación en su modalidad sociológica.

Tales relaciones, investigadas en el lenguaje,
se pueden reducir á conceptos representativos.

La representación aparece ó acomodada á la
vida y entendimiento de ésta gente, al decir de
Chaves, ó á sus costumbres y tendencias, que se
pueden clasificar en generales y ordinarias y en
delincuentes.

No siendo fácil la diferenciación en esos grupos de las palabras del vocabulario jergal, procuraremos reunirlas en los conceptos más especificados.

CONCEPTO ANATÓMICO.—La cabeza se llama *me-*
chusa (1) y *chapitel,* los cabellos *aires* (2), la cara

---

(1)   Evidentemente se llama así por los cabellos. Parece un
derivado de MECHA. La terminación recuerda esos barbarismos mitológicos que Cervantes pone en boca de Monipodio
y sus cofrades, y hace pensar si *mechusa* es corruptela de
Medusa.

(2)   Puede suponerse, ó que quiere decir airosos, ó que re-

fila (1), el rostro *porra* (2) y *chuche* (3), las sienes *sierra* (4) (y también el rostro), el ojo y los ojos, *rayo, vistoso, visante* (5), *quemantes, avizores* (6), *fanal, luceros, lanternes* y *columbres* (7), la nariz *nares*, la barba *bosque*, la oreja y las orejas *jertas* (8), *gente, asas, mirla, escarpias* y *herma-nas* (9), el diente *clamo* (10) y *lumadero* (11), la len-

---

presenta su movilidad, cuando lós agita el aire, ó su encres-pamiento, cuando los peinan.

(1)   En la jerga actual se conserva ese nombre. En mi con-cepto, no tiene relación alguna con el nombre germanesco *fi-lar* = cortar sutilmente. Me parece que no es otra cosa que un apócope de FILIACIÓN.

(2)   Enlazando este concepto con el de *árbol*, parece que es representativo de la cabeza ó porra de un tronco ó garrote.

(3)   Probablemente es un derivado de CHUCHEAR (de *acu-ciar*) = cazar con industria, valiéndose de señuelos, lazos, redes ú otros arbitrios semejantes.

(4)   Tal vez alude á lo cortante del borde de las sienes.

(5)   De DIVISAR.

(6)   De *avizorar* = mirar con recato. De *avizor* (del árabe *abcer*, plural de *baçar*, ojo, vista, perspicacia.)

(7)   De *columbrar* = mirar.

(8)   Tal vez alude á la inserción, y sea este un caso de elipsis = in-*jertas* en la cabeza.

(9)   De los calificativos de las orejas, todos se comprenden menos los de *gente* y *mirla*. *Asas* de la cabeza, *escarpias* de los pendientes y *hermanas* por la duplicidad y la igualdad. Al que le faltan las orejas le llaman *desasado*.

(10)   *Clamo* se llama también la enfermedad. Este sentido de queja y sufrimiento, aplicado al diente, parece referirse á la necesidad imperiosa del hambre.

(11)   ¿Será *limadero*?

gua *desosoda* (1), el cuerpo *gargamillón* (2), na-
vío (3) y *árbol* (4), la garganta *gorja*, el pecho
chepo (5), el espinazo *nabato* (6), el hombro *chue-*

---

(1) De DESOSAR (de *des* priv. y el lat. *os*, hueso.) = DES-
HUESAR. En la jerga actual se llama á la lengua *la sin hueso*.

(2) La raíz de esta palabra autoriza .en cierto modo á suponer que este calificativo del cuerpo puede traducirse como
tragador, devorador.

(3) Alude á navegar, en el sentido de caminar.

(4) No es posible saber ·si este nombre contiene un concepto más hondo que el figuradamente representativo. Quevedo hace muchas alusiones al *árbol*, y particularmente al
árbol seco.

>«En Sevilla el *árbol seco*
Me prendió en el arenal».
>>（Jácara VIII.)

>«Acumúlanme geridas
Y algunas caras con hondas,
Dos resistencias del sepan
Y del *árbol seco*, otras.»
>>（Jácara V.)

>»A la sombra de un corchete
Vivo en aqueste lugar,
Que es para los delincuentes
Árbol que puede asombrar.»
>>（Jácara II.)

>«Vimos á Diego García,
Cernícalo de uñas blancas,
Sopla vivo y sopla muerto
Árbol seco de la *guanta*.» (Baile I.)

Lo de *árbol seco* parece referirse determinadamente á los
corchetes y alguaciles.

(5) Permutación de letras. Colocci, en la etimología de
gippa, entre otras concordancias, incluye *chepo*, tomándolo
como voz gitana, y no fijándose en que es permutación de
«pecho».

(6) O es alusión á la forma ó al contenido. Si á lo segun-

ca (1), el brazo *bracio*, el brazo derecho *godo*, el brazo izquierdo *ledro* (2), la mano y las manos *labradora* (3), *garro* (4), *rastillo* (5), *ancla* (6) y *zerras* (7), los dedos de la mano (y la mano misma) *mandamientos* (8), los dedos mayores de la mano *gigantes* y *tijeras* (9), la uña *haba*, la nalga *napa* y *reble*, la parte trasera por donde se proveen *el pro* (10), la pierna *gamba* (11) y *pirámide*, los piés ó el pié *salleadores* y *pisante*.

---

do, por la médula de los huesos que se saca al servir el cocido para comerla.

(1) Por la forma.

(2) *Bracio*, del italiano *braccio*. *Godo* = rico ó principal. *Ledro, dra* (Del fr. *laid*) = bajo, ruín, despreciable. También podría ser permutación de LERDO, aunque los dos adjetivos existen en germanía.

(3) Porque trabaja.

(4) De GARRA.

(5) De RASTRILLAR, que en Germanía debe equivaler á robar, porque *rastillero* es el ladrón que arrebata alguna cosa y huye, y *rastillado* al que lo arrebatan.

(6) Porque agarra hondo.

(7) *Cerrallas* = cerradura de puerta; *cerrón* = llave ó cerrojo y pestillo de golpe. En la jerga italiana *zera* es mano. Lombroso incluye este nombre entre los arcaismos.

(8) Alusión numérica á los diez mandamientos y alusión á que los dedos obedecen lo que les mandan.

(9) Lo de *gigantes* lo dice el tamaño. Lo de *tijeras* puede aludir al procedimiento de los *tomadores*. Tal vez entonces, como ahora, se tomaban con los dedos *tijeras* ciertas cosas. Hoy se conoce á esta clase de delincuentes profesionales con el nombre de *tomadores del dos*.

(10) De proveerse.

(11) Del italiano GAMBA, pierna.

Entre estos nombres los hay sin sentido y sin representación, reducidos jergalmente á derivaciones, permutaciones y contracciones del nombre usual *(nares, chepo, napa)*; los hay tomados de otra lengua *(gamba, bracio)*; los hay de significado y formación desconocida *(mirla, lumadero y mizo)*; los hay morfológicos, con idea más exacta ó más torpe, más ingeniosa ó más burda y grosera de la forma *(chapitel, mechusa, porra, sierra, fanal, lanternes, bosque, asas, nabato, chueca, haba y árbol)*; los hay que significan inserción *(jertas)*, simetría *(hermanas)* y uso *(escarpias)*; los hay que traducen propiedades físicas (*aires* = movilidad, encrespamiento); los hay que consagran propiedades fisiológicas *(gorja)*; los hay que descubren un carácter anátomo-fisiológico *(desosada)*; los hay que personifican una necesidad imperiosa como el hambre *(clamo)*; los hay que representan la función que ejercen *(pisante)*; los hay que significan la función que más culminante les parece (*gargamillón* = función digestiva, *navío* = función locomotora); los hay determinados por una concordancia numérica *(mandamientos)*, y los hay que aluden á la función útil, á la función profesional.

Si el ojo ó los ojos son *rayo, quemantes, vistoso* y *luceros*, se debe atribuir á referencias á los ojos de la mujer, que hieren y queman la sensualidad del hombre y lo seducen. Si son *visante, avizores, lanternes* y *columbres*, se debe atribuir á que son ojos de ladrón y de fullero, que les permiten divisar, vigilar, columbrar y alumbrarse. Si el

rostro es *chuche*, es porque engaña con la industria, los señuelos, lazos y redes de su expresión y
de sus ojos.

El brazo no es más que *bracio*, pero en vez de
ser derecho ó izquierdo, según la posición que
ocupa, lo denomina su habilidad ó su excelencia, y
es *bracio godo*, es decir, rico y principal, si es
brazo derecho, y es *bracio ledro*, es decir, bajo, ruín
y despreciable, si es brazo izquierdo (1).

Aquí parece que está toda la señoría de la representación orgánica. El brazo como hábil ó como
fuerte, lo representa todo. Si en la germania se conocieran influencias del caló, esta ponderación representativa del brazo me hubiera conducido á
buscar la etimología de *murcio* en el sustantivo
murciá (brazo), porque dada la reputación ladronesca de los que «nacen de padres ladrones, críanse
se con ladrones y estudian para ladrones», no se

_____

(1)   En nuestra novela hay alusiones no sólo á la torpeza del
brazo izquierdo, sino á la zurdez como carácter que expresa
orgánicamente algo de lo que Lombroso supone en el *manci-
nismo*. Cervantes le hace decir á D. Quijote (Segunda parte,
cap. XLIII): «porque has de saber, oh Sancho, que no saber
un hombre leer, ó ser zurdo, arguye una de dos cosas, ó que
fué hijo de padres demasiado humildes y bajos, ó él tan tra-
vieso y malo que no pudo entrar en el buen uso ni la buena
doctrina». En la *Vida de Don Gregorio Guadaña* se lee (página 262, col. 1.): «del legítimo matrimo salí yo, y del bastardo otro tan bastardo, que era zurdo». En el *Soldado Píndaro*
se repite lo dicho por Cervantes: «No hay sobrescrito más patente de que uno es mal nacido ni señal tan segura de ruina
natural, como mandarse á zurdas ó no saber leer y escribir».

podria decir nada más ponderativo que «brazo de gitano».

Los conceptos de la germania dan importancia preeminente á la acción, y la acción en las distintas partes de nuestro cuerpo la representa el *bracio godo*, visible en sus actitudes, en sus habilidades y sus hazañas.

Podrá decirse que este concepto no es peculiar de la germania, que se encuentra generalizado y que más de una vez por el brazo se ha definido una personalidad («brazo de hierro», por ejemplo); pero repárese que en el sentir común á lo que representa un ánimo esforzado no se lo califica por la extremidad que ejecuta, sino por la víscera que manda, y de este poder se supone centro al corazón, que en *germania* no tiene nombre que lo represente.

Esta falta puede atribuirse á dos cosas: ó á que en *germania* representa poco la fortaleza de corazón, que tan preeminente es en el soldado, ó á que al calificar se prescinde muchas veces de las cualidades afirmativas, apareciendo contrastadas en las negativas. Tal ocurre con el calificativo de valiente, que tampoco existe en esta jerga, teniendo cuatro palabras para denominar al cobarde. Y al cobarde lo denomina por su torpeza en el andar (*lerdo*), por su debilidad (*blando*) y por lo que corre cuando escapa (*logares, longuiso*. Ir muy lejos, se dice = *peñas de longares*). En una palabra, que no se caracteriza la cobardía, sino sus efectos.

A la mano la define su utilidad y es *ladradora*,

garro, rastrillo y *ancla*, conceptos que quedan definidos en las notas.

Estas manos se refieren á las del ladrón.

Los pies se representan con una denominación delincuente. No son saltadores, sino *salteadores* (1).

CONCEPTO FISIOLÓGICO.—Se refiere á la alimentación, al sueño, á la mirada, á la palabra, á la enfermedad y á la muerte.

El hambre es *lima* (2), el apetito *gaza* (3), comer es *rozar* (4), *muflir* (5), *muquir* (6) y *meter;* embuchar es *embuciar.* Beber es *piar* (7) y *potar* (8).

---

(1) Salteador = *salterio.*

(2) Hambre = *lima.* Diente = *lumadero* (¿*Limadero* del hambre?)

(3) Apócope de GAZUZA.

(4) ROZAR = cortar los animales con los dientes la yerba para comerla. *Rozo* = comida. *Rozavillón* = comer de mogollón.

(5) También Colocci incluye esta voz como gitana, concordándola con *mufla* (pitanza), del dialecto zinganesco italiano.

(6) Tal vez sea una corrupción del francés *munir* = municionar. *Muquicion* (comida) = *munition* (munición, pertrechos).

(7) El vino se llama *pió.* En la jerga italiana *piola* es taberna. Este nombre, en la expresión jergal, no se puede afirmar si alude á la devoción que los bebedores habituales tienen al vino, al deseo vivo y ansioso que sienten por él, ó al PIÓ, es decir, á la charla que sus efectos les produce. Probablemente es esto último, porque el vino se llama también en germania *tiple, turco* (que debe querer decir embriagador, porque familiarmente se llama TURCA á la borrachera) y *cáramo* (del árabe *Kamr*). Bebedor = *Piador.* Gran bebedor = *Piarcon.* Borracho =*Piorno, Potado, Estilbón.*

(8) Del latín *potare. Potado* = borracho.

Al comer no se le señala otro fenómeno digestivo que el regüeldo (*taco*) y la defecación (*ciscar* = proveerse ó dar del cuerpo (1), y al beber, el orinar (*jar*) (2).

Caben aquí, como apéndice del vocabulario alimenticio, las voces jergales denominadoras de los alimentos. El pan se llama *pesos de artifara, hartón* (3), artifara (4), artife (5) y *marquiartife* (6), el trigo *grito* (7), la cebada *granoto*, la carne *crioja* (8), el tocino *murceo* (9), el huevo *albaire* (10), el

----

(1) De *cisco*.

(2) Tal vez es una voz onomatopéyica. El *ja* ó *jar* se dice á los niños para que aprendan á manifestar el momento de sus necesidades excretoras.

(3) En la jerga italiana el pan se llama también *artón*. Lombroso incluye este nombre entre los arcaísmos.

(4) Del griego *artos* = pan.

(5) De *artifara*.

(6) Esta forma de denominar se observa en las palabras germanescas *marquida* y *marquisa* (rameras). ¿El *marquiartife* será el pan que proporcione la ramera á su rufián?

(7) Permutación de letras.

(8) El carnicero *criojero*. En la jerga italiana la carne se llama *crea* y *ciolfa*. Lombroso incluye estos nombres en los arcaísmos.

(9) La raíz *mur*, con la terminación despectiva *cio*, denomina al ladrón. La raíz *mur* con la terminación *ceo*, denomina al tocino. ¿Puede admitirse que se haya formado esta palabra, —sobre todo si se considera que la terminación *ceo* es aumentativa—por encontrar cierta semejanza de forma entre el cerdo y el ratón, y parecerles este último un ratón grande? El cerdo se llama también *gruñente*.

(10) Debe ser por lo blanco.

queso *formage* (1), las aceitunas *murta* (2), las uvas *garrillas*, el higo *verdoso*, la nuez *sonante*, la sal *sardioque*, la pimienta *picante*, la mostaza *salsablanca*, el agua *clariosa* y *ansia* (3), el vino *tiple*, *turco*, *cáramo* y *pio*, y la comida *muquición* y *rozo*.

Dormir es *sornar* (4); dormido, *difunto*, *albanado* (5) y *sorneado* (6).

---

(1) Del francés *fromage*.

(2) Del latín *muria* y *myrta*.

(3) Expresa repugnancia, y por contraste devoción al vino. *Ansia* se llama de igual modo el tormento. (Véase lo que se dice del «tormento de toca».)

(4) De *sorna* = noche. (Del celta *sorren*, estar de mal humor). La noche, además de *sorna*, se llama *capa*, por antítesis al día, que es *relámpago* y *clarea*. El medio entre el día y la noche, es decir, la madrugada, la definen llamándola *niebla* y *madrugón*. En Andalucía el verbo *sornar* casi constituye un provincialismo. Es una de las voces de germanía que aún viven. El cielo se llama *claro*.

(5) De *alba* = sábana. *Albanado* = el que duerme entre sábanas.

Teniendo en cuenta que hay ladrones cuya denominación obedece á robar de noche (*murcigallero* y *lechuza*), ó á los que están dormidos (*murciglero*) y que la terminación en *ado* es pasiva, en lo que se refiere al robo (*murciado*, *rastillado*, *aliziado*, *desbalijado*, *despalmado*, *tocado*, *pescado*, *sangrado*, *desmotado* y *birlado*, se llama á los que les hurtan ó roban, les desnudan por fuerza ó les estafan) se podría suponer que *albanado* es el dormido que es robado.

(6) Lo mismo que en la nota anterior, por la terminación en *ado*. Cuando uno duerme y lo roban ó matan, se dice *de San Martín el dormido*.

Alumbrar es *clarear* (1). Mirar es *enturar* (2), *columbrar*, *tisvar* (3), *desmicar* (4). Mirar con recato es *avispedar* (5) y *avizorar* (6). Lo demás referente á la mirada, se reduce á precisar su alcance, llamando *columbrón* á lo que alcanza la vista, y á denominar el guiño (*guiñón* y *guiñar*).

La voz es *consuelo*, el silencio *soniche* (7), hablar es *garlar* (8), *parlar* (9) y *chirlar* (10) (habla ó plática *garlo*, *garla*). Gritar es *gridar*, dar voces

---

(1) De *claro* = cielo.

(2) ¿Del francés *enture*, operación de ingerir ó ingertar? Cualquiera que sea la etimología es indudable que *enturar* equivale á mirar sugestionando, porque *enturar* es mirar y es dar.

(3) Ejemplo de elipsis. A-*tisvar*.

(4) *Desmotar* es desnudar por fuerza á una persona para robarla. *Desmicar* debe equivaler á lo propio, pero por un procedimiento sugestivo. Tal vez se refiera esta manera de mirar á la prostituta. En la jerga moderna *dar mico* es gozar á la mujer y no pagarla.

(5) *Avispedar*, debe ser mirar con un fin determinado que tiene algo de policía ladronesca. Lo demuestra el papel de los viejos *avispones* en *Rinconete y Cortadillo*. Lo demuestra también el que *avispado* quiere decir sospechoso ó recatado.

(6) También debe ser mirar con un fin determinado, que es el de la vigilancia. *Avizor* = el que acecha para dar aviso de lo que pasa.

(7) Se conserva en la jerga actual y se dice *soniche* y *sonsoniche*.

(8) Del latín *garrulare*; de *garrire*, charlar.

(9) Del francés *parler*; del b. latín *parabolare*; del b. lat. *parabola*.

(10) De *charlar*.

clamar, dar gritos *bufar,* dar voces y gritar *bramar.* El grito es *grido* y *bufido,* el grito ó voz llamando á alguno *reclamo,* el bramido ó grito con que se avisa el descubrimiento de una cosa *bramo.* Lo demás, en lo que se refiere á la palabra, constituye una serie de voces que les sirven de señales en sus diferentes empresas. Se dice sí, diciendo *xión* y *rijón;* se dice no, *nones* y *nexo;* se impone silencio, pronunciando *son;* se ordena estar quedo, con *esbale;* se avisa, diciendo *punto;* se da á entender cuando uno sale huyendo, con decir *viña daurante,* y decir *ori* (1), equivale á decir hola.

La enfermedad es *clamo* (2), la muerte *cierta,* morir *vasir* (3), muerto *vasido, corvado* (4); muerto á puñaladas, *baraustado* (5) y *atacado* (6), y enterrado, *planteado* (7).

De pretender sistematizar lo más saliente de esta parte del vocabulario germanesco, no se desbarraría si se señalasen tres caracteres bastante

---

(1) En los juegos de escondite de los niños se usa el *ori,* como voz de aviso para indicar que puede empezarse á hacer la busca. Sales Mayo lo incluye como interjección gitana, que quiere decir: ¡hola!

(2) El significado literal de *clamo* está definido en el verbo germanesco *clamar* = dar voces.

(3) Etimología desconocida.

(4) La tumba se llama *comba.*

(5) El puñal se llama *baraustador.*

(6) El puñal se llama *atacador.*

(7) Enterrar lo equiparan á plantar. Enterrado = plantado = *planteado.*

definidos: lo extremoso, lo grosero y lo acomodado de la mayoría de las representaciones.

Para expresar el hambre la llaman *lima, gaza;*
la definen con todo el imperio de la sensación y la
necesidad. Para representarse el sueño, se representan la muerte, y llaman al dormido *difunto*. No
obstante la delicadeza con que califican la voz (*consuelo*), todo lo que se refiere á la palabra hablada
resulta equiparado á las mayores exageraciones
de la voz, en el hombre y en los animales (*garlar,
chirlar, clamar, bufar,* bramar), y hasta el aviso,
que como confidencia es manifestación recatada y
sigilosa, se llama *bramo*. En la enfermedad sólo se
estiman los extremos de dolor (*clamo*), y en la
muerte, reducida á la significación del enterra-
miento, todo para en que el difunto sea plantado
(planteado) en la tierra del *coto* (cementerio).

Comer aparece equiparado á pastar *(rozar)*, y
aunque se advirtiese que este verbo pudieran no
aplicarlo más que á los animales, las otras denominaciones (*embuciar, meter, muflir* y *muquir*),
no le aventajan gran cosa en delicadeza de representación. A la ordinariez y grosería del acto, corresponde la ordinariez de la lista alimenticia, y
nunca con más motivo, después de enterarse de la
muquición y el *rozo,* se podría repetir lo de «dime
lo que comes y te diré quién eres». Para definir
más concretamente la personalidad, bastaría el
contraste entre las *ansias* que se le hacen al agua
y los *pio* que se entonan al alcohol.

En cuanto al carácter profesional, sigue afir-

mado en todos los términos que se refieren al uso
profesional de la mirada y la palabra, términos
que constituyen, además de modos de vigilar y seducir, un conjunto de advertencias y señales, á
modo de voces tácticas para la maniobra del delito (1).

Se pueden incorporar á este concepto, como
apéndice, todas las voces que aluden á diferencias
sexuales. La mujer se llama genéricamente *luda* (2), el mozo *gardo* (3), el muchacho *chulo* (4) y
chulano, el muchachuelo *gardillo*, la moza *garda*,

---

(1) En la cárcel de Málaga recogí de unos jóvenes delincuentes profesionales, ya muy hábiles en su oficio, las siguientes frases tácticas, usadas en la jerga actual:

Giribón, giribón de ne = que no viene nadie.

Ango, ango, ya abucheramçló = date prisa; dame lo que
cojas.

Né que viene la pasma = que viene la policía secreta.

Anguri = que viene la *pasma.*

Te chino = para que corten el cordel cuando la policía los
lleva presos.

Toma né = al dar la prenda robada.

*Pinchara al burno que ta placerao ar gao de mi me el parlo de
sorna que abilla en el foso del chopo* = Mira el hombre que se
ha colocado á mi lado, el reloj de oro que lleva en el bolsillo
del chaleco.

SEÑALES. Extremecimiento de piés = que viene el *jicho*
(el hombre). Castañeteo de lengua = que viene la mujer.
Tos = aviso para que no entre el que va á robar, porque hay
peligro.

(2) Véase la pág. 92.

(3) Del francés *gars.*

(4) Del italiano *fanciulo.* La denominación ha quedado

la muchacha *chula* y *chulana*, el negro *greno* (1) y *quemado* y la negra *negrota*.

CONCEPTO PSICOLÓGICO.—Ya aquí aparece mucho más definida la personalidad germanesca, al evidenciarse con sus propias palabras la caracterización de los sentimientos y cualidades que indican preferencias, desdenes ó burlas.

Llama, en primer término, la atención, el que en esta jerga en que no se hallan, por decirlo así, tonos medios, sino conceptuaciones salientes ó exageradas, aparezca denominado lo que el definidor califica de «gusto ordinario» *(senso)*, sin que pueda saberse si ese gusto es cosa indeterminada, ó es cosa afirmativa, para manifestar, diciendo *senso*, algo equivalente á «me gusta».

También se correría el riesgo de equivocarse muy radicalmente, si se tomaran en su sentido literal ciertas conceptuaciones. En germania no solamente se disimulan las palabras, si que también se disimulan los sentimientos. Llama por lo mismo la atención que exista una palabra para calificar la afrenta, y que la afrenta se califique de *caida*.

Por de pronto no cabe duda de que la representación está tomada de lo que constituye afrenta en la mujer, y no por otro motivo se ha llamado

_____

para calificar á las gentes de los barrios bajos de Madrid *(chulos* y *chulas).*

Se llama también *chulo* al *souteneur (chulo fandanguero).* En el Alto-Aragón se llama *chulo* al criado pequeño.

(1) Permutación de letras.

caída, caira, caire, cairo y *cairón* (1) á lo que la mujer gana con su cuerpo.

Es decir, que la afrenta aparece justipreciada y valorada, resultando en la conceptuación predominante el sentido económico, contra todo modo de sentir en donde la afrenta produce los efectos que ordinariamente se le señalan en el orden social.

Entonces, ¿la afrenta tiene en *germania* otro carácter? Creo que sí.

Sin parar la atención en que la desvergüenza es llamada *serenidad* (2), el testimonio del licenciado Chaves nos dice, para aclarar el proceder de estas gentes, que sobre ser «afrenta entre ellos nombrar las cosas por su propio nombre», al que «es principiante y yerra, lo llaman *blanco*, que es lo mesmo que decirle nescio; y al que dice bien, le llaman *negro*, que es lo mismo que hábil». Y nos dice también que «llaman *hombre honrado* al salteador y matador, y es su propio nombre».

Dedúcese de esto, que la *germania* hay que apreciarla en su carácter antitético de la sociedad común y afirmativamente delincuente. La sociedad propiamente dicha responde á un orden de principios morales que hasta la obligan á practicar el disimulo de sus tendencias delictuosas, mientras que en la sociedad agermanada el orden moral se sustituye con la preferencia de las condiciones

---

(1) Véanse las págs. 38, 91 y 96.
(2) Desvergonzado, *liso y sereno.*

más apropiadas para delinquir con provecho. Por
lo mismo la definición del carácter de esta sociedad no está en su antinomia, ni en sus pretericio-
nes; está también en lo que proclama como objeto
de sus preferencias.

Examinando todo el vocabulario que se refiere
á los sentimientos y á las cualidades, no se encontrará nada que manifieste admiración por la va-
lentía y por la fuerza. Al revoltoso se le llama *no-*
velero y *triscador* (1), al fanfarrón también *trisca-*
dor, y al pendenciero *fuñador* (2) y *arriscado*.

Lo que aparece variada y expresivamente definido es lo que se refiere á la astucia. El nombre
con que se la designa es de lo más preciso que se
pueda pedir. Se la llama *cifra*. A esta denominación corresponden los nombres con que se conoce
al astuto. Es *negro* (3), porque lo negro representa
lo indescifrable; es *arredomado* (4), porque lo arredomado representa lo oculto, lo tapado; es *puli-*
do (5), porque lo pulido denota alisamiento, per-
fección, educación en determinadas prácticas, y
es, en su modalidad menos importante, *avispa-*
do (6), por lo advertido y despierto (7).

---

(1)   De TRISCAR (del gót. *trhiskan*, patear), hacer ruido.

(2)   De *fuñar*, revolver pendencias.

(3)   Astuto y taimado.

(4)   De REDOMA. (¿Del árabe *reçom*, sello con que se tapa
una botella?) Arredomado en *germania* es astuto ó sabio.

(5)   Sutil, astuto.

(6)   Suspicaz, recatado.

(7)   Pueden añadirse los términos *maleante* (burlador) y
moscante (amoscador).

Las condiciones negativas de esas cualidades, se definen como simpleza, tontería, necedad, bobería, inexperiencia é ignorancia, y para mejor especificarlas no se usan en germania términos que caractericen las entidades, sino los que califican á los sujetos. El simple ó necio es *palomo* (1), el bobo ó necio *blanco* (2), el simple ó tonto *mandria* (3), el bobo ó necio *harpiedo*, el bobo é ignorante ó al que engañan, *dupa* (4), el nuevo, sin experiencia, *novato*, *novatón* y *bisoño* (5), y el bellaco *maco* (6) y *ludio*. Corresponden también al grupo de los necios, el hablador, *garlón*, y el charlatán, *chirlón*.

A partir del significado de la astucia, contrastado con las denominaciones afirmativas y negativas, puede definirse que esta es la cualidad que constituye el carácter psicológico de preferencia en la hermandad de que se trata. Su proceder es el engaño; el engaño clasifica á las gentes en dos

---

(1) Por lo blanco y por lo candoroso.

(2) *Negro* equivale á indescifrable, y *blanco* á claro, que descubre en su fisonomía todo lo que es.

(3) Del sánscrito *mándara*, gordo, pesado, perezoso.

(4) Del francés *dupe*. ¿No podría ser también una elipsis de DRUPA (del latín *drupa*, maduro en el árbol?)

(5) Este modo jergal se formó en Italia, donde iban nuestros reclutas á organizarse antes de pasar á Flandes, é iban tan mal equipados y pertrechados, que los llamaban *bisogno*. Desde entonces al recluta se le llama *bisoño* (en el vocabulario de Juan Hidalgo se escribe impropiamente con *v*).

(6) Contracción de *macaco*, con que familiarmente se denomina al tonto.

grupos, los que se dejan engañar y los que engañan; los primeros son bobos, necios, simples é ig-
norantes *(primos,* se dice en la jerga actual, como
contracción de *primerizos=novato, novatón, bisoño);* los segundos son astutos, suspicaces y sabios.
Esto en cuanto á la diferenciación personal, que
en lo que respecta á los procederes, ya hemos visto que existen especialidades y técnica apropiada;
y en lo que hace á los efectos del engaño, al concepto inicial de picardía corresponde la picardía
en la satisfacción que el que engaña experimenta
y que hace contraste con el escándalo (1), el eno-
jo (2) y la tristeza (3), que distinguen la situación
del engañado.

Picarescamente, la sutileza y la astucia son
chanza y *chanzaina,* burla *(higa);* es alegría de ca-
zador que ha estado en acecho y ha sabido recla-
mar, atraer y cazar á las incautas víctimas (el engaño ó burla se llama *tiro);* y tan es así, que el
engaño es *trápala* (4), no sólo porque para engañar es indispensable trapacear, si que también
por el alboroto y el ruido que produce la satisfacción de haber engañado.

---

(1) Escandalizarse = *arredomarse.*

(2) Enojarse = azorarse (deriva de AZARARSE; pero, al decir *azor,* también puede suponerse que es irritarse contra el
ladrón).

(3) Tristeza = *noche.* Entristecerse = *anublarse.* El concepto no es particular, sino general.

(4) De TRÁPALA (voz onomatopéyica), ruido de los pies ó
vocería grande con alboroto y estruendo.

En esto precisamente se halla el núcleo psicológico, la modalidad afectiva de esta asociación, que vive de la utilidad del delito y goza delinquiendo. El gran psicólogo de la vida picaresca lo refiere en las siguientes confesiones de *Guzmán de Alfarache:* «Viéndome perdido comencé á tratar el oficio de la florida picardía; la vergüenza que tuve de volverme, perdila por los caminos, que como vine á pie y pesaba tanto, no pude traerla, ó quizá me la llevaron en la capilla de la capa; y así debió de ser, pues desde entonces tuve unos bostezos y escalofríos, que pronosticaron mi enfermedad. Maldita sea la vergüenza que me quedó ni ya tenía, porque me comencé á desenfadar, y lo que tuve de vergonzoso lo hice desenvoltura, que nunca pudieron ser amigos la hambre y la vergüenza. Ví que lo pasado fué cortedad, y tenerla entonces fuera necedad, y erraba como mozo; mas yo la sacudí del dedo cual si fuera víbora que me hubiera picado. Juntéme con otros torzuelos de mi tamaño, diestros en la presa; asía como ellos en lo que podía, mas como no sabía los acometimientos, ayudábales á trabajar, seguía sus pasos, andaba sus estaciones, con que allegaba mis blanquillas. Fuime así dando bordos y sondando la tierra. Acomodéme á la sopa, que la tenía cierta; pero había de andar muy concertado relojero, que faltando á la hora prescribía, quedándome á oscuras. Aprendí á ser buen huésped, esperar y no ser esperado.

»No trocara esta vida de pícaro por la mejor

que tuvieron mis pasados; tomé tiento á la corte,
ibaseme sutilizando el ingenio por horas; di nuevos filos al entendimiento y viendo á otros meno-
res que yo hacer con caudal poco mucha hacienda,
y pedir sin esperarlo de mano ajena, que es pan
de dolor, pan de sangre, aunque te lo dé tu padre,
con deseo desta gloriosa libertad, y no me casti-
gasen (como á otros por vagabundo), acomodéme
á llevar los cargos que podían sufrir mis hombros.

»¡Qué linda cosa era y qué regalada! sin dedal,
ni aguja, tenaza, martillo, ni barreno, ni otro algún instrumento, más de una sola capacha, como
los hermanos de Antón Martín, aunque no con su
buena vida y recogimiento, tenía oficio y beneficio:
era bocado sin hueso, lomo descargado, ocupación holgada y libre de todo género de pesadum-
bre (1).

»Yo estaba enseñado á las ollas de Egipto; mi
centro era el bodegón; la taberna el punto de mi
círculo; el vicio mi fin á quien caminaba; en aquello tenía gusto, aquello era mi salud, y todo lo á
esto contrario lo era mío» (2).

A partir de la conceptuación jergal que define
el aspecto propio de la *germania*, pudiera hacerse
el estudio de la realidad de la literatura picaresca,
que con tonos y giros apropiados descubre toda la

---

(1) *Aventuras y vida de Guzmán de Alfarache.* Pág. 219, columna 2.ª, y 220, cols. 1.ª y 2.ª, cap. II.

(2) Loc. cit. Cap. VII, pág. 251, col. 2.ª

picardía condensada en esta agrupación social y toda la picardía diseminada en las agrupaciones sociales que constituyen la sociedad común.

La germania representa el delito ingenioso y la vida alegre y despreocupada en todos los momentos de la vida. No hay más que ver lo que cuenta un testigo de tanta excepción como el Licenciado Chaves. En aquella cárcel de Sevilla, tan bien dispuesta por su desorden para conocer las manifestaciones espontáneas de los delincuentes, todo es jácara, ó todo es *juerga* (1), como se dice hoy. Al que sale del tormento sin *cantar* (2) «le reciben con sábanas rociadas con vino y con vihuelas y con panderetas,» y «cuando van á morir les parece que van de boda». El suceso es *baila*, y el delincuente es *bailador*, *baile, ciquiribaile* y *bailico*, y doblemente *baile* si termina en el baileteo de la horca (3). No parece sino que existe un estoicismo picaresco, formulado en estas declaraciones de *Guzmán de Alfarache:* «De nada me maravillo ni hago ascos: *bailar tengo al son que todos, dure lo que durare, como cuchara de pan.*»

No son propias de su sentir las manifestaciones de gravedad y entonamiento, que llaman picarescaca y despreciativamente *toldo*, ni son propias de su

---

(1) Corrupción de HUELGA.

(2) Confesar en el tormento = *Cantar en el ansia.*

(3) PEROTUDO. Este romance es el primero que se compone en esta lengua, y advierta el lector que se llama BAILE, porque trata de ladrón que ahorcaron. (VOCABULARIO de Juan Hidalgo, pág. 7.)

hermandad las alianzas y las *ligas* (1) con elementos, aunque afines, inapropiados por su inhabili-
dad ó por su holganza. En germania cabe lo que es
útil á los fines de la asociación, y, por lo mismo,
si su vocabulario tiene expresiones para designar
al bueno (2), designa también al pícaro (3) perdido
que no tiene oficio ni domicilio *(cañón)*, al pegote,
que come de gorra, según la locución jergal moderna *(rozavillón)* (4), al ganapán *(calcatrife)* (5), al
incorregible *(agraviador)*, y al loco *(extravo)* (6).

En *germania*, como en toda sociedad indus-
trial, se aprecian las excelencias profesionales,
y entre todos los tipos destaca el que se distingue por la concepción inteligente y por la ex-
pedición ejecutiva. Este último se conoce con el
nombre de *breviario* (7).

CONCEPTO SOCIOLÓGICO.—Si escribiéramos un
capítulo titulado «técnica delincuente,» á él corres-
pondería una buena parte del concepto sociológico, porque este concepto no se refiere únicamente

---

(1) Liga = amistad. Término genérico para las relaciones
amistosas y amorosas. No hay ningún término que exprese
el amor.

(2) *Guido* (¿del italiano *guida*, guía?)

(3) *Belitre* (del francés *bélitre*).

(4) Comer sin pagar = *mogollón*; convite ó comida de gorra = *godería*; el que echa la gorra = *gorrón*.

(5) De *calca* = camino. Equivale á perdido en los caminos.

(6) Contracción de *extraviado*.

(7) Breve y ligero en ejecutar. En la jerga parmesiana, se
llama *breviario* la carta (Lombroso).

á la constitución de la sociedad germanesca, sino á la sociedad común, que aparece como explotada.

Por eso la *germania* nos ofrece un vocabulario geográfico y otro de categorías sociales y determinadas profesiones.

En la parte geográfica del léxico muy pocos términos son rurales; la mayoría son urbanos. Llaman *corriente* al río y *verdón* (1) al campo; al camino, que es lo que más conocen y practican, lo llaman *tira*, por lo largo; *cruzado* y *cruz* (contracción de *cruzado)*, porque lo cruzan en todas direcciones; *calca*, por la huella (*calcorros* = los zapatos); *martillado* y *martillo*, por lo que lo pisotean ó apisonan (*martillar* = andar); y *carcoma*, por lo que se gasta ó por lo que consume á los viandantes.

La ciudad se llama *ancha* y *Taragozagida*; el pueblo *Taragoza* y *garo* (2), y Sevilla, emporio de grandeza en aquel tiempo, *Babilonia*.

Procediendo de lo exterior al interior, pueden enumerarse los siguientes nombres: *corral* (cercado), *corrincho* (corral), *plomada* (pared), *carrera* (calle). Después de esto, las denominaciones no determinan más que el lugar privado (la casa), en variadas acepciones, y ciertos lugares públicos,

---

(1) Colocci, presenta las siguientes concordancias etimológicas de «carro»: dialecto zingaresco italiano, *vurdón*; persa, *gurdón* = dialecto zingaresco tchingané, *vordón*; gitano, *verdón* (campamento, lugar donde dejaban los carros). Supone, por lo mismo, que es una palabra perteneciente al caló.

(2) Sánscrito *grama*; caló, *gau*.

que son: la aduana, la iglesia ó templo, el hospital, el cementerio y la tumba.

Si estas denominaciones respondiesen á la especificación de todos aquellos lugares en que la hermandad delincuente opera para realizar sus hurtos, robos, estafas y fullerias, seguramente que muchos otros, que no se mencionan, no aparecerían preteridos.

La particularización debe responder seguramente á otra característica mucho más especificada.

En primer término no creo que la *tarafana* (1) (aduana), que aquí se menciona, sea el lugar público en que pagan las mercancías los derechos que devengan. Los derechos que en la *tarafana* se pagan, son los que hay que deducir de los beneficios que produce el delito.

Cervantes *(Rinconete y Cortadillo)* lo explica con toda claridad en las preguntas de Ganchuelo.

—«Mas díganme, ¿cómo no han ido á la aduana del Sr. Monipodio?

—»¿Págase en esta tierra almojarifazgo de ladrones, señor galán?—dijo Rincón.

—»Si no se paga,—respondió el mozo,— á lo menos regístranse ante el Sr. Monipodio, que es

(1) Me parece voz compuesta de TARA (tasa) y *afana. Afanar*, en la jerga actual, equivale á robar. Puede ser también alteración de *Atarazana*, que esto y *Aduana* es la casa donde recogen los hurtos. La tienda ó lugar donde se recogen los ladrones se llama *rancho*.

su padre, su maestro y su amparo; y así, les aconsejo que vengan conmigo á darle la obediencia, ó, si no, no se atrevan á hurtar sin su señal, que les costará caro.

—»Yo pensé,—dijo Cortado,—que el hurtar era oficio libre, horro de pecho y alcabala, y que si se paga es por junto, dando por fiadores á la garganta y á las espaldas; pero pues así es y en cada tierra hay su uso, guardemos nosotros el desta, que por ser la más principal del mundo, será el más acertado de todo él.»

El acordarse del templo, que lo denominan *allana (alta = torre)*, y de la Iglesia, que, más que nombrarla, la señalan con las salutaciones de *estrella* y *salud*, puede atribuirse á que la Iglesia constituía un refugio, dando más importancia, en este caso, al derecho de asilo que á la religiosidad, de que no se desprenden los delincuentes, como lo demuestran las prácticas que señala el Licenciado Chaves y lo que otros autores dicen. «Ya sabes mis flaquezas; quiero que sepas que con todas ellas nunca perdí algún dia de rezar el rosario entero con otras devociones; y aunque te oigo murmurar que es muy de ladrones y rufianes no soltarlo de la mano, fingiéndose devotos de nuestra Señora, piensa y di lo que quisieres y como se te antojare, que no quiero contigo acreditarme. Lo primero cada mañana era oir una misa, luego me ocupaba en ir á mariscar para poder pasar» (1). «Él

---

(1) *Guzmán de Alfarache*. Loc. cit., pág. 221, col. 1.ª.

tiene ordenado que de lo que hurtáremos demos alguna cosa ó limosna para el aceite de la lámpara de una imagen muy devota que está en esta ciudad, y en verdad que hemos visto grandes cosas por esta buena obra» (1). «Tenemos más: que rezamos nuestro rosario repartido en toda la semana, y algunos de nosotros no hurtamos el día de viernes, ni tenemos conversación con mujer que se llame María el día del sábado.» (*Rinconete y Cortadillo.*)

Dios se llama *Coime* (señor) *de las clareas* (*claro* = cielo) y *Coime de lo alto*. Ninguna otra divinidad ni advocación está denominada.

El hospital (*coto*), el cementerio (*coto*) y la tumba (*comba*), eran lugares suficientemente conocidos y visitados para que los pudieran olvidar. En aquella época de lacras venéreas á diario y de ejecuciones semanales, no podían prescindir del *coto*, que por lo de *coto* parece concepto irónico de una propiedad colectiva.

Los nombres de la casa no parecen aludir á la casa en general, sino á una serie de variantes, la mayoría germanescas. Es general el nombre de *manida* (2), que alude á la permanencia y al des-

---

(1) En *virtud al uso y mística á la moda*, le recomiendan al de la *mística bribónica*, que no incurra «en la vulgar costumbre de ser penitente de azote los Jueves ni Viernes Santos en las procesiones solemnes de esos días... tales acciones de virtud que hacen ó suelen hacer los rufiancillos, por espécie de galanteo, á sus chuscas».

(2) Del latín *manere*, parar, permanecer.

canso. El de *percha* (que alude á pechar), es más representativo que de la posada, de la casa de prostitución. El de *mundo* debe equivaler á casa pública. Quedan, como propiamente representativos de la casa, los de *cuexca* (¿cueva?), *caverna* y *nido*.

Probablemente los tres últimos aluden á casas en que se practican oficios propios de la gente agermanada. Lo supongo así porque el aposento no tiene más que dos nombres: *piltro*, que alude á la prostitución (*piltra* = cama, *piltro* = mozo de rufián), y *garitón*, que alude á la fullería.

Hay algunos nombres que califican ciertas partes de la casa. La puerta se llama *golpeado*; el postigo, *golpeado* y *pernicho;* la ventana, *alta*, *luminaria*, *tirana* (probablemente la ventana con reja, que es un impedimento para las citas de amor y para el robo) y *ventosa;* la teja, *combada*, y la viga, *garda* (1).

Deben considerarse como nombres que continúan el concepto de casa, en el sentido jergal, los de posada ó venta *(puerto)*, hostería, venta ó mesón *(lajón)* (2), venta *(confusión)*, mesón *(sospecha, talón* y *escalón)* (3), bodegón *(pensamiento, regis-*

---

(1) Del árabe *árida*, viga travesera.
(2) ¿De *taja*, exacción, impuesto, tributo, pago?
(3) Los tres conceptos revelan suspicacia de delincuente. El de *sospecha* alude á que todo mesón es sospechoso por la gente que se reune en él; el de *talón* alude á huída y fuga, y el de *escalón* (de *escalar*) alude probablemente á lo mismo.

tro, recambio, hostalería y *tallón)* (1) y taberna
(alegría, bayuca y *tasquera)* (2).

Completan estos nombres los de la carnicería
(contrato), de la tienda de mercero *(botica)* y los de
tienda de mercader *(jardín)*.

Fundamentalmente las categorías sociales procuran definir los estados de riqueza y poder y de
pobreza y sumisión.

Así como al tratar del engaño, la sociedad aparece dividida en astutos y necios, aquí resulta cla-
sificada en ricos y pobres.

Podrá estimarse por algunos que la delincuencia profesional constituye un modo de parasitismo,
y si así se interpretara, resultaría que hasta los
parásitos tienen sus parásitos. Un concepto para-
sitario representa la denominación del pobre. Se
le llama *agosto* (3).

Correspondiente á ese concepto, la gente baja
es *balhurria*, la muchedumbre de una cosa *granizo*,
y la muchedumbre de gente, *chusma, runfla* (4).
gavilla y *cofradía.*

A los ricos los define su principalía ó su nobleza. Genéricamente el noble poderoso se llama

---

(1) Lo mismo que *talón*.

(2) En el argot llaman *prophète* al bolsillo y á la bodega,
como alusión á profundo. Tal vez por el mismo concepto se
llame *tasquera* (del italiano *tasca*, bolsillo), y actualmente *tasca*,
á la taberna.

(3) *Agostador* = el que consume ó gasta la hacienda de
otro.

(4) Del italiano *ruffa*, turba, confusión.

godo (1), el noble ilustre *gótico*, y el rico ó princi-

(1) Estudiado el empleo de esta palabra en las jácaras, resulta aplicable á muchas cosas. En las jácaras anónimas y en las de J. Hidalgo se aplica el calificativo á las prostitutas doce veces(«trae tres marcas *godeñas*»—«Catalina *goda coima*» —«¡Ay *coima* la más *godeña*!»—«por ser tan *godeña coima*»— «sintió la *marca godeña*»—«estivar las *marcas godas*»—«ser de las *godas* del trato»—«marca la más *goda* y fresca»—«las dos *marquisas godeñas*»—«la más *godiza* ambladora»—«que en aquello es muy *godeña*»—«yo os do esta marca *godeña*»). Se aplica á los rufianes diez y siete veces. («El rufo como es *godizo*»—«No te hagas de los *godos*»—«que sea *godizo* y tenga, fuerte *bracio* y diestro corte»—«el *godizo* Cantarote»—«y á los jayanes *godizos*»—«no es de *godo* estar sin *techo*»—«viendo que es *godizo* el *rufo*»—«el *godizo* Cantarote»—«que los más *godizos rufos*»—«entre los *godos* más *maco*»—«jaque de los *godos*»—«jaques *godizos* y *macos*»—«que son los *rufos godeños*»—«de jaques *godizos* fuera»—«así, *godizo* Garrancho»— «quiero saber *godo* y *rufo*»—*godizos* y fuertes jaques.) Quevedo dice: «en el calabozo grande»—«donde los *godos* están»».— Se aplica dos veces á los clientes del burdel (Coima que *muque* de *godo*—debe escotar sin dolor = «es *godo* hijo de vecino»). Se aplica una vez á la agrupación de rufianes y ladrones («Desmánchase la gavilla—de los del *godizo* corte»). Califica dos veces las acciones («si no cumplió *godamente*»—«y fuera *godizo* hecho»). Expresa una vez generosidad («iba *goda* en ir sin *lima*»). Califica otra vez la habilidad («mas si era *godizo* en *levas*»). Indica dos veces alardeamiento («en la *bayuca* de Mata—*godeando* con Lucena» = «y hay más de dos que lo saben—que entre vosotros *godean*»). Tres veces se refiere al acto de hablar («*Iza* no hay *garlo* tan *godo*»—«no quiero *garlo* de *godo*»—«y charla de *godo*»). J. Hidalgo la emplea en una invocación «(Cantemi*germana* lira—un canto *godo* y altano).» Tres veces califica una prenda del traje mujeril, las sayas, («que de mis *godas campanas*»—«*godas campanas engiba*»—«y mis campanas *godeñas*)». Una la cama «*(sornavilla en piltra goda)*».

pal *godo, godeño, godizo, gordeño, granido* (1), *florido* y *luengo* (2). La rica ó principal, es *goda* y *godeña*. El señor de casa es *coime*.

Esta última denominación permitiria, sin extremar mucho los conceptos, definir que esta sociedad, que tiene por objetivo el robo, se representa la propiedad como un robo en acción continuada. El señor es *coime*, es decir, el equiparado «al que cuida del garito y presta con usura á los jugadores»; el mayordomo es *sacoime*, porque saca ó explota al señor; el criado *estribo*, porque se apoyan en él, y *suzarro* y *suzarrillo* (3) (el paje), probablemente porque chupa la riqueza del señor. El esclavo es *greno* (4) y *gelfe* (5).

Aparte los nombres de principalía y servidumbre, se anotan los siguientes: abad (*raso*), clérigo

---

Una el comer y el hablar «*(Rozan y garlan* de *godo)*». Otra el comer y el beber «*(munquen y pian* de *godo)*». Dos el vino «con jajada y *godo pio*»—«un lucro de *tiple godo)*». Y otra un animal «(ha prendado seis *gomarras* (gallinas)—y un *godeño* novarrón (¿pollo?)».

(1) ¿Granado? *Granido* es también paga de contado.

(2) Del latín *longus*.

(3) El Diccionario de la Academia dice *sucarro* y *sucarrillo*. El *Vocabulario* de Juan Hidalgo dice *suzarro* y *suzarrillo*. ¿Derivará del italiano *suzzare*, enjugar, secar poco á poco? Parece concordante el que al pobre se le llame *agosto* (agostatador, secador) y al criado *suzarro* (secador en parecido sentido).

(4) Permutación de negro.

(5) Del árabe *chelf*, cruel é innoble.

(*fárfaro*) (1), arriero (*picamulo*), pastor (*payo*), guarda de trigos (*meseguero*) (2), cartero ó correo (*palmentero*) (3), panadero (*artifero*), carnicero (*criojero*), tendero de mercería (*boticario*), mesonero (*comporte*), huesped que da posada (*secreto*), bodegonero (*hostalero*), ventero ó mesonero (*talonero*), tabernero (*bufiador*) y hospitalero (*cotarrero*).

CONCEPTO JURÍDICO.—La justicia también tiene su representación jergal, bastante pobre por cierto, pues no la denomina su esencia. Si se la llama *justa* no es porque se la reconozca este carácter, sino por contracción jergal (4). Todo el carácter de coacción lo asume el gobierno (*freno*).

Tal como en germanía se la considera, padecen su respetabilidad y su prestigio. ¿De qué le sirven

---

(1) La Iglesia es *salud*. A partir de ese concepto, puede admitirse la derivación del italiano *fárfaro*, planta medicinal (*Tussilago farfara*. Lineo.)

(2) Del latín *messis*, miés.

(3) *Palmenta* = carta mensajera.

(4) Lombroso recuerda esta denominación de *justa* á la justicia (*giuesta* dice) de la jerga española, recordando que de igual modo llaman en el *argot* á los Asises, é indica que Mayor considera que puede ser un atributo irónico.

sus castigos ejemplares, si los delincuentes la denominan *durindana?* (1)

_____

(1) A mí me parece que la denominación *durindana* tiene dejo irónico, en que se mezcla el sentido de lo duro y de lo ineficaz. *Estebanillo González* (pág. 202, col. 2.ª) dice, refiriéndose á una espada vieja: «y despojándome de la *durindana*». En la *Pícara Justina* hay otras dos alusiones: «que pienso que la vaina de la dicha *durindana* há muchos años que está preñada teniendo dentro de sí el intacto *Joannes me fecit*» (pág. 64, col. 1.ª); «se huelga de que la llamen hermosa y se derrite aunque sea *durandarta*». En el *Diablo cojuelo* se llama *Durazután* á una venta de Sierra-Morena («que hemos de ir á comer en la venta de Durazután, que es en Sierra-Morena» (pág. 30, col. 2.ª), nombre que puede estar inspirado en los anteriores.

Sin embargo, la verdadera representación de la justicia, caracterizada en ese término jergal, consiste en uno de los atributos de la ley: la espada. *Durindana* es el nombre de la espada de Roldán, llamada *Durenda*, ó, según otros códices, *Durandarda*, por el arzobispo Turpín, en la historia que se le atribuye de Carlomagno. En la historia vulgar castellana de Carlomagno, publicada por Nicolás de Piamonte, y en otros documentos antiguos, la llamaron *Durandal. Durindana* es el nombre más conocido y el que se le da en los Orlandos de Boyardo y Ariosto y en sus traducciones castellanas. En la historia del Caballero del Cisne, inserta en la *Gran Conquista de Ultramar*, que se escribió en tiempo del rey D. Alfonso el Sabio, la llaman *Durandarte.*

Según la relación de los poetas italianos, *Durindana* pasa sucesivamente del poder de Héctor el Troyano á Pentasilea, reina de las Amazonas, á Eneas y á una Fada (*Orlando enamorado*, canto I). Aparece luego en manos del pagano Almonte, á quien se la quita Roldán, venciéndolo en Aspromonte y matándolo. Roldán, enloquecido por los amores de Angélica, la abandona. La encontró Mandricardo, príncipe he-

El calificativo de *huerca* (1) nos la ofrece reti-

redero de Tartaria (*Orlando furioso*, canto XXIV), que la iba buscando por haberle exigido la Fada que completaría la armadura de Héctor quitándole la espada á Roldán (*Orlando enamorado*, canto II). Á Mandricardo lo mató en desafío Rugero, entrando en posesión de su caballo y de sus armas, menos *Durindana*, que se la adjudicó Agramante al rey Gradaso (*Orlando furioso*, canto XXX, est. LXXIV). Éste había acudido á auxiliarle con 150.000 caballeros escogidos para adquirir el caballo Bayarte y la espada *Durindana*, pertenecientes á Roldán. (*Orlando enamorado*, canto VII, lib. III). Gradaso lleva esta espada en el combate con *Reinaldos de Montalbán* (*Orlando furioso*, canto XXXIII), y luego en otro con Roldán, en la isla de Lipadusa, en que sale vencido y Roldán recobra á *Durindana*. (Cantos XLI y XLII).

Según la historia del Caballero del Cisne, inserta en la *Gran Conquista de Ultramar*, la espada *Durandarte* la usaba Abrahín, rey moro de Zaragoza; se la ganó Carlomagno en Toledo, venciéndolo y matándolo, y sirvió después para armar caballero al jefe de la primera Cruzada, Godofre de Bullón. Esta espada dicen que era toledana y obra del maestro Galán, «uno de los mejores maestros de espadas que ovo en el mundo.»

Según cuenta Turpín (cap. 23), era tan fuerte *Durindana*, que Roldán, en la batalla de Roncesvalles, dió con ella una cuchillada á un caballero moro dividiéndole en dos, *á summo usque deorsum, ita ut alia pars saraceni et equi cedidit ad dexteram et alia laevam*. Después, no queriendo que su espada viniese á poder de los moros, la quiso romper contra un peñón, y á los tres golpes quedó el peñón dividido y *Durindana* ilesa. Dice que en el puño tenía inscrito el *alfa* y el *omega*.

(Véase la nota de D. Diego Clemencín en la edición de *Don Quijote de la Mancha*, tomo V, págs. 48-50.—Véase la nota que más adelante se pone á la espada *Joyosa*.)

(1) HUERCO, CA, adj. ant. Que está siempre llorando, triste y retirado en la obscuridad.

rada en la oscuridad, siempre triste y siempre llorando, no porque ella esté triste y llorosa, sino
porque su oficio es el de entristecer y acongojar á
los que sufren sus persecuciones.

Llamarla *sombra* debe equivaler á que á la justicia la representa la cárcel (en la jerga actual, *poner á la sombra* es poner en prisión) y más seguramente al procedimiento inquisitivo y oculto.

El nombre más peculiar de la justicia es el de
gura, proclamándolo así los derivados *guro* (alguacil), *gurón* (alcaide de la cárcel) y *gurapas* (galeras).

En el Diccionario de la Academia se pregunta
si esta palabra es una derivación de la latina *curia*. Es probable, y más probable todavía por el
ciclo jergal de esa palabra.

Si en *germania* se conocieran determinadas influencias del caló, el adjetivo gitano *goró* (hondo,
profundo) y el sustantivo gitano *goro* (potro), representarían la cárcel honda y profunda y el tormento, concordando así con los caracteres que
jergalmente se asignan á la justicia.

Si la derivación es de *curia*, á sus distintos fun-
cionarios los denominan del siguiente modo. El
corregidor, es *mayoral* (1); el juez, *bravo* (2) y *avisado* (3); el fiscal, *rigor*, *vengainjurias* y *padrastro;*

---

(1) De *mayor*. Lo equiparan al pastor principal que cuida
de los ganados ó cabañas.

(2) Lo equiparan al matón.

(3) Porque recibe avisos.

el escribano, *nuestramo* (1); el oficial ó ministro de justicia, *tomajón* (2); el procurador en contra, *padrastro;* el procurador que ayuda al preso, *amparo* (también el letrado), *remedio* y *alivio;* el alguacil, *mayoral, posta* (3), *guro, grullo* (4) y *apuntador* (5); los corchetes ó criados de justicia, *señal* (6), *papa-*

---

(1) El escribano ha tenido siempre la reputación de ser el amo de las causas. La literatura picaresca está llena de alusiones á su poder y á sus abusos. Condensadamente lo dice Mateo Alemán, del siguiente modo: «Digo que tener compadres escribanos, es conforme al dinero con que cada uno pleitea; que en robar á ojos vistas, tienen algunos el alma de gitano, y harán de la justicia el juego de pasa pasa, poniéndola en el lugar que se les antojare, sin que las partes lo puedan impedir, ni los letrados lo sepan defender, ni el juez juzgar». (*Guzmán de Alfarache*, pág. 190, col. 1.ª)

(2) De TOMAR. Quevedo dice (*Baile* IX):

> «Ya los prende la justicia,
> Que en Sevilla es chica y poca,
> Donde firman la sentencia
> Al semblante de la bolsa.»

(3) Del latín *posita*, puesta, colocada. Alude á estar apostado para vigilar.

(4) GRULLADA (*Gurullada*) es junta de alguaciles y corchetes.

(5) Que denuncia. En el mismo sentido se llama al juez *avisado*.

(6) Que señala, que denuncia.

gallo (1), *rayo* (2), *corredores* (3), *acerrador* (4), *abrazador* (5), *mastín* (6), *durlines* (7), *fieras*, *arpía* (8) y *vellerife* (9); el prendedor, *asidor*, y el perseguidor *contraste* (10); la tropa de alguaciles *gurullada* y la cuadrilla de corchetes *corchetesca* ó *corchetada;* el soldado *golondrino* (11), y la compañía de soldados, *golondrera;* la ronda, *duende* (12), y la visita de jueces en la cárcel, *alarde.*

(1) Soplón; que denuncia. En la *Vida de Don Gregorio Guadaña* se dice: «y de un soplo suyo resucitaba un proceso» (pág. 258, col. 2.ª). En *Día y noche de Madrid* se lee: «¿Piensas tú que la justicia hiciera tantas prisiones como hace si no fuera por el aliento destos huracanes? (pág. 399, col. 2.ª)

(2) Los ojos se llaman también *rayos.* Este nombre aplicado al corchete, ¿indica que vigila y que persigue?

(3) *Corredor* es el ladrón que concierta algún hurto. ¿*Corredores*, indica que los corchetes se conciertan entre sí para perseguir á los ladrones?

(4) *Zerras* = manos. Alude al acto de prender.

(5) Alude al acto de prender.

(6) Alude al acto de vigilar y hacer presa.

(7) Duros.

(8) El concepto de la dureza de procederes de los corchetes lo define detalladamente Mateo Alemán. «Así te llevan asido, cuando no sea por los cabezones, y te hicieren esta cortesía, será por lo menos de manera que con mayor clemencia lleva el águila en sus uñas la temerosa liebre, que tú irás en las dellos.» (*Guzmán de Alfarache*, pág. 293, col. 2.ª)

(9) El Diccionario de la Academia dice *Bellerife* y el de Juan Hidalgo además *Vellerife.* ¿Derivará del italiano *vèllere* (*svèllere, svegliere*), desarraigar, extirpar (escardar)?

(10) Contraste del que persigue.

(11) Porque van en bandas ó compañías.

(12) Porque sale de noche.

Hasta aquí puede comprenderse el personal (si se exceptúan los soldados) que interviene directamente en la persecución del delito, en la sustanciación del proceso, en la acusación, en la defensa y en el fallo. Enumeran, además, los encargados de la custodia del delincuente y de la ejecución de la sentencia.

El alcaide de la cárcel se llama *gurón, gorullón, apasionado* (1), *banastero* (2) y *banquero* (3); el portero de la cárcel, *disimulo* (4); el que echa los grillos, *calcetero* (5); el pregonero, *calandria, bramador* y *gridador; bederre, boche* (6), *bochero, Mochín* (7), *ganzúa* (8) y *falso* (9); el que ayuda al verdugo á dar tormento, *vigolero,* y la trompeta del verdugo, *vigilia* (10).

Procediendo ahora por enumeraciones ordenadas para distinguir los diferentes estados porque

---

(1)   Alude á sus preferencias, siempre remuneradas.

(2)   De *banasto* = cárcel.

(3)   De *banco* = cárcel.

(4)   Para todo lo que entra y lo que sale. (Véase la enumeración de las tolerancias del portero tal como Chaves las refiere).

(5)   De *calzar* = echar grillos.

(6)   BOCHÍN (del catalán *botxi*) m. ant. Verdugo. *Boche.* ¿Del italiano *boja,* verdugo?

(7)   Permutación de BOCHÍN.

(8)   ¿Porque estrangula ó da vuelta, como se hace con la ganzúa? Tal vez aluda á la operación de dar garrote.

(9)   Porque mata falsamente, es decir, sin exposición.

(10)   O alude al oficio de difuntos (VIGILIA), ó manifiesta irónicamente que siempre anuncia carne y no come carne.

atraviesa el delincuente desde que lo denuncian y lo descubren, hasta que lo ahorcan, aparece en primer término la situación de sobresalto en que el delincuente vive cuando teme, y esta situación la caracteriza la sospecha, que la llaman con toda propiedad y acierto *espina*. La sospecha, cuando es espina, es porque la motiva la traición, y de aquí que se mencionen al *zaino* (1) (traidor), al *soplo* (el que denuncia), al *espiado* (acusado, delatado) y al *entruchado* (2) (entendido, descubierto). Queda un término, el de *doblarse*, que equivale á una traición, pues es ser entregado debajo de amistad á la justicia.

La denuncia los señala, y el *señal*, ó el *acerrador* ó el *mastín*, ó cualquiera otro de los corchetes, ó la corchetesca reunida, los prenden y los reducen al estado de preso (*angustiado*, *abrazado*, *apiolado*, *enrejado* y *treno*) y los *enrejan* (*enrejar* = prender, poner en la cárcel).

Representan la cárcel con conceptos de una realidad perfectamente comprobada, aun en nuestros días. Así como el fiscal es *padrastro* del delincuente, la cárcel es *madrastra*; es por lo mismo *trabajo*, y es *temor*, lo que arguye un cierto indicio de temibilidad. Pero lo que pinta á la cárcel con su estrechez, su hacinamiento, su desorden, sus agios y sus embustes, son los nombres de *angus-*

---

(1) Del árabe *hain*, traidor.

(2) ENTRUCHAR a. fam. Atraer á uno con disimulo y engaño, usando de artificios para meterle en un negocio.

tia, banasto, ejército, tropel, trápala, trapana (1), *confusión, banco* y *trena* (2). El calabozo se llama *confusión, horno* y *tristura* (3).

(1) Ya se ha dicho en otra nota que *trápala* y *trápana* equivalen á ruídos de voces, ó movimientos descompuestos de los pies.

(2) Del francés *traîne*, reata.

(3) En los nombres de los calabozos de nuestras cárceles hay muchos que se podrían incorporar á estas denominaciones, como trasunto, en su mayoría, de una expresión jergal. Hé aquí los que yo he recogido.

En la antigua cárcel de Chancillería de Valladolid, los calabozos aún se llaman *arambol* (de *arambel,* andrajo ó trapo que cuelga del vestido) y *culebra* (golpes que los presos de la cárcel dan por la noche al que entra de nuevo y no paga la patente). En la cárcel de Toledo, los calabozos, por orden de profundidad, se llaman *de las cuevas, de los locos* y *de los muertos.* En la cárcel de Almadén (antigua cárcel de forzados), los cuatro calabozos se parecen á los círculos de la *Divina comedia,* y se llaman el *limbo,* la *gloria,* el *purgatorio* y el *infierno.* La cárcel de Cazorla, aparece equiparada al régimen claustral, y los departamentos se llaman del *fraile* y de la *monja,* y sus calabozos, de la *monja* y el *fraile.* En todo el reino de Valencia, y por excepción en alguna otra parte, los departamentos de aglomeración se conocen con el nombre de *comuna.* Á esos mismos departamentos se les aplica la denominación traslaticia de *galera* en las cárceles de Andalucía y Extremadura, principalmente. En Sevilla se llaman *galeones.* Los departamentos de comunidad se llaman: *grillera,* en las cárceles de Motril y Málaga; *perrera,* en las de Sueca y Teruel; *culebra,* en las de Valladolid, Cañete y Fregenal; *granero,* en las de Pamplona y Huete; *metralla,* en la del Puerto de Santa María; *gallinero,* en la de Pamplona; *carbonera,* en las de Plasencia, Cuenca, Sahagún y Elche; *madriguera,* en la de Frechilla; *conchinchina,* en las de Jaén y Badajoz; *casino,*

Ya en la cárcel, y si el delincuente lo merece por su delito, ó si no tiene medios para redimirse

en la de Alcalá la Real; *salas de pelo*, en la de Caspe; *dormitorio del golpe* (suple gente), en la de Ayamonte, y *dormitorio del pelotón*, en la de Martos.

El *casino* de la cárcel de Alcalá la Real es donde los presos guisan sus comidas; la *grillera* de la cárcel de Motril y Málaga y la *perrera* de las de Sueca y Teruel, son nombres de la mayor parte de nuestros depósitos de prevención, que en Bélgica aún conservan el antiguo nombre castellano, *el amigo;* y, por último, el nombre de *conchinchina* de las cárceles de Jaén y Badajoz, tiene, al parecer, una estructura jergal, y me parece onomatopéyico.

No sé si pertenecen á la categoría de nombres expresivos del hacinamiento carcelario, los de *trueno*, que existe en la cárcel de Baeza; *trinquete*, en la de Daroca; *bomba*, en la de Alicante; *coto* (departamento de hombres), en la de Andújar; la *cuadrona*, en la de Cangas de Tineo, y *cuarto de los chorizos* (alude probablemente al miembro civil), en la de Plasencia. En la cárcel de Baeza (antigua casa de corregidores, construída en el siglo XVI), las denominaciones son evidentemente eróticas; el dormitorio de los hombres se llama *pajarito* y el de las mujeres *conejero*.

Otras condiciones de la cárcel han motivado numerosos calificativos. La cárcel es todavía oscura, y *oscuro* se llama el calabozo en las cárceles de Cervera y Baeza; *fosqueta*, en las de Jaca y Barbastro; la cárcel es todavía subterránea, como lo indica el *pozo* de Gerona, Daroca, Elche y Barco de Avila; el *cubo* de Nules, la *cuba* de Caspe y la *cubeta* de Valderrobres; es húmeda, como lo descubren los calabozos del *agua* en Zafra, del *pez* en Cuenca y del *besugo* en Aoiz; es calurosa, como lo asegura el *sudador* de Chelva; y es estrecha, ó mienten *los mellizos* de Zafra, los *ratones* de Badajoz, el *medio celemín* de Guadix, *los celemines* de la Carolina y los *cofres* de Medinaceli.

Tiene la cárcel vistas á la libertad, con la *esperanza* de La de la sujeción, lo primero es ponerlo en prisiones, es decir, *calzarlo* (*calzar* = echar grillos). Entonces ya es preso *calzado* y *antojado* (1), y hasta puede ser *Juan Díaz* (cadenado) si el *apasionado* no se compadece ó se contenta.

En la cárcel y á disposición del Juez, el *nuestramo*, empezará á escribir con aquella pluma suya cuyo cañón, según Quevedo, es más temible que si fuera de bronce reforzado; y aquí empiezan las requisitorias, el declarar ó *destebrechar* (2), como ellos dicen.

Si el *destebrechador* (declarador ó intérprete) no da su descargo (*alivio*), será forzoso que «purgue los indicios» y que lo lleven al tormento (*peligro, ansia, presa, molino, torno* y *torneo*); ó á la cama de cordeles (*trinquete*); ó al burro ó potro, (*parrillas*). Si niega, lo llamarán *sufrido;* si declara, lo llamarán *cantor.* (*Cantar en el ansia, gargantear* = confesar en el tormento).

Después viene la sentencia, que si es absoluto-

Guardia y Zafra; tiene vistas al indulto con el *perdón* de Pamplona, y al suplicio con *el ahorcado* de Logroño.

Canta la cárcel con *la perdiz,* en Cuenca; rebuzna con el *burro,* en Sahagún; ruge en el *cuarto de los leones,* de Murcia, que así se llama al departamento de los chicos, y se divierte con el *quita penas* de Montoro.

(1) De ANTOJO (de *ante* y *ojo*) = ANTEOJO. Por la forma de los grillos, que la equiparan á la de los anteojos ó quevedos. Á idéntica representación equivale el *occhiali di Caourro* (las esposas) de la jerga siciliana.

(2) *Brechar* = meter un dado falso. Dado falso es dado cargado. *Destebrechar* significa, evidentemente, descargar.

ria, es libertad, es *calle:* si es condenatoria, es castigo, *estiba* (1); y aún queda un término medio entre la absolución y la condenación, que es la fuga, *calleja.*

En aquel tiempo no había más penas que la de destierro (*mando*), la de vergüenza (*disciplinante de luz*), la de *cotón colorado* ó séase de azotes (*disciplinante de penca, pencado, fajado, envesado* (2) y *sagitario*) (3), llamándose éstos *duros, tocino* (4)*, pencazos, quesos* y *fajas;* la de galeras (*penas, gurapas, ansias* y *angustias*), para manejar por seis ó diez años la *pluma* (el remo) (5), y ser *apaleador de sardinas* y *penado*, después de ir por tránsitos enganchado en la *cereceda* (6) á poco de

---

(1)   Está tomado por extensión del concepto de estibar (ESTIBAR, apretar, recalcar, como se hace con la lana cuando se ensaca) y alude á las apreturas que se pasan con la pena. *Estibar* = castigar. *Estibado* = castigado.

(2)   De ENVES (de *inverso*) m. REVÉS, fam. ESPALDA.

(3)   Todos estos nombres califican á los azotados.

(4)   *Azotar* = *pencar, envesar, frisar, palmar.* Actualmente los muchachos, al jugar al juego del «navero», dicen *tocino* siempre que pegan en la espalda al muchacho que está sentado en el centro del corro, al que llaman «la madre». Las niñas, al jugar á la comba, para pedir velocidad á las que mueven la cuerda, dicen también *tocino.*

(5)   Lo denominan así por la forma del remo, semejante en cierto modo á la de la pluma. El galeote de tercer banco, se llama *tercero.*

(6)   De CEREZA, por el engache de esta fruta, cuando se quiere sacar alguna del canasto. Es la cadena en que iban atraillados los galeotes al conducirlos á la galera.

librarse de la *tiradera* y la *madrastra* (1) y de los *charniegos* (2), *calzas, anillos* y *antojos;* y, en fin, la sentencia de muerte (*noche, tristeza*), para ser *doble* (3) (condenado á muerte) y *racimo, bornido* ó *bochado* (ahorcado) en la *viuda* (4), *balanza, basilea* (5), *borne* (6) ó *finibusterre* (horca), y pasar del verdugo al *planteador* (sepulturero).

Para terminar este concepto, queda el término de embargado (*pesado.* Embargo = *peso* y *nabo*), que no representa, en mi concepto, el embargo

_____

(1)   Cadenas de sujeción en la cárcel.

(2)   Voz imitativa del ruido que producen los grillos al andar. Este mismo concepto imitativo existe en la denominación de la carreta, que la llaman *galera* y *galea*, aunque esta última está tomada literalmente del italiano *galea*, galera.

(3)   Es concepto de doblez y traición. *Doble* = el que ayuda á engañar á otro. *Doblarse* = entregarse alguno á la justicia debajo de amistad.

(4)   ¿Querrá decir que siempre está casada con el ahorcado y siempre *viuda?* En el *argot* también *veuve* es la guillotina.

(5)   Debe significar lo propio que balanza: *balanzerin* se dice en jerga bábara, tomándolo del italiano.

(6)   Del francés *borne*, extremo, límite. Equivale tal vez á *finibusterre.* Pero la verdadera representación está en la situación del ahorcado (*bornido*) que, pendiente de la horca, puede ser vuelto en redondo en todas direcciones. En la *Pícara Justina* se maneja muchas veces ese término. Dice: «que en fin, los corridos, el nombre se lo dice, que tienen caras de tornillo para *bornearse*» (pág. 64, col. 2.ª). «y ví que el gustosillo y blando céfiro de mis regaladas y airosas palabras *borneaban* su cabeza» (pág. 90, col. 1.ª): «Cuanto y más, que la medida de un medio celemín no es palabra de rey, que no puede tornar atrás y *bornearse* un poco» (pág. 70, col. 2.ª): «*borneadizos* de empeña, á puro torcedor» (pág. 161, col. 1.ª)

judicial, sino el estado de ánimo que con ese nombre se conoce.

CONCEPTO DELINCUENTE.—Este concepto, por los particulares que comprende, no se puede tratar sin fraccionarlo. Comprende, en primer lugar, un concepto económico con las voces representativas de la fortuna, el préstamo y el robo, las del dinero, y, como apéndice, las que se refieren al vestuario, calzado, equipo y utensilio. Comprende después el concepto propiamente delincuente, con los términos que aluden á las relaciones y actos para delinquir, á la actividad y la persecución, á la bravateria, riñas, heridas y golpes, y, como apéndice, á las armas.

Procede, pues, enumerar y analizar independientemente estos conceptos.

CONCEPTO ECONÓMICO.—El primer término se refiere á la propiedad que dimana del trabajo ó fomento de la riqueza. Tener es *criar*. De aqui deriva el término de enriquecer que es *granar* (rico ó principal = *granido*). A este término corresponden las gradaciones decrecientes de la riqueza. Poco ó en pequeña cantidad es *picol* (1); necesitado es *gandido* (2); *agostado* es consumido ó gastado.

No hay términos referentes á cómo se fomenta la riqueza. Todos se reducen á modos de perderla,

_____

(1) Del italiano *piccolo*, pequeño.
(2) De GANDIR (de *yantar*), comer. Equivale á estar hambriento.

de gastarla y de jugarla. El juego aparece como indicador de todas las variantes.

Poseer, en este concepto activo del juego, es *traer*, *porlar* (1); dar se expresa diciendo *lomar* (2), *enturar* (3); pagar significa *escotar* (4), y consumir ó acabar, *agostar*, siendo *agostador* el que consume ó gasta la hacienda de otro.

Refiriéndose, como se refieren, to los estos términos al juego, jugar, en su significado jergal, es *pillar* (5). En el juego se gana ó se pierde, se paga de contado ó se fía. Lo primero es *galar* (6), lo segundo *deschanzar* (7), lo tercero *granido*, y lo cuarto tiene varios modos y acepciones. Tiene la acepción de concierto y convenio = *balada* (8); la

(1) Del latín *portare*. Llevar ó traer.

(2) En la jerga actual, dar dinero es «dar la luz». No se adivina en qué sentido se dice lo mismo en germania. La etimología de los dos verbos jergales que equivale al verbo dar, se ofrece muy obscura. Lo que el ladrón da al rufián se llama *estafa*.

(3) *Enturar* es mirar y es dar, y la relación que existe en algunas palabras de la jerga entre la intención y la acción, hace probable que su significado derive del francés *enture*.

(4) De *es* y *cuota*.

(5) *Pillar* = hurtar ó quitar. *Pillador* = jugador. *Espillar* = jugar ó quitar algo. *Espillador* = jugador. *Espillo* = lo que se gana ó se quita. *Espillantes* = los naipes.

(6) Puede que no sea otra cosa que una permutación de ganar en *galar*.

(7) De *chanza* = sutileza ó astucia. Equivale á perderlo todó, *lepur* (pelar). Me han pelado (*lepado*), dicen los jugadores.

(8) También aquí se expresa la intención y la acción. Es palabra compuesta, como se ha dicho anteriormente.

de concierto ó plazo = *feria;* la de *revesa* (1)
(cuando uno vende á otro que se fía de él); la de
préstamo = *prestido* (prestar = *prestir*); la de *tercio* (el que tercia, abona ó fía) y la de *tira* = trampa (2). Quedan los verbos *comodar* (trocar y tras-
tocar), que se refieren á los cambios indetermina-
damente, y *engibar* (guardar y recibir), que alude
preferentemente á la prostitución.

Indudablemente el hurto (*marisco, brasero* (3),
mercadería, empleo, socorro, garfina (4) y *garsina* (5) y la estafa = *goloria*) (6) (estafar = *birlar*)
en la acepción jergal, no pueden, á no ser que pen-
semos impresionados por una sensación de automorfismo, ser incorporados al concepto delincuente, tal como nos lo representamos nosotros. Hurtar, en sus variadas acepciones (*mariscar* (7), *murciar, motar, pillar, garfinar, garsinar, pulir* (8),
bailar, hormiguear y trabajar) y robar ó andar al

---

(1) De REVÉS, en el sentido de contrariedad.

(2) El camino es *tira* por lo largo; la trampa es *tira*, por
ser tan larga ó más que el camino.

(3) *Brasa* = ladrón.

(4) De GARFA (del ant. alto, al *harfan*, arrancar.

(5) Del francés *larcin*.

(6) De GOLLORÍA, gollería.

(7) Este es el término que emplea más frecuentemente
Mateo Alemán, y lo emplea en el sentido figurado de «buscar
marisco». «Porque habiendo de *buscar marisco*, no pudiera
hallar compañero más á propósito ni tan bueno». (*Guzmán
de Alfarache*, pág. 298, col. 1.ª)

(8) Significa también vender.

pillaje (*garbear* (1) representan entre los delincuentes una modalidad económica. No á otra cosa responde la índole de sus cambios. Suprímase este proceder y la sociedad germanesca desaparece.

Este concepto económico, sobre verse claro en la naturaleza del sentimiento que lo produce y que corresponde á las modalidades de la naturaleza humana, lo demuestra el valor que conceden al dinero. El dinero en esta sociedad es *sangre* (2) que circula, que sustenta, que da vida, y es *resuello*, es decir, respiración y desahogo (3). Los dineros son *amigos*, *quinas* (4), *nipos* (5) y *parnés* (6). A los reales llámanlos *contentos*, al real *boca* y al ducado de 11 reales *grano* (7).

Dan además al dinero los siguientes nombres: moneda = *moa* y *florín*, moneda de oro = *Juan*

---

(1)   En el sentido de GARBAR, formar garbas y recogerlas.

(2)   La abertura que hace el ladrón para sacar dinero se llama *sangría*.

(3)   El dinero se llama también *güellre*, palabra tomada del caló.

(4)   Del latín *quini*, cinco. Los términos de QUINA, QUINOLA, QUINOLILLAS, QUINOLEAR, todos referentes al juego, revelan que *quinas*, es dinero del juego. En el caló *quinar* (sánscrito *kri*, hebreo *kana*) es comprar.

(5)   El llamar á la casa de prostitución *montaña de pinos*, *campo de pinos*, me hace suponer que *nipos* es permutación de *pinos*, en cuyo caso *nipos* son los dineros que gana la prostituta ó que cobra el rufián.

(6)   En el caló, *parné* es dinero.

(7)   De aquí el nombre de *granido* que se da al rico. En la jerga moderna se llama *trigo* al dinero, y como al trigo lo llaman los ladrones *grano*, la variación no es de esencia.

Dorado, moneda de real = *coba* (1), dobla de oro
= *turquía*, oro = *cachucho*, *mina mayor*, moneda
de plata = *Juan Platero*, plata = *mina menor*,
dineros en menudos = *charneles*, *jardia ledra* (2),
cobre = *mina ludia*, ochavo, cuarto, moneda de
cobre = *ludio*, cuartos ú ochavos = *ludios*, dos
maravedís = *charnel*. A lo que contiene el dinero
se le llama: bulto de dinero = *landre*, faltriquera
= *sacocha* y *rata*, bolsa = *cica*, *cigarra*, *cuadrada*,
pelota y *zaina*, gato ó bolsón de dinero = *cigarrón*.
la tira en que se cose dinero para ceñírsela al
cuerpo = *culebra* y el cepo de iglesia = *Juan*.

En este léxico no existen palabras que aludan
á producir ni á comprar. Todo se toma hecho;
todo lo robable se roba, y todo lo robado se beneficia, convirtiéndolo en moneda. Por lo mismo lo
que no es dinero se vende, se *pule*, y de aquí que
existan palabras y agentes para realizar esta clase
de cambios. Cabe suponer que, en general, todas
las palabras que denominan determinados objetos,
sean dirigidas no solamente á definir su uso, sino
más bien á especificar lo robable y lo que se roba.
La variedad es tanta, que para que no se presuma
que es suposición é inventiva, convendrá citar textos que lo especifiquen. «Asistíamos—dice *Guzmán de Alfarache*, pág. 298, col. 2.ª—de día como
buenos cristianos en las iglesias, en sermones,
misas, estaciones, jubileos y procesiones. Ibamos

---

(1) Es permutación de *boca* = real.
(2) Ledro, en concepto de peso y estorbo.

á las comedias, á ver justiciados, y á todas y cualesquier juntas donde sabíamos haber concurso de gente, procurándonos hallar á la contina en el mayor aprieto, entrando y saliendo por él una y mil veces, porque de cada viaje no faltaba ocupación provechosa, ya sacábamos dagas, lienzos, bolsas, rosarios, estuches, joyas de mujeres, dijes de niños. Cuando más no podía, con las tijeras que siempre andaban en la mano, del mejor ferreruelo que me parecía y del más pintado gentil-hombre, le sacaba por detrás ó por un lado (si acaso con el aprieto se le caía) para tres ó cuatro pares de soletas; y lo que yo desto más gustaba era verlos ir después hechos un retrato de San Martín, con media capa menos, dándoles vuelta y haciendo gente, y así se iban corridos, viendo cortadas las faldas por vergonzoso lugar». «Cuando esto no bastaba, nos llegábamos á las colgaduras de seda ó tela de oro, que nunca reparaba en hacerles cortesía, más á esto que á eso otro antes *á más moros más ganancia,* y por lo bajo dellas le sacábamos una pieza ó dos (como teníamos la ocasión y tiempo) lo mejor que podíamos, y en los aires 'hacíamos dellos cuerpos á mujeres, bolsas, manguitas á niños y otras mil cosas á ese tono, acomodándolo siempre como no se perdiese hilo en aquello que más y mejor podía servir». «Salíame las noches por esas encrucijadas, y cuando á mi casa volvía, venía cubierto con dos ó tres capas, las que con menos alboroto y riesgo podía cautivar; á la mañana, ya entre los dos, amanecían hechas ropillas; dába-

moslas á vender en gradas, ó buscábamos modo
como mejor salir dellas». (pág. 349, col. 2.ª) «Teníamos en los arrabales y en Triana casas conocidas, adonde sin entrar en la ciudad hacíamos alto,
y después poco á poco, lavado y enjuto, lo íbamos
metiendo, ya por las puertas ó por encima de los
muros, después de media noche, cuando la justicia
estaba retirada. Para los vestidos de paño y seda
que rescatábamos, teníamos roperos conocidos, á
quien lo dábamos de buen precio, sin que perdié-
semos blanca del costo; y una vez entregados ya
sabían bien que aquellos eran bienes castrenses,
ganados en buena guerra, y que los habían de dis-
frazar, para que nunca fueran conocidos ó su daño;
que no teníamos más obligación que darles la
mercaduría enjuta y bien acondicionada, puesta
las puertas adentro de sus casas, libre de aduanas
y de todos derechos, y allá se lo hubieran. La ropa
blanca tenía buena salida, por la buena comodi-
dad que se ofrecía las noches en el baratillo; ga-
nábase de comer honrosamente y de todo salíamos
bien.» (Loc. cit.)

Hé aquí por qué he considerado conveniente
incluir en este lugar las palabras denominadoras
del vestuario, calzado, equipo y utensilio, que as-
cienden, por lo menos, á ciento cuarenta y ocho.

Empezando por las telas, se especifican las siguientes: paño fino = *contray* (1), raso ó tafetán =

_____

(1)   Especie de paño fino que se labraba en Coutray de
Flandes.

liso. terciopelo = *vellido*, **seda** = *alcatife* (1), *baboso*. De tejidos de otra calidad se mencionan la bernia = *vellosa* (2), llamándose *velloso* á la bernia de marinero, *peloso* al capote de sayal, *pelosa* á la saya, la capa y la frazada, con evidente alusión á los géneros de que están construídos. Tal vez se aluda á cosa parecida al denominar al sayo *pellejo* y á la saya *pelleja,* y al jubón *cotón.*

Procediendo de lo interior á lo exterior, resultan las siguientes denominaciones de prendas: la camisa = *alcandora, carona, certa, serta, hermana, lima, luna, prima* y *cairelota* (camisa gayada ó galana) cuello de camisa = *carlanca* (3).

Estos nombres ó se refieren indiferentemente á la camisa de mujer ú hombre ó especialmente á la de la mujer. Conviene, por lo mismo, mencionar aparte las prendas cuya denominación es común á las de cada sexo y las que les son peculiares.

Denominaciones comunes: medias calzas = *demias, cáscaras;* jubón = *cotón* (4), *justo, apretado, primo;* cinto = *tachonado, chatonado;* guantes = *cortezas;* vestido = *adorno, jaez.*

---

(1) Véase la etimología en la nota 5, de la pág. 110.

(2) Tejido basto de lana, semejante al de las mantas, y de varios colores, del que se hacían capas de abrigo. (De HIBERNIA, llamada también BERNIA, hoy Irlanda, isla donde se fabricaba esta tela.)

(3) De CARLANCA, collar en hierro ó en cuero armado de puntas para defender el cuello de los mastines.

(4) Por la tela de que está hecho. COTÓN, tela de algodón estampada de varios colores.

Prendas de hombre: calzón = *tirante;* calzas
= *follosas* (1), *leonas;* calzas de polainas = *grullas,
grullas de los segovianos;* zaragüelles ó calzones =
embudos, alares, arrojados; jubón fuerte con malla
=*colón doble;* pretina=*vencejo;* ferreruelo= *bonito, herrero;* capote ó tudesquillo = *Pifo, Pedro;*
capote de sayal = *peloso, red de payo;* capa =
agüela (2), *nube, nublado, noche, red* (3); sayo =
pellejo, sarco, tapador, padre (4), *vistoso;* sayo de
faldamentos largos = *sarco de popal, zasco;* sayo
de dos faldas, sayagües de Castilla ó de Sayago =
bonito, arifarzo; cabezón de sayo = *hopo;* manga
de sayo = *leyva;* sombrero = *poniente, tejado* (5),
techo, gavión (6); zapato ó zapatos = *pisante, calcorros, duros, estibo* (7); hebillas de zapato = *labradas;* bota ó botas = *toba* (8), *ilustres;* alpargata
= *alcorque* (9); botines ó borceguíes de hom-

---

(1) Probablemente de FOLLA, hoja, tal vez por la delgadez
de esta prenda. Por lo mismo, á las medias calzas las llaman
cáscaras. Podría ser de FUELLE, representando una alusión
grosera.

(2) Por el aspecto de vejez que da, ó por lo que dura.

(3) Todo porque envuelve.

(4) En el sentido de tapador, aludiendo al *padre* de mancebía.

(5) También llaman *tejado* á la capa y al manteo, porque
cubren.

(6) *Gavia* se llama al casco. Concepto de extremidad y
altura.

(7) De ESTIBAR, porque aprietan.

(8) Ejemplo de permutación de letras.

(9) De ÁLCORQUE (de corcho). Chanclo con suela de corcho.

bre = *labrados;* mocadero = *mocante, fazo* (1).

Prendas de mujer. Toca de mujer = *vergüenza, encarrujado;* toca ó escofión de red, *redejón, enrejado;* toca de red ó gorguera, *sarmentera;* verdugado = *bolóra;* faldellín ó refajo de mujer = *pumente;* saya ó basquiña, *pelleja, pelosa, tallado, tapado, cubierta, redonda, campana;* manto = *ligero, cernícalo;* chapines = *adornos, chancos;* botines ó borceguíes = *dichosos* (2), *estibal;* paño de manos = *zurros.*

Utensilio de casa: mesa = *tablón;* manteles = *tablantes;* salero = *sardioque;* plato = *taplo* (3); escudilla =*conca;* taza ó vaso para beber = *plantosa;* jarro = *pitaflo, barroso;* olla = *pieva;* bota de vino = *bufia;* tarja = *tarquia;* caldera = *negra;* candelero = *lucerno;* silla de sentarse = *sillene;* badil = *badilico;* tenazas = *dentones;* eslabon con que se saca el fuego = *rufón* (4); cama = *bvil, piltra, blanda, sufrida* (5); sábana = *paloma, alba;* manta ó frazada = *vedilla, vellida, vellosa, tam-*

----

(1) De FAZOLETO (italiano *fazzoletto*), pañuelo.

(2) La alusión es erótica. Es de la índole de esta seguidilla:

> Quisiera ser la hebilla
> de tu zapato,
> ¡para ver desde lejos
> á aquel ingrato!

(3) Permutación de letras.

(4) *Rufo* (rufián), contrastado con el nombre de *rufón* (eslabón), querrá decir algo semejante á echa chispas, expresando ardimiento de carácter.

(5) Véase la pág. 96.

ba (1); arca = *María*; percha de sastre donde se cuelga la ropa = *Alcandora* (2); garabato = *gárabo, mazo*.

Utensilio de seguridad: cerraduras de puertas = *cerrallas*; candado = *candujo*; cerrojo = *cerrón, Pedro*; pestillo de golpe = *cerrón*; llave y llaves = *cerrón, aellas* (3). Este utensilio alude á actos delincuentes, y como utensilio delincuente pueden considerarse las tijeras = *mordientes, hermanas,* y el martillo = *martillado* (4).

Utensilio de adorno: anillo, *dedil, torzuelo*.

Utensilio de viaje: silla de caballo = *estanques*; espuelas = *ferronas*; mochila = *peltrava*, y alforja ó alforjas = *jiba* (5), *ballestas*.

ACTIVIDAD.—Si pudiéramos seguir la formación de este conjunto de palabras paralelamente con los actos que las han producido, veríamos que se acomodaban con toda precisión á la vida y á las costumbres ladronescas, que son más activas y avispadas de lo que se puede suponer. Solo así nos

---

(1) Me parece un caso de permutación de letras, en el que se ha sustituído la n por la b.

(2) Corrupción de ALCÁNDARA, percha ó varal donde se ponían las aves de cetrería, ó donde se colgaba ropa.

(3) Me parece también un caso de permutación de letras en que se ha sustituído la v con la a. = Llaves.

(4) El camino es *martillo*, y el martillo *martillado*. Están invertidos los conceptos. En la *Pícara Justina* se lee: «Tórnese á la cama y duerma un poco, que ya será tiempo que tomemos *las del martillado*» (pág. 137, col. 2.ª)

(5) Equivale á bulto. El bulto de ropa se llama *jiba, farda* y *ovillo*.

sería posible comprender el valor de cada palabra en la función á que se aplica.

De todos modos, ni esas costumbres constituyen un secreto, ni ese modo de vivir se diferencia en mucho de cualquier estado que obligue al constante ejercicio de la astucia.

Para los términos que se refieran al hurto, al robo y al engaño, nos habremos de referir á lo que queda dicho en la clasificación de los ladrones y en el concepto psicológico.

Lo que se reserva para este pormenor, no es otra cosa que lo que representa actividad sin relacionarse con modalidades ó especialidades del delito. Puede verse haciendo la enumeración de las palabras, como si se tratase del desarrollo de un acto desde su comienzo á su fin, en la mayoría de sus principales accidentes.

Tantear = *ondear;* buscar = *farabustear;* menudear en una misma cosa = *golpear;* arreciar ó reformar = *fornir* (1); juntar = *acomodar, gavillar, arredomar, arroscar*; adelantarse = *antuviarse* (2); alargar = *astar* (3); abrir ó tirar = *tarrascar;* cerrar ó apretar = *enclavijar;* torcer = *entornar;* acometer = *baraustar* (4); poner en alto =

_____

(1) FORNECER (del gót. *fruma,* provecho, abasto.)

(2) *Antuviar* (de *ante* y *ubiar*), dar de repente ó primero que otro un golpe. *Antuviada,* golpe ó porrazo. ANTUVIÓN, golpe ó acometimiento repentino. Equivale á lo que en la jerga actual se llama *madrugada, madrugón, madrugador.*

(3) *Asta,* lanza; *astado, arbolado,* largo, crecido.

(4) El puñal, *baraustador.*

engaviar (1); faltar = *quebrar, mancar* (2), *menguar;* espantar, espantarse = *avispar, se;* caer = *bolear;* recoger = *arrobiñar;* cubrir = *anublar;* envolver = *enroscar, arroscar;* esconder = *sepultar;* librar = *rescatar;* llevar = *remolcar;* trasquilar (en el sentido figurado de disminuir una cosa quitando parte de ella) = *fundir;* henchir = *colmar.*

Persecución.—Indica esta parte del léxico jergal, que la gente germanesca, avisada del riesgo de topar frecuentemente con la justicia, se preocupaba tanto de evitar la persecución, como de dar motivos para que los persiguiesen. Por lo tanto, su actividad puede dividirse en actividad expoliadora y en actividad defensiva.

Son mucho los términos que se refieren concreta é indirectamente á la persecución. Unos indican movimiento, otros advertencia y otros huida.

Constituyen términos de advertencia, muchos de los que se refieren á la mirada (3), á los que se pueden añadir estos otros: *guiñarol* (al que miran ó hacen del ojo), *columbrado* (al que miran), *desmicador* y *columbrador* (el que mira). Constituyen términos más apropiados, los siguientes: notar, observar = *avisar;* apercibirse = *alertarse;* estar apercibido = *alerta;* avisado, descubierto = *alertado;* descubrir = *desflorar, descornar, soplar, can-*

---

(1) De *en* y *gavia.* Tomado del término marítimo.
(2) Del italiano *mancare.*
(3) Véase el Concepto fisiológico.

tar; descubierto = *manifiesto*; perdido ó descubierto = *deschanzado*; al que descubren = *buhado* (1), *descornado;* lo que se descubre = *descuerno*; avoceado = *clamado*; PELIGRO = *riumbo*.

Constituyen actividad los siguientes: ir = *alar* (2); irse = alón (3), alarse, *miñarse, peñas;* moverse ó irse = *levarse;* irse ó huirse = *guiñarse* (4); irse á prisa = *picar;* irse huyendo = *peñas y buen tiempo, piñarse* (5), *afufar* (6); marcharse ó largarse = *najarse* (7); irse muy lejos = *peñas de longares* (8); ido = *picado, alado.*

---

(1) *Buho* = descubridor ó soplón; *buhar* = soplar ó descubrir alguna cosa.

(2) La etimología de esta palabra pudiera encontrarse en el francés *aller*, en *izar* y en *volar* (*alar*, de *ala*). Tal vez de todo participe en sus influencias formativas; pero me inclino á que alar viene de volar, porque *alado* es ido. En Andalucía todavía se dice para expresar velocidad en el movimiento *¡hala, hala!*

(3) Tal vez sea el *allon* francés.

(4) Hé aquí una relación completa entre la mirada y el movimiento. *Guiñón* = seña con el ojo; *guiñarol* = al que guiñan ó hacen del ojo; *guiñar* = señalar ó hacer del ojo; *guiñarse* = irse.

(5) De *peñas*, casi seguramente.

(6) *Afufa* = huida; *afufado* = huído.

(7) Del caló *najar*. Es voz muy corriente en la jerga actual, Se dice *salir de naja* = salir huyendo. El Diccionario de la Academia la hace derivar del árabe *nacha*, escapatoria.

(8) En las jácaras sólo una vez se emplea este término en el sentido de huida.

Y él, con *peñas y buen tiempo,*
baje el *techo* y *leve* el *monte*

En conjunto, todos estos términos demuestran sobreactividad y demuestran inquietud. También podría asegurarse que en la ida sólo hay un moti-

---

y *calcorre* de *longares*,
pues no hay armas que lo estorben
ni *huerca* que lo desarme
aunque veinte *huercas* ronden.
            (*Venganza de Cantarote.*)

Las demás veces, con *longares* se alude á cobardía, á no hacer frente á las personas y á los peligros,

Esos jaques de *longares*
No entren en tu garitón.
                    (*Perotudo.*)

No es mi hombre de *longares*
aquí, sino el más pintado.
            (Romance del *jaque afamado.*)

Los que viven en *longares*
con buen garlo los desvía.
            (*Pedro de Castro y Catalina.*)

Que no conozco *longares*
y me *muco* Rodamontes.
                (*Venganza de Cantarote.*)

Que Tarragón es mi hombre,
brechador y no *brechado*,
temido en la *cherinola*,
no *longuiso*, ni *estivado*.
            (*Vida y muerte de Maladros.*)

¿O cual jaque huye los *rumbos*
ó de quien se dice en *cambio*
si no es de tu *rufezno*.
que en *Longares* fué criado?
                        (Ibid.)

Que Tarragón no es *longuiso*,
cual tú, cobarde Maladros.
                        (Ibid.)

vo que la determine; el temor ó la sospecha de ser descubiertos ó alcanzados. Por eso de la ida á la huida, casi no media diferencia. Se gradúa en su actividad, con las siguientes palabras: *calcas* = pisadas; *talón* = andar á pie; *martillar* = caminar; *calcar* = pisar ó apretar; *calcorrear* = correr; *calcoteado* = corrido; *estibón* (1) = carrera; *pilfar* = picar el caballo para que camine.

Se expresan la persecución y la huida del siguiente modo: perseguido ó maltratado = *guindrado* (2), escapado huyendo = *redoblado;* escaparse el ladrón que huye arrojándose de un tejado ó ventana = *revolar;* huir = *chapescar* (3), á lo largo; huida = *afufa, coger las del martillado;* huido = *afufado, acogido;* escapar = *cafar* (4); escaparse, librarse = *safarse;* trasponer, huir ó esconderse =

---

al *guro* era desflorado,
si entendía ser *longuiso*
de quien no fuese *estivado.*

(Ibid.)

Aunque el modo de formación de esta palabra se advierte que es de LONGO = largo, distante, se la ha localizado en un pueblo, Longares («que en Longares fué criado.»)

En *Ardid de la pobreza y Astucias de Vireno,* de D. Andrés de Prado, se alude á ese pueblo. «Rióse Tirce de oirle contar batallas, cuando sabía que jamás las había tenido, sino con Longares y Cariñena» (pág. 472, col. 2.ª).

(1)   En el sentido de apretar.

(2)   *Guindar* = aquejar ó maltratar.

(3)   Sales Mayo incluye este verbo como perteneciente al caló. Figura también como gitano el sustantivo *chapescañi,* fuga, huída, escapada.

(4)   Es *safar,* habiéndose permutado la s en c.

trasmontar; traspuesto, huido ó escondido = *tras-montado;* embarazo ó impedimento = *balsa* (1); arrinconar á uno = *acorralar;* acorralado ó arrinconado = *encorral;* arrinconado = *acorralado;* refugiarse huyendo de la justicia = *acorralarse;* asido = *acerrado;* asir ó agarrar = *acerrar;* asir ó aprisionar = *apiolar;* al que lo arrebatan = *rastillado* = el que se libra de un peligro huyendo = *vilhorro.*

Riñas y armas.—Esgrimidor ó maestro de esgrima = *travo;* bravatear = *galear* (2); revolver pendencias = *fuñar;* alboroto ó pendencia = *ciscarada* (3); triunfar = *garlear;* hacer alarde de guapo ó valentón = *encampanarse* (4); golpe = *relámpago, chirlo;* golpe ó porrazo = *antuviada;* golpe de palo = *chirlada;* golpe dado con piedra = *turronada;* aporreado = *sobado;* la persona apaleada = *fustancado* (5); herido en el rostro = *esclisiado;* señalar en el rostro = *marcar;* cuchillada por la cara = *chirlo cruzado;* dar de repente ó primero que otro = *antuviar;* el que hace caer á otro = *boleador* (6); repullo (movimiento irresistible de sorpresa y temor en el momento en que es uno

---

(1) Lo representa como estancamiento.
(2) ¿Gallear?
(3) De *cisco* (fig. alboroto.)
(4) Se usa como término tauromáquico para representar la actitud del toro.
(5) *Fustanque* (de fusta) = palo.
(6) *Bolear* = caer.

sorprendido) = *acetre* (1); atemorizado = *amilanado;* caído = *boleado.*

Armas defensivas: casco = *horizonte* (2), *gavia* (3); *remollerón;* casco de acero = *mollerón* (4); malla ó cota = *cofradía* (5); cota = *trabado, malla;* cota de malla = *once mil* (6); broquel = *muro* (7), *rodancho, rueda* (8), *campanudo, faldudo* (9), *Barcelonés faldudo;* rodela = *luna, concha.*

Armas ofensivas. Entre los distintos nombres que se dan á la espada hay dos que constituyen un curioso fenómeno jergal. *Fisberta* (10) es uno de

---

(1) Me parece que esta palabra está formada traduciendo el sobrecogimiento por contracción de *hace atrás.*

(2) Por la forma redondeada.

(3) Equiparándolo á la jaula en que se encierra al loco ó furioso. Porque ocupa el lugar más alto.

(4) Me parece que es un derivado de mollera.

(5) Concepto de reunión de muchas partes para un objeto dado.

(6) Confirma el concepto de *cofradía.*

(7) Por la defensa.

(8) Por la forma.

(9) Por ir colgado sobre la falda.

(10) El Diccionario de la Lengua Castellana de la Academia, 12.ª edición, dice: Fisberta (del al. *schwert,* espada.)

Sin discutir la razón filológica, conviene advertir que sería erróneo incluir este nombre entre los que en *germania* aparecen como tomados ó derivados de otras lenguas. *Fisberta* ha entrado en *germania* por el mismo camino que *Durindana* (véase la nota á esta palabra) y *Joyosa.* Es una de tantas espadas célebres que se mencionan en la Biblioteca caballeresca. Deriva inmediatamente de Fusberta, espada de Reinaldos de Montalbún, citada por Ariosto y Pulci.

estos nombres: el otro es *joyosa* (1). Los dos son
nombres de espadas célebres propagados por una
literatura muy vulgarizada. La influencia de esa.

----

(1) Lombroso incluye esta palabra entre los arcaismos.
Dice «joyos (omite la a final) la espada, del nombre de la espada del Cid.» *(L'uomo delinquente,* pág. 475).

Por esta vez el ilustre profesor está mal informado. Ni *Joyosa* fué nunca el nombre de ninguna espada del Cid, ni en-
tró á formar parte de la *germania* por su índole arcáica.

Las espadas históricas del Cid fueron Colada, que la ganó
del conde D. Ramón.

Hi ganno a Colada, que mas vale de mill marcos de plata y
Tizón.

> *Mato a Bucar, al rrey de alen mar,*
> *E gano á Tizon que mil marcos doro val,*

dándoselas á sus yernos los infantes de Carrión, que al ofen-
der á las hijas del Cid, son invocadas por éstas.

> *Dos espadas tenedes fuertes e taiadores*
> *Al vna dizen Colada e al otra Tizon,*
> *Cortandos las cabeças, martires seremos nos,*

reclamándoselas después en las Cortes de Toledo y dándoselas á su sobrino y á Martín Antolínez, con las que pelearon
contra los infantes, matándolos.

Joyosa, según la historia del Caballero del Cisne, inserta en
la *Gran Conquista de Ultramar,* es el nombre de la espada de
Carlomagno. *La espada que le ciñeron* (á Godofre) *fué aquella*
con que mataron á Agolán, cuando el Rei Carlos venció en Pam-
plona, que fué una de las que traian los Doce Pares, e compañera
de la buena espada Joyosa de Carlos, e de Durandarte la que traia
Roldán. E fízolas todas tres un maestro de Toledo que ovo nombre
Galán, que fué uno de los mejores maestros de espadas que ovo en.
el mundo. (Gran conquista de Ultramar, libro I, cap. CLI). Al
hablar de la espada del Conde Espaldar de Germania, dice
que era una de las más preciadas del mundo á aquella sazón. E

literatura es el único medio de transporte jergal
que debe estimarse en este fenómeno. Unicamente
hay que advertir una simpatía en lo que se refiere

---

*feciérala el buen maestro que avia nombre Dionis, que era el me-
jor que jamás fué, sinon era Galán su hermano el que fizo a Durandarte e Joyosa la espada del Rei Carlos.* (Ibid., cap. XCIV).
Con esta espada, según la Crónica general de España, ordenada por el rey D. Alonso el Sabio, peleó Carlomagno en el combate de Toledo cuando ganó á Durandarte. Turpín (cap. IX)
la llama *Gaudiosa.* Dícese que se mostraba antiguamente con
otras alhajas de Carlomagno en la abadía de San Dionisio.
«En el Archivo de Simancas hay una nota en un libro de car-
go de los Camareros, según el cual se guardaba en la Armería que los Reyes Católicos tenían en Segovia, *una espada que
se dice la Jiosa del bel cortar, que fué de Roldan*: y se ponen
muy menudamente las señas de su tamaño, figura y adornos,
tanto del pomo como de la vaina, por cuyo cotejo pudiera
averiguarse si es la que se enseña en la Armería Real de Madrid, y se enseñaba ya en tiempo de Cervantes, como éste
dijo por boca de Sancho en el cap. VIII de esta segunda parte». (Nota de D. Diego Clemencín.)

Ahora bien, si se tratara de un arcaísmo, tendríamos tres
enteramente iguales: *durindana* (véase la nota), *fisberta* (véase
la nota) y *joyosa.* El arcaísmo consiste en haber pasado á la
germania tres nombres de espadas célebres, una (*durindana*)
para denominar la espada de la ley, y otras para denominar
simplemente la espada.

Pero no han pasado por modo arcaico, sino por otra influencia de mayor alcance, y sobre todo de alcance más definido.

En primer lugar, dichas espadas se han conmemorado
por el influjo de los libros de caballería, que fué en nuestro
país tan grande «que era el único y total embeleso de las
gentes; y para su destierro los señores obispos tomaron diferentes providencias, ya enviando misiones, ya expidiendo

á *joyosa*, pues los ladrones distinguirían con seguridad las espadas que tenían ó no tenían joyas en la empuñadura, lo que constituiría un estímulo de la codicia ladronesca, en cuyo estímulo hay que reconocer una influencia denominadora. Los demás nombres son: *filosa* (1), *bayosa* (2), *centella* (3), *respeto* (4), *baldeo* (5), *abanico* (6). El machete ó terciado se llama = *zinguizangue* (7), *Juan Machiz* (8), *descuerna padrastros* (9); el puñal =

---

cartas pastorales». (*Virtud al uso y mística á la moda*, página 446). En segundo lugar, á ese influjo se une una simpatía jergal, que en *durindana* se conoce en el modo irónico de la sonoridad de esa palabra, y en *joyosa* en la terminación que es tan frecuente y denominadora en *germanía* que, para no citar otros ejemplos, basta á demostrarlo el nombre de otras espadas, como *filosa* y *bayosa*.

Por lo tanto, se puede afirmar que no hay esencialmente tal arcaismo, sino la impresión de los libros de caballería, que resulta doble por acomodarse á una simpatía jergal.

(1) De filo.

(2) ¿Querrá decir pendenciera y será un derivado de *bayuca*, taberna?

(3) Por el brillo y rapidez al esgrimirla.

(4) En el tercer romance de los anónimos de la colección J Hidalgo, se dice:

　　　　Respeto llama á la espada,
　　　　que por ella es respetado.

(5) Porque limpia de enemigos al esgrimirla.

(6) Representación de la figura que traza la espada en el aire al dar un tajo.

(7) Voz onomatopéyica.

(8) Corresponde á la tendencia á personificar las cosas inanimadas.

(9) Modo irónico.

secreto (1), enano (2), atacador, desmallador, cuadro, cuadrado, baraustador (3); la daga = estaca; el cuchillo = filoso, cerda; el cuchillo de campo = tajamar; la lanza = asta, astil (4); la ballesta= corva, cobarba; la saeta = cometa (5); el pistolete = milanés (6); la almarada de hacer alpargatas = punterol; el palo = salón, fustanque. El acto de armar se llama = artillar; armarse = artillarse; armado = artillado.

Resumen.—Al titular esta parte de nuestro estudio «psicología y sociología de la jerga», no nos proponíamos una investigación honda de conceptos y significados para hacer, por decirlo así, el esbozo del tipo mental del delincuente.

Nuestra tesis es lo bastante clara, y está suficientemente repetida, para que nadie vacile al apreciar nuestra intención.

Aparte algunas observaciones que no huelgan

---

(1) Porque va oculto.

(2) Por lo pequeño en relación con las demás armas blancas.

(3) *Baraustar* = acometer; *baraustado* = muerto á puñaladas.

(4) *Astar* = alargar; *astado* = largo ó crecido.

(5) Coincide con el nombre de *centella*, que se da á la espada. Alude á que, como el cometa, tiene cola.

(6) Lombroso (tomo I, pág. 475) dice que lo llaman así refiriéndose á la antigua fábrica de armas de Milán, donde los hacían. Lo incluye entre los arcaismos. En la *Pícara Justina* se lee: «que en esa pregunta muestras que eres de casta de pistolete italiano, que apuntas á los pies y das en las narices» (pág. 85, col. 1.ª)

en los estudios de la psicología y sociología delincuentes, y que en tal concepto son incorporables á libros más especializados y de más profunda doctrina, todos los conceptos podrían refundirse en una sola afirmación: la de que en el lenguaje de los delincuentes no hay palabra que con propiedad pueda llamarse ociosa.

Sin embargo, aunque la jerga ha sido estudiada muy esquivamente en su aspecto psicológico, y casi preterida en el sociológico, las insinuaciones de la antropología criminal apuntan en los delincuentes dos caracteres mentales, y tienden á justificar esos caracteres con las demostraciones de su lenguaje propio.

A partir de las insinuaciones lombrosianas, puede decirse que en el tipo mental del delincuente, manifestado en la jerga, se distingue una modalidad arcáica y otra modalidad que no se titula, pero que claramente quiere manifestarse en ciertas alusiones, como las indicadoras de que los delincuentes son más ricos de espíritu que de ingenio, y de que sus modos de expresión participan de una índole caprichosa y afectan tendencias de un humorismo peculiar, cuya expresión es francamente cínica.

No sabemos lo que resultaría si se hiciese un estudio comparativo de las jergas con igual método que el que hemos empleado. Seguramente que la jerga francesa se distinguiría en ciertos modos de expresión de la española, de la italiana, de la alemana, de la inglesa, etc., de igual modo que respectivamente se distinguirían estas jergas entre sí. Pero también es casi seguro que resultaría que esas distinciones eran equivalentes á las que existen en general entre franceses, españoles, italianos, alemanes, ingleses, etc.

Quere esto decir, que las jergas no pueden barajarse para deducir de determinadas concordancias ciertas fórmulas, que si aparentemente parecen demostrativas, lo que hacen es crear ciertos prejuicios, que se oponen como obstáculo en el camino de la recta investigación.

La psicología, por de pronto, plantearía una cuestión previa, que podría ser formulada en los siguientes términos. La producción jergal, estudiada en sus expresiones representativas, ¿difiere fundamentalmente del proceso natural, común á todos los pueblos y á todos los idiomas, de la producción lingüística? Seguramente se respondería que no.

De aquí que el estudio de la jerga se emancipe de ciertas sujeciones antropológicas, como las encaminadas á representarnos el tipo delincuente como una entidad aparte, y busque su verdadera orientación en caminos propiamente naturales.

Todo lo afirmado, á partir de la suposición de que el delincuente es un tipo atávico, es tendencioso en el sentido de presuponer que la producción jergal dimana fundamentalmente de un *modo de ser* característico de los que se expresan representativamente valiéndose de las formas que se manifiestan en la jerga.

Psicológicamente, habría que oponer á tal afirmación muchas objeciones y reparos; pero sociológicamente se formula otro criterio.

Las representaciones jergales derivan en una cierta proporción del *modo de ser* mental de los que ven las cosas de ese modo. Pero las cosas, para verlas, requieren casi siempre la intervención de los sentidos y la acción de estímulos externos, y, por lo tanto, conjuntamente con el *modo de ser*, pero mucho más privativamente que de ese modo, es admisible que las representaciones se formen según el *modo de vivir.*

Para demostrarlo bastará fijarse en el poco número de palabras de la jerga que tienen origen en una impresión puramente subjetiva, y en el gran número, en la casi totalidad, que nacen de impresiones objetivas.

Y aún hay más. Esas impresiones no suponen nunca actos en que se aprecie la pura subjetividad, sino actos de relación, de tal modo, que la relación es la determinante de las representaciones.

Nuestro método ha consistido en relacionar las palabras con los actos, y así resulta fácil el conocimiento de la estructura y los entronques del lenguaje jergal, definiéndolo, no como una forma léxica en que se caractericen determinadas anomalías concordantes con el supuesto tipo anómalo del delincuente, sino como una forma de asociación en que resaltan el interés y las tendencias de los asociados.

Apreciada la jerga de ese modo, resulta especificada en las siguientes indicaciones. Es el lenguaje de una colectividad, y se ha formado por afinidades, tendencias y sensaciones que participan de una influencia colectiva. Se agrupa en las mismas categorías de palabras en que se agruparía el lenguaje de cualquier asociación que lo hubiera formado para sus fines peculiares. Es el núcleo de este lenguaje un interés: el interés social. Se divide este lenguaje en dos partes fundamentales: la organización social, con sus categorías y funciones profesionales, y la vida de relación de los asociados, dentro de los límites en que se puede desenvolver.

Y en una palabra, para no repetir cuanto se ha dicho anteriormente acerca de este asunto, todo nuestro propósito se formula en la siguiente afirmación.

La jerga es el mejor documento sociológico, el más sincero y auténtico para que la sociología criminal estudie las asociaciones delincuentes.

EL CALÓ JERGAL

Transformación de la germanía.—El estudio que acabamos de *realizar* está hecho en presencia del Vocabulario de J. Hidalgo, y es representativo de la sociedad delincuente que existía en los comienzos del siglo xvii y de su lenguaje.

En ese tiempo existía otra sociedad más naturalmente diferenciada y más naturalmente delincuente que la primera.

La *germanía* es un retoño anómalo de una sociedad nacional, producto de afinidades de elementos reunidos por comunidad de tendencias y condensados en las grandes poblaciones donde esas tendencias pudieran realizarse.

El *gitanismo* no es un retoño, es un cuerpo extraño, pues lo constituye la ingerencia en la sociedad nacional de un pueblo errante, apegado á su lengua, á sus costumbres y á sus tradiciones, y sin más adaptación al pueblo en que se ingiere que la puramente nutritiva.

La *germanía*, por nacer de elementos nacionales y por caracterizar vicios nacionales, se exteriorizó, se manifestó, se entroncó literariamente y fué conocida en las intimidades de sus costumbres y su lengua.

El *gitanismo* adquirió pronto notoriedad; pero no obstante servir de apelativo para caracterizar determinadas condiciones, y no obstante la singularización literaria que le prestan el príncipe de nuestros ingenios al tomarlo como asunto de sus obras escénicas (principalmente en la comedia *Pedro de Urdemalas*) y de sus novelas *(La Gitanilla, Coloquio de los perros)* y las ampliaciones de Espinel, Meneses y el Dr. Jerónimo de Alcalá, fué tan desconocido en sus principales caracteres, que, además de ignorar por completo su lenguaje (1), y además de las confusiones de H. de Luna y del Dr. Sancho de Moncada, actualmente demuestran el extravío en que se vivió las definiciones del Diccionario de la lengua. (Véase LA HAMPA).

La transformación de la *germanía* nos ofrece un fenómeno curioso de contacto entre estas dos sociedades.

Los gitanos, por su natural y por su modo de

_____

(1)   En la *Pícara Justina* (pág. 67, col. 1.ª) se lee la única referencia á un término gitano, y este es una locución jergal agitanada: «Dijo á fuer de gitano: *garda la bulza*; y armó cierta mamona á una faltriquera.»

En el *Escudero Marcos de Obregón* (pág. 417, col. 1.ª), aludiendo al lenguaje de los gitanos: «Ellos quedaron hablando en su lenguaje de jerigonza.»

vivir, son más afines á la sociedad delincuente que
á la sociedad común. De esta última, sólo tienen
rudimentarias tendencias industriales y especifi-
cadas tendencias comerciales; y de la primera tienen el ser naturalmente inclinados á la exacción y
al engaño, característicos de su comercio.

En los siglos xvi y xvii la *germania* tuvo más
personalidad y más imperio que el *gitanismo*, y lo
demuestra el que en su lenguaje no aparezca casi
ninguna influencia caracterizada del «caló», mientras que en éste se introducen algunas voces de
germania. Ciento siete se mencionan más adelante.

Omitiremos en esta parte de nuestro estudio
toda referencia filológica conducente á demostrar
el origen de los gitanos y la fecha de su probable
emigración. En este punto hay dos opiniones: la
de Ascoli, que afirma que el humilde idioma zíngaro excede en nobleza á la misma lengua palica,
y que es, por lo tanto, el que más se aproxima al
sánscrito, lo que le induce á armonizar esta conclusión con la teoría prehistórica de Bataillard; y
la de Miklosich, que encuentra semejanzas entre
el zíngaro y los modernos lenguajes arianos de la
India, refiriendo el momento de la emigración á la
época en que esos dialectos se formaron, es decir,
después del período prakrito.

Más interés tiene, para nuestro objeto, el estudio
de la incorporación al zíngaro de palabras de las
lenguas procedentes de los distintos pueblos con
quienes se relacionaron en su ruta emigratoria.

Así la teoría que los hace dimanar de Egipto, queda desautorizada con la ausencia de elementos árabes en su idioma. En cambio las palabras persas, armenias, griegas, slavas, valacas, magiares, alemanas, francesas, españolas, italianas é inglesas, son, además de comprobantes del itinerario emigratorio, evidenciadoras de las relaciones transitorias ó permanentes del pueblo zíngaro, con los países que recorrieron en su ruta y con los que eligieron para permanecer en sus dominios.

En este punto hace Colocci una afirmación bien encaminada, y es la de que el pueblo zíngaro, en el momento de su aparición en Europa, se encontraba en un estado de cultura tan inferior, que apenas había sobrepasado el nivel del hombre primitivo. Su lengua se reducia, por lo tanto, á indicar únicamente los objetos de primera necesidad y los que caen bajo el dominio de los sentidos. Era una lengua extraordinariamente pobre, y se enriqueció á la vez que las ideas de los europeos iban penetrando en el espíritu de los zíngaros. Para esto adoptaron el modo más natural, el de aceptar la cosa indicada al propio tiempo que el vocablo indicador, al cual dieron una estructura aparente ó una terminación zingaresca.

De este modo, los catorce tipos principales de los dialectos zíngaros estudiados hasta la fecha (greco-turco ó *tchinghiane*, rumano, húngaro, slavón, alemán, polaco-lituano, ruso, finno, scandinavo, anglo-sajón ó *gipso*, galaico ó welso, italiano, vasco y español ó *gitano*) se distinguen por haberse mantenido más fieles á la pureza de la vieja lengua zíngara, como ocurre con los gitanos de Turquía, Italia y Gales, ó por haber absorbido mayor cantidad de vocablos, locuciones y formas extrañas.

El modo de absorción es lo más interesante á nuestro objeto. Los zingarismos que pueden señalarse en la lengua inglesa, en la francesa, en la castellana, etc., constituyen un curioso fenómeno, que se podría llamar de endósmosis y exósmosis filológica. El contacto de la lengua zíngara no se verifica inmediatamente con la lengua nacional, sino con un modo particularismo de esa lengua, por la sencillísima razón de que la sociedad zíngara se puso en contacto inmediato, no con la sociedad civil de cada nación, sino con una parte de esa sociedad, afine por sus costumbres y sus tendencias á las tendencias y costumbres de los zíngaros. En una palabra, los zíngaros hallaron su primera afinidad en las asociaciones delincuentes ó picarescas de cada país y establecieron contacto lingüístico con cada jerga nacional. De aquí que los zingarismos de la lengua inglesa procedan de *hennich* ó *cant* ó *slang* de los ladrones ingleses; que los zingarismos de la lengua francesa procedan del *argot*, y que los zingarismos del castellano procedan de la transformación de la *germanía* en *calójergal*. El fenómeno de absorción se verifica por contacto de la lengua zíngara con la lengua jergal, y después, por contacto de la jerga con la lengua madre de que procede.

El complemento del fenómeno consiste en la penetración en la lengua zíngara de abundantes palabras jergales del idioma con que se puso en contacto, y si en el *argot*, por ejemplo, existen abundantes zingarismos, la tropa de zingaros que encontró Leland en Bélgica, hablaba correctamente la *langue verte*. Si en el castellano familiar, y aun en el propio Diccionario de la Academia, existen bastantes gitanismos, en el caló se cuentan ciento siete voces de germania.

Con tales datos, el estudio del caló, para quien se proponga hacerlo, ofrece las siguientes orientaciones. Primeramente se debe definir el grupo de palabras que constituyen la lengua originaria, antes de que se amplificase en contacto con algunos idiomas del Oriente y con los europeos. Después procede la diferenciación de las palabras agregadas y de las *azingaradas* por influjo de los diferentes contactos lingüísticos. Y, por último, queda el estudio particular de las agregaciones y de los *agitanamientos* en el caló que, por este contacto y por la endósmosis y exósmosis lingüística de que hemos hablado anteriormente, constituye, si no un idioma del acerbo nacional, un idioma nacionalizado por las relaciones que ha conseguido establecer con la lengua patria.

Imposible es para nosotros el deslinde de la primera diferenciación, y aun suponemos que en el estado actual de la lexicografía zíngara no haya elementos bastantes para que los mejor preparados puedan acometer esa obra, que se intentará algún día.

La segunda diferenciación también ofrece dificultades de importancia si se ha de realizar de un modo completo. A nuestro fin es suficiente citar algún ejemplo de agregaciones de palabras procedentes de los países de ruta. En el caló existen palabras procedentes del griego (*drom*, camino; *petul*, herradura); del latín (*papira*, carta, naipe; *papiri*, vale, bono; *superbio,* soberbio); del búlgaro *garlo*, cuello (búlgaro *gürlo*, slavo *górlo*); del turco *truján*, tabaco (turco *tatun.*)

La tercera diferenciación es más fácil, pero no tan sencilla como parece. Los puristas del caló, señaladamente el Sr. Sales Mayo, se lamentan de que se hayan introducido en esta lengua numerosos barbarismos que descubren en los introductores la ignorancia de los fundamentos del idioma gitano Atribuye esta adulteración lingüística á una literatura emanada de los aficionados al gitanismo, que tuvo su incremento en Andalucía á principios de este siglo. Entre los adulteradores señalaba al fraile agustino Manso de Sevilla, y á varios monjes de la cartuja de Jerez, quienes, por la famosa yeguada que criaban en los herbajes de su convento, mantenían frecuentes relaciones con los principales chalanes gitanos.

Muy particularizada nos parece la fuente de esas adulteraciones, sobre todo cuando no se trata de un fenómeno local, sino general en todos los dialectos zíngaros, y cuando ninguno de esos dialectos ofrece, como mantenedor de una obra literaria resultante del cultivo de cada lengua, la cohesión suficiente para conservar una independencia lingüística, que en idiomas completamente cimentados no se puede conseguir si se someten al influjo de influencias corruptoras. Bastaría citar el ejemplo del castellano en alguna de las Repúblicas hispano-americanas.

El caló se desvirtúa de muchos modos, y en él, como en todos los idiomas, aparece la tendencia al neologismo, que lo ha de formar, no con sus elementos propios, que son pocos y pobres, sino con los elementos extraños ó con la fusión de estos elementos con la lengua con que se relacionan. Por ejemplo: en caló, *cuarinda* significa cuaresma. También significa cuaresma *ostarinda*, que tiene la propia significación de «cuadragésima», porque *ostar* es cuatro, *ostardeque* catorce y *oslardi* cuarenta. De aquí que el neologismo se haya formado con la raíz *cuar*, de cuaresma, y la terminación *inda*, de *ostarinda*.

La influencia de la *germania* es más caracterizada, demostrándose no solamente por los nombres que se incorporan al caló, si que también por las derivaciones y agitanamientos de esos nombres y por alguna palabra de estructura jergal que parece invención de los gitanos.

Del germanesco *farda* (bulto ó lío de ropa), agitanado en *fardi*, han formado el verbo a*fargar* (arropar, cubrir con ropa). De *comba* (tumba) han formado el verbo *combar* (tumbar, derribar). De *ficar* (jugar), *ficaró* (jugador). De *garandar* (vagabundear), *garandón* (vagabundo). De *grano* (ducado de once reales), *grané* (ducado). De *boche* (verdugo), *buchil*. De *alares* (zaragüelles), *jalares* (calzones). De «valones» *balunes* (pantalones), y *balunes parñes* (calzoncillos blancos).

La noche, en una de sus denominaciones (*sorna*) y lo que se relaciona con ella, aparece más especulado en el caló que en *germania*. *Sornar* es dormir (como en *germania*), *sornibar* y *asornar*, adormecer, y *sornindoy*, sueño (1). El germanesco *picoa* (olla) ha determinado el gitanesco *picote* (vaso, receptáculo, barril). Los términos *bocata*, *boqui* (hambre), *boqué* (apetito), *sonanta* (guitarra), *potosia* (bolsa, faltriquera), *remachar* (entremeter, procurar, alcahuetear) y *remarar* (rematar, acabar), formado este último del verbo gitano *merar* (padecer, perecer, morir) y un prefijo, ¿no acusan evidentes influencias jergales?

En el Diccionario de caló de Sales Mayo, se encuentran, de primer examen, los siguientes neologismos, que acusan la transformación gitana en

---

(1) La verdadera etimología de *sorna* no es conocida. Hé aquí lo que dice el Sr. Fernández Guerra: «*Sorna*. Espacio ó lentitud con que se hace una cosa. No veo clara la derivación que le da Covarrubias de *saburra* (la arena que se echa por lastre en la galera ó navío), y de aquí *sorrera* ó *zorrera* á lo que camina pesadamente, y *sorna*, pesadez. Es voz de germania, que denota la *noche*, y quizás más bien de aquí venga su significación, porque de noche hay necesidad de caminar á tientas y despacio, tanto más cuanto que *sornear* es *dormir*; *con sorna* es con sueño, con calma intencionada y maliciosa.»

contacto con nuestra lengua nacional. *Acatao* (asociado), *acatar* (asociar), *afargar* (arropar), *alipiar* (limpiar), *ancli* (gafa, lente), *anclisó* (anteojo), *ancrisó* (antecristo), *andándula* (zorra), *andró* (camino), *angelo* (deseo, apetito), *anguja* (congoja), *anguñó* (anhelo), *arberú* (alameda, arbolado), *arberuqué* (álamo). *arcojuné* (arco), *arcojuñi* (arca, depósito), *arcoprindar* (arcabucear, fusilar), *asornar* (adormecer), *ayunisarar* (ayunar), *bachijuñi* (bachilleria, habladuria), *bachurí* (de *ba* y *churí*, cuchillo = bayoneta), *baluñé* (calzón corto), *baniché* (bachiller), *banichería* (bachilleria), *bansaquí* (banca, juego), *bansiné* (de *ban* y *silné*, fuerte, firme = banco), *Barnojina* (de *barno* y *jinar*, contar, numerar = Barcelona), *berdeji* (lagarto), *bijutela* (bizcotela), *birdoche* (diligencia), *Bobani* (de *bobi*, haba = Habana), *bocata* (hambre), *bufaire* (de *bufar*, soplar, y *aire* = delator), *calcó* (zapato), *caltrabó* (presidio), *cambroquia* (de *cam*, sol = parroquia), *Castumba* (de *cas* y *tumba*, apócope de *tumbardó*, purgatorio = Castilla), *Catesca* (de *cate*, golpe, por extensión golpe de gente = junta, asamblea), *Ciria* (Pascua), *combar* (tumbar, derribar), *cuarinda* (cuaresma), *chapalatear* (nadar), *Chaute* (Ceuta), *duquel* (doblón), *encalomar* (germanesco *lomar* = llevar), *encorvar* (germanesco *corvado*, muerto = asesinar) *entreguisarar* (entregar), *fardi* (ropa, ropaje), *ficaró* (de *ficar*, jugar=jugador), *filuche* (de *fila*, cara=rostro), *flamear* (chancear, bromear), *floja* (elipsis de a-flojar = cuenta), *fondela* (taberna, figón), *foranó* (ciudadano), *frujerio* (fruto), *Gabia* (Francia), *ganisarar* (ganar), *ganisardí* (ganancia), *garandón* (vago, vagabundo), *gastijen* (gusto), *gobrelen* (gobierno), *golar* (gemir, vocear), *gole* (voz), *goliche* (acto, declaración), *grané* (ducado), *involvisarar* (envolver), *jalares* (pantalones), *leverbena* (alameda, enramada), *liniari* (licor), *liniarista* (licorista), *lirenar* (leer), *lirestre* (letra), *Llundun* (Londres), *Madrilati* (Madrid), *mamisarar* (mamar), *mesuna* (mesón, posada), *neguisarao* (negado), *orondo* (hurto), *otorguisarelar* (otorgar), *pancherito* (de *panche*, cinco = quinto, recluta), *partisarelar* (partir, dividir), *pispiri* (pimienta), *platisarar* (pagar), *Pontesqueró* (Pontífice), *potesqueró* (cabo militar), *potosia* (bolsa, faltriquera), *prestisarar* (prestar), *probisarar* (probar), *punsabar* (punzar), *punsabela* (picadura), *punsabó* (picador), *renicar* (renegar), *revueltisarar* (revolver), *saludisar*, *saludisarar* (saludar), *serdañí* (germanesco *cerda* = navaja), *sirvisarelar* (servir), *sobresarelar* (sobrar, guardar), *sonanta* (guitarra), *superbio* (soberbio), *tapisarela* (tapadera), *tasarelar* (tardar), *tentisarar* (tentar), *terelar* (tener), *tintiri* (tintero), *trensa* (prensa), *trinquelar* (apretar), *ultrajisarar* (ultrajar) y *voltisarar* (extender, correr, divulgar).

Con esto solo hay más que suficiente para la afirmación de que hubo contacto entre estas dos sociedades emancipadas de la sociedad común y atraídas por sus tendencias y modo de vivir, realizándose el fenómeno sociológico de que las sociedades extrañas á una nacionalidad ingresen en ésta, no indiferentemente por cualquier lado, sino por el grupo más afine á su índole y á sus costumbres; realizándose después un fenómeno complementario, y es que la sociedad nueva, verificada la compenetración, se convierte en estímulo de las costumbres y los gustos que en la sociedad nacional coinciden con los de la sociedad agregada, y los aviva ó los transforma, influyendo entonces más de lo que fué influida al verificarse la primera adaptación.

Así ocurre que el caló, ligeramente impregnado de germanía, es el núcleo de una nueva jerga, y las «vías jergales» le sirven para introducirse, no solo en el lenguaje delincuente, sino en todos los sitios en donde la jerga tuvo acceso, verificándose con la suplantación de la germanía por el caló, el acceso de éste al lenguaje de ciertas capas sociales y después al de ciertos géneros literarios, siguiendo con esto la misma senda que le dejó trazada la germanía precursora, y que á ésta le facilitó un modo de ser del carácter nacional.

La lengua gitana, la música gitana, la poesía gitana, los bailes gitanos, los modales gitanos y los trajes gitanos, que se encuentra con representación en determinadas parcelas de nuestro lenguaje y de nuestros gustos, testimonian la realidad de ese influjo, que ha venido á constituir un género local, calificado con una palabra que, no obstante desconocerse su significado, debe tener el sentido y la estructura de las palabras jergales, háyase formado con determinantes del caló ó con determinantes de éste y de la jerga con que está en contacto.

Lo *flamenco* denomina una sociedad, unas actitudes, un modo de sentir, una música y un baile. De un hombre singularizado por su guapeza, presunción y rumbo, se dice que es *muy flamenco*, y se llama *flamenca* la mujer que se distingue por una equivalente apostura: hay *cante flamenco*, comprendidas la música y las palabras, y hay *baile flamenco*, y en consonancia con todo costumbres *flamencas*.

¿Pero esto es de hoy, es decir, de la época á que corresponde la ingerencia de los gitanos en la sociedad nacional? En manera alguna. Lo característico de lo flamenco es anterior. Existía en nuestras costumbres antes de la inmigración de los gitanos. Daba carácter á determinadas sociedades de determinadas regiones de la Península. Actualmente se dice por reciprocidad lo mismo «género flamenco» que «género andaluz», y el parentesco entre lo flamenco y lo gitano se especifica con conmemoraciones alusivas.

Sin esas conmemoraciones, se demostraría el parentesco por la ingerencia del caló en el lenguaje popular de Andalucía, de donde ha ido difundiéndose á otras regiones, hasta vulgarizar algunos términos. Debe advertirse que existe un modo de imitación de lo andaluz, consistente en adoptar la «majeza en los *andares*» y el «ceceo» y desinencia de las palabras en la pronunciación. Por esta «simpatía andaluza ha deslizado el caló algunos de sus términos, que se han remontado al Diccionario de la Lengua con el disfraz de «provincialismos de Andalucía».

Dedúcese que Andalucía es la región de España donde los gitanos se fijaron más arraigadamente, como lo demuestra, aún más que lo numérico de su población, el entronque de su lenguaje en aquel lenguaje, de su música en aquella música y de sus aficiones en aquellas aficiones, de tal modo que podría decirse, para explicar la simpatía de ese entronque, que en lo andaluz había algo de gitano y en lo gitano algo de andaluz, y que por ese algo refrescan uno y otro su personalidad sin desnaturalizarla.

En otro estudio (LA HAMPA) tratamos con más detenimiento esta influencia, y allí se expone que toda sociedad delincuente no es una distanciación anormal de la sociedad civil, sino una caracterización de determinadas tendencias de esa sociedad; y que así como hubo una *hampa* de tendencias equivalentes á lo flamenco, hubo otra *hampa* delincuente.

De las dos *hampas* fué centro Andalucía, y aun hoy se puede confirmar, pues lo que sobrevive de la jerga, allí flota emparentada con el caló, que ha influído poderosamente, no sólo en la jerga criminal, sino en la jerga *aflamencada*.

Entre las palabras del caló que se han generalizado constituyendo parte de la jerga aflamencada actual, pueden ser citadas las siguientes: *arate* (sangre: las prostitutas dicen «estoy con el *arate*» cuando menstruan), *barbiana* (mujer de rumbo: de *barbal*, *barbán*, aire: alude á los movimientos ambladores), *bulero* (embustero), *bulo* (mentira), *burel* (toro: jerga taurómaca), *bulen* (exclamación admirativa: de *bute*, mucho), *calé* (moneda de cuartos), *cate* (de *casle*, golpe: «te voy á dar un *cate*» = te voy á dar una bofetada), *curda* (embriaguez), *curdo* (borracho) (muy usadas las dos y son auténticas del caló, sin más que suprimirles el acento final), *camelar* (en el sentido de seducir y de engañar: muy usada, como su derivado *camelo*, engaño), *curelar* (trabajar: se emplea en la jerga taurómaca), *clisos* (ojos: de *clisé*, ojo), *chachipé*, *chipé* (exclamación admirativa: significa verdad, realidad y se emplea en este sentido traduciéndola en «¡Olé por la verdad!» cuando se aplaude á un cantador ó á un bailador), *chai* (prostituta: en caló significa niña, mocita), *chanelar* (entender), *chalao* (en la acepción de enamorado: de *charlao*, loco), *chingar* (cohabitar), *chota* (delator), *chupendo* (beso: de *chupendar*, besar), *Debel* (Dios), *dicar* (ver), *diñar* (dar), *diquelar* (mirar), *gaché*, *gachó* (varón, mancebo), *gachí* (hembra, muchacha), *jamar* (comer), *jindama* (miedo, cobardia: jerga taurómaca), *juncal* (generoso, expléndido), *jonjana* (engaño), *lacha* (vergüenza), *libanar* (escribir), *lumia* (prostituta: de *lumiaga*, *lumiasca*), *magué* (miembro viril), *mangue* (me, mi), *merar* (morir), *mui* (boca), *najar* (marchar, huir: *najarse*, «salir de *naja*»), *parné* (dinero), *peñascaró* (aguardiente), *pinreles* (pie: de *pindré*, *pinré*), *pi-*

ños (dientes), *privar* (beber: se ha formado el sustantivo *privelo*, caña para beber vino), *quilé* (miembro viril), *randa* (ratero, ladrón: de *randé*, que significa lo mismo), *sandunga* (gracejo, garbo).

Resulta de las pruebas alegadas, la justificación de las transformaciones de dos jergas nacionales, como producto de dos contactos con la gitanería. Una es la transformación de la jerga que podemos llamar «hampona» en «flamenca»: otra la de la *germania* («hampa delincuente») en *caló jergal*.

¿Qué jerga se transformó primeramente? Dada la intromisión de palabras «germanescas» en el caló, primera fase de este cambio, se podría sostener que el contacto con la delincuencia asociada fué el primero.

Así parece, y aunque en el hecho se confirma, pudo no ser así. Los gitanos nunca han constituido mancomunidad con los *germanes*, es decir, con la delincuencia asociada nacional. Se señalará el hecho de alguna agregación de individualidades de un grupo en el otro, pero en ningún tiempo aparece comunidad social entre estas dos sociedades afines, aunque independientes entre sí.

La comunidad debió verificarse de otro modo, por otra afinidad que no quebranta la independencia étnica ó la inmunidad profesional. Los gitanos se han compenetrado con otros pueblos (el húngaro y el ruso) por influencia artística. La música gitana y el baile gitano coincidieron seguramente con la índole de la música y del baile de los pueblos con quienes se entroncaron de este modo. Tal música y tal baile no constituyen propiamente espectáculo; constituyen un modo de asociación por el deleite, un devaneo colectivo, una *juerga*, como en Andalucía se dice, y esa *juerga*, por la representación y las tendencias de los elementos femenino y masculino que en ella toman parte, congracia elementos que no tienen que ver con la delincuencia, con la verdadera delincuencia asociada, pero que con ella se codean por participar de gustos artísticos semejantes; y de aquí que el gitano, codeándose con unos y con otros é influyendo según su personalidad en cada uno, ingiriera en el lenguaje de cada agrupación palabras de su lenguaje propio, nutriendo así la jerga aflamencada, la de las prostitutas y la de los delincuentes, para formar tres ramas del caló, en que se descubre la participación correlativa de la influencia gitana en todos sus aspectos.

El hecho es que la influencia del caló no es unilateral, y que, al ponerse en contacto con sociedades que se confunden en un mismo devaneo, aunque se diferencian por sus modos de vivir, cada sociedad acusa su modo de simpatía tomándole al caló lo que le toman todos y, á la vez, los términos profesionales que le interesan.

De este modo se ha verificado, en mi entender, la transformación de la *germania*, y no por contacto propiamente delincuente, que no ha existido sino por excepción, ó ha existido en el hacinamiento carcelario, donde la jerga tiene medios más que suficientes de relacionarse y de transformarse; pero, para que esta transformación se cumpliera, fué preciso que la *germania* decayese de su personalidad, y esta decadencia, además de reconocer otros motivos fundamentales, sólo pudo ocurrir cuando se manifestó una personalidad sucesora.

Estudiando ahora el hecho, corresponde manifestar de qué modo influyó la *germania* en el caló y éste en aquélla.

PALABRAS DE GERMANIA INCORPORADAS AL CALÓ.— *Albaire, almiforero, artillar, avispedar, babosa, baraustador, baraustar, bedilla, boliche, bornar, borne, bufaire* (1), *calcó, calcorró, candujo, clauca, cobarba, cortecero, corteza* (2), *coto, crioja, culebra, chepo, deslebrechar* (3), *durlin, encorbar, engibar, espillante, espillar, estival, farfaro, fazo, ficar, fila, filuche* (4), *fisberta, follosas, forano* (5), *fuñar, fustanque, garabo, garandar, gardo, garfiña, garlar, garlear, garbo, gelfe, gerta, goloria, gomarra, goruñón* (6), *granar, granote* (7),

---

(1) Es un neologismo germanesco. No se encuentra en el *Vocabulario* de Hidalgo. Significa delator. Está compuesto de *bufa* y *aire*, que abarcan el significado de *sopla*.

(2) También aparece el nombre de *cortecero* = guantero, formado posteriormente.

(3) Con el significado de interpretar, aclarar, traducir.

(4) Con *fila* y *chuche*, han formado este neologismo jergal,

(5) Forastero.

(6) Está permutado. Es *gorullón*.

(7) Está permutado. Es *granoto*.

gridaor (1), *guindarar, gurapa, habillar* (2), *halares, hurgamandera, ilustres* (3), *jaez, joyosa, labrado, leiva* (4), *lima, longuiso, mancar, mizo, moa, nabato, napa, niebla, nube, ori, ovil, pala, palmenta, palmentero* (5), *peltraba, penchicarda, pescada, picoa, picosa, piltra, pisa, pitaflo, planeta* (6), *primicha* (7), *remollar* (8), *revesa, sacoime, sierra, soniche, sornar, sucarro, tablante, talona* (9), *tallón, tarafe, tasca, tasquera, tronga, vigolero* (10), *zardioqui* (11). (*Diccionario caló-castellano*, por don Francisco Quindalé.)

De estas palabras hemos eliminado *chapescar* y *güeltre*, considerando que son palabras de caló incorporadas al lenguaje germanesco. La segunda no figura en el *Vocabulario* de Hidalgo. Alguna otra eliminación pudiera hacerse por igual motivo; pero no tratándose de una cuestión enteramente dilucidada, nos referimos á las indicaciones hechas en notas precedentes.

PALABRAS DE GERMANIA QUE AÚN SE USAN.—La

---

(1) Está permutado. Es *gridador*.

(2) Es un neologismo. Significa tener, poseer.

(3) Lo aplica á las botas altas de campana.

(4) Con el significado de manga ancha.

(5) Con el significado de carta y mensajero.

(6) Con el significado de vela. En germania se dice *planetas* = candelas.

(7) Es un neologismo. De *prima* han hecho *primicha*.

(8) Aforrar ó guarnecer.

(9) Está añadido. Es *talón*.

(10) *Vijilé* es un neologismo jergal.

(11) Está permutada la s en la z. Significa aquí garbo.

germania, como asociación y como lengua, representa en nuestro país el mayor grado de prosperidad y organización de las asociaciones delincuentes. La *germania* ya no existe con tal nombre, pero existe con su propia tendencia, acomodada á la condición de los tiempos y sin variar de índole. Su vocabulario no se conserva íntegro, habiendo sido sustituído en gran parte por el caló y en alguna por palabras jergales nuevas. Para conocer las palabras que sobreviven me valgo de las investigaciones inéditas de un modesto funcionario de establecimientos penales, D. Manuel Lugilde, que ha recogido esas palabras de boca de presos y gitanos, y de los estudios del magistrado D. Manuel Gil Maestre, que en su larga vida de instructor de causas ha catalogado algunas palabras de la jerga que hablan los delincuentes de las grandes poblaciones.

En mi concepto, guiándome por informaciones directas, el vehículo de conservación de las palabras que sobreviven de la *germania*, es el caló, y la región de España que más las ha resguardado Andalucía. No hay que repetir que el medio más favorable para el cultivo jergal es el de la cárcel y el presidio.

Colección del Sr. Lugilde: *abanico* (1), *acerrador, arpia, acerrar, aellas, afufa, afufar* (2), *agostar,*

_____

(1)   Aplican la denominación al sable, á la espada y á la navaja grande.

(2)   Neologismo, *afufon.*

aire (1), *alarde, alarse* (2), *albaire, albaneguero* (3), *albanés, alcancia, alcandora, alcatife, alcatifero, alcorque, aliviador, alivio* (4), *almifor, almifora, almiforero, alta, altanero* (5), *altanado, amparo* (6), *ancla, ancha, anillos, antojos, antuviar, antuviada, anublar* (7), *anublarse* (8), *apartador* (9), *apasionado, apretado, arbolado, arifarmo* (10), *arredomar, arredomarse, arrobiñar, arrojado* (11), *artife, artifara, artifero, astar, avisado, avisar, avispado* (12) *avispar, avispón, avispedar, avizor, avizores, azor, azorero, bailador, baile, bailito* (13), *bailón, bailar, bajamano* (14), *bajamanero* (15), *balante, balanza, ballesta, ballestón* (16), *banastero, banasto, banco,*

---

(1) Lo han singularizado.
(2) En el sentido, además de irse, de fugarse.
(3) Con el significado de prestidigitador; además jugador de dados. De *albanado*, dormido, han hecho *albanar*, dormir.
(4) Han formado el verbo *aliviar* = robar, hurtar.
(5) Con el significado de escalador. Neologismo, *altamerón*.
(6) Con el significado de letrado que favorece, abogado defensor ó parcial.
(7) Con el significado de ocultar.
(8) Con el significado de cegar.
(9) Neologismo: *Apartar* = hurtar reses. *Apartamiento* = hurto efectuado.
(10) Alteración de *arifarzo*.
(11) Lo han singularizado.
(12) Con el significado de cauteloso, recatado, suspicaz.
(13) Permutación de desinencia de *ico* en *ito*.
(14) Con el significado del que hurta por uu procedimiento parecido al de la mecha.
(15) Con el significado de ratero.
(16) Con el significado de fullero.

baraustar, barauslador, baraustado, barbado, barbudo (1), *basilea, batel* (2), *bederre, bedilla, bellerife, vellido, vellosa.* Como nos parece que la rebusca peca de demasiado erudita, por haberla practicado, seguramente, entre verdaderos eruditos de la jerga, no añadimos más número de palabras por entender que no darían idea de las que verdaderamente tienen curso ordinario en el lenguaje jergal contemporáneo.

Colección del Sr. Gil Maestre. Están tomadas de algunas obras de nuestra literatura contemporánea las siguientes palabras germanescas: *nube, alares* (3), *garlar, gente, fanales.* (4), *chuchi* (5), *clarisa* (6), *arroscar, murguir* (7), *arrobiñar* (8), *corrincho, capiscol, coba* (9), *albaires, paloma, carona, aires, bolu* (10), *gura, bravo, nuestramo, brivias* (11), *barquero* (12), *vellerife* (13),

---

(1) Cabrón.

(2) Singularizado y con la significación de reunión de gente mala.

(3) Significando pantalones.

(4) Pluralizando el nombre germanesco.

(5) Permutando la terminación *e* en *i.*

(6) Eliminando la *o* de *clariosa.*

(7) Permutando en *g* la *q.*

(8) Con el significado de robar en vez del de recoger.

(9) Con el significado de gallina solamente.

(10) Permutación de la *a* en *u.*

(11) Pluralizándolo y con el significado de buenas palabras.

(12) En germania es *banquero.*

(13) Con el significado de empleado de la cárcel.

engibar (1), *zoniche* (2), *chapitel, chislama* (3), *sardioque* (4), *enrejao* (5), *anillos, dar calle al angustiao* (6), *venga injurias, altonáa* (7).

Aparecen mezclados con otros de la jerga actual, los siguientes términos germanescos: *calcos, piltra, lima* (corrupción *llima*), *trena, culebra, paloma, farda, sornar, chapescar, pelusa* (en vez de *pelosa* = la manta), *cierto* (el muerto; transformación de *cierta*, la muerte) y *tlapo* (que en *germania* se decía *taplo*). En la jerga catalana se conserva el nombre de *marca* para designar á la mujer, habiendo permutado en *marquincha* la *marquida.* (*Revista general de Legislación y jurisprudencia.* tomo LXXXII, págs. 465 y siguientes).

De otras obras, más ó menos novelescas, podría tomar listas de palabras jergales conservadas ó derivadas de la *germania*; pero ninguna reune el carácter de investigación directa, que es el exigible en los estudios positivos.

En mis visitas á las cárceles y establecimientos penales, que no han sido especialmente encamina-

---

(1) Con el significado de partir lo robado.

(2) Permutación de la *s* en *z*.

(3) Corrupción de *chulama*.

(4) Con el significado de gracia.

(5) Modificando la desinencia y acomodándola á las del caló.

(6) Con el significado de facilitar la fuga. Fuga es *calleja*, libertad, *calle*. En *angustiao* existe la transformación de la desinencia adoptando la del caló.

(7) Corrupción de *altanada*, casada.

das á la investigación del lenguaje jergal, he podido convencerme de que, en efecto, queda alguna memoria de la germania, más viva en ciertos delincuentes, que pueden pasar con razón por eruditos de la jerga.

Pero de lo que se trata no es de acudir á esa erudición (que tal vez constituya el defecto de las investigaciones del Sr. Lugilde), sino de conocer la difusión del lenguaje jergal en la delincuencia asociada.

Puede afirmarse que, hoy por hoy, la jerga es más pobre que en los siglos XVI y XVII, y que los términos más generalizados son aquellos que podríamos llamar de clasificación y técnica delincuente.

Esta jerga consta de algunas palabras de *germania* íntegramente conservadas; de algunas derivaciones de los términos germanescos; de otras derivaciones del caló, que es el que más inmediatamente la influye, y de bastantes neologismos jergales. Lo más generalizado es el léxico correspondiente á la técnica profesional.

De todos modos, la *germania* es un estudio indispensable para conocer el tipo invariablemente picaresco de nuestra delincuencia asociada, y aun hoy, en algunos remansos de las grandes poblaciones andaluzas, podría verse la misma sociedad que tuvo por jefe á Monipodio (véase el artículo *La periferia*, de mi obra LA VIDA PENAL EN ESPAÑA). Esta sociedad ha reducido y ha transformado su imperio paralelamente á nuestra transformación

social; pero aún es lo que fué y aún puede pintár-
sela como la pintaron nuestros autores picarescos
y como ella se pintó en su lenguaje.

Por lo tanto, el estudio de la *germania*, lejos de
ser algo equivalente á las tendencias actuales de
la arqueología criminal, es tan positivamente an-
tropológico como el de cualquier otro entronque
que haya de descubrir los particulares de la naturaleza de los pícaros y de la picardía, que define
con bastante propiedad el aspecto íntimo de las
que merecen seguir siendo denominadas sociedades picarescas.

EL CALÓ.—Es el sucesor de la germania. En el
estudio acerca de LA HAMPA se dan noticias y datos
suficientes para poder explicarse la influencia de
los gitanos y los hampones entre sí, sin que se
pueda asegurar que estas dos sociedades se hayan
confundido nunca. Entre ellas no existe más que
cierta vecindad y cierta semejanza, que por contacto y simpatía han determinado una especie de
injerto recíproco. De este modo puede decirse que
actualmente la que podemos llamar germania, está
agitanada y el caló agermanado.

No importa al alcance de este estudio otra
cosa que precisar el hecho, y por lo mismo se
prescinde del estudio del caló, que es el dialecto
que habla en España un pueblo errante. Lo que
nos importa es su influencia en el lenguaje y en los
procedimientos de los delincuentes españoles, y el
caló que éstos hablan no se debe confundir con el
estudio del dialecto que lo origina.

CALÓ CRIMINAL.—Para que se juzgue de la naturaleza del caló que hablan los delincuentes, empezaré por presentar una colección de palabras recogidas por encargo mío en uno de nuestros establecimientos penales y catalogadas con el título de *caló carcelario*. Estas palabras se pueden distribuir en cuatro grupos: primero, palabras de germania; segundo, neologismos jergales; tercero, palabras de caló; cuarto, neologismos gitanos, palabras agitanadas y entronques del caló con la jerga.

Primer grupo: *piltra* (cama), *viuda* (horca).

Segundo grupo: *cal* (1) (fiscal); *pasma* (2) (policía secreta); *diablo, trullo* (calabozo); *castes* (castigo); *gañoteo* (3) (horca); *bola* (libertad); *tralla* (4) (cadena y, por extensión, grillos); *cucos* (cabos de vara); *tirante* (5) (bastón); *sorna* (6) (oro); *paleta, pluma* (cuchara); *la falla* (7) (la baraja).

---

(1)   Caso de elipsis = fis-*cal*.

(2)   Debe ser de PASMAR. Puede que la llamen así en dos sentidos; porque sorprende y porque pega.

(3)   De GAÑOTE, garganta.

(4)   Seguramente es una elipsis ó contracción de TRAHILLA.

(5)   Ese bastón debe aludir al que se usa en presidio porque *«tira* golpes».

(6)   Difícil es decir si esta denominación es metafórica y puede en tal sentido considerarse como derivado del verbo germanesco *sornar*, aludiendo á que el oro duerme, es decir, está oculto, ó si es un derivado del caló. En tal caso pudiera derivar del caló *sorabé, i*, fino, delicado. También pudiera ser derivación del caló *sonacay* (oro).

(7)   Del término «fallar», referente al juego.

Tercer grupo: *Jambó-baró* (1) ó *baranda* (2) (comandante de presidio); *estaribel* (3) (cárcel); *buchí* (4) (verdugo); *parné* (dinero); *lama* (plata); *manró* (pan); *libanar* (escribir); *churí* (puñal); *currelar* (trabajar); *la bocata* (el hambre).

Cuarto grupo: *dunorré-barí* (5) (mayor, administrador de presidio); *jundó-gaché* (6) (empleado del cuerpo); *burnó* (7) (juez); *jundó-pasma* (8) (empleado de la policía); *jundunarer* (9) (la tropa); *berí* ó *berón* (10) (el presidio); *burda* (11) (puerta); *recañí* (12) (reja de ventana); *currupen* (castigo de

---

(1) *Baré*, *baró*, en caló, es grande, superior, excelente. *Jambo*, debe ser *hambó* (de *hambé*, gente, muchedumbre), *jambo-baró* = grande entre la muchedumbre.

(2) De *barandar* (caló) = castigar, azotar.

(3) En el caló carcelario dicen *estaribé*.

(4) En el caló es *buchíl*.

(5) Ignoro de dónde deriva ó cómo se ha formado *dunorré*. *Barí* puede ser algo de lo que significan *baribú* (muy mucho), *baribustré* (mucho, en abundancia), *baribustri*, *baribustripen* (abundancia).

(6) *Jundo*, soldado; *gaché*, varón.

(7) Puede ser una alteración del *busné*, *busnó*, que significa en caló extraño, bárbaro, gentil.

(8) Entronque del caló y la jerga. *Jundo* (soldado); *pasma* (policía secreta.)

(9) De *jundo*, soldado.

(10) *Beré*, galera. Así como el galeote se transformó en presidiario, el caló no ha hecho otra cosa que trasladar el nombre de la antigua á la presente penalidad.

(11) *Burdo* (caló), puerto.

(12) Probablemente es un caso de agitanamiento de una palabra jergal. *Reca* (reja) *ñí*. Tal vez haya influído en su formación el término *dicañi*, mirada.

obra); la *mugí* (1) (la muerte); *la rastrí* (2) (la cadena y por extensión los grillos); *flima* (3) (calderilla, moneda de cobre); *pápiros chinorrís* (4) (los billetes de Banco); *gañipen ó gábi* (5) (el rancho); *balebal* (jamón); ba*lichó* (6) (tocino); *cerdañí* (7) (navaja); *farda* (ropa); *bien fardao* (bien vestido).

Resulta que de 46 denominaciones, dos son germanescas, 14 jergales, 11 de caló y 19 neologismos de caló y palabras agitanadas. La preponderancia del caló es evidente. Entre la germania y la jerga suman 16 palabras, y entre el caló y sus modificaciones, 30. Esta modificación puede servir, en mi concepto, como guía para formar juicio de la composición de la jerga actual.

No es esto decir que entre nuestros delincuentes habituales ó asociados se hallen muchos que puedan presumir de *chamullar* (8) y *chanelar* (9)

---

(1) Ignoro el modo de formación.

(2) Es otro caso de agitanamiento. Deriva, indudablemente, de *rastra*.

(3) Del caló *flime*, poco.

(4) Del caló *papiri*, vale bono, y *chinorré*, pequeño.

(5) Del caló *gancibé, gancibén*, avaricia.

(6) En caló, *balebá, balibá*, es tocino.

(7) Está alterado el nombre. En caló se llama la navaja *serdañí*. Es un nombre tomado de la *germania* (*cerda*, cuchillo) y agitanado después.

(8) Hablar.

(9) Entender. El término *chamullar* y *chanelar* lo traducen los delincuentes profesionales como una locución expresiva de que conocen y practican el oficio de ladrón.—¿*Chamullas y chanelas?* le pregunté á uno.—No es otro mi oficio—me respondió.

desenvueltamente el dialecto español de la lengua
zingara. Esto ocurre por excepción, y solamente
en aquellos que han hecho vida común con los gitanos, que tampoco todos los que lo son «de nación», como se decía antes, hablan la lengua de
sus ascendientes. Es muy general encontrar gitanos (gitanas sobre todo) que no conservan memoria de su lengua primitiva. El único delincuente
que he conocido hablando el caló con una incom-
prensible desenvoltura, fué un muchacho á quien vi
rodeado de compañeros de su misma edad, parecido delito y semejante picardía, en un calabozo de
la cárcel de Málaga.

Lo regular es que cada delincuente tenga un
repertorio de palabras habituales, reduciéndolo á
las más precisas para intercalarlas en la locución
castellana. Por eso los vocabularios de caló no traducen ni el carácter, ni las variaciones, ni los límites de la jerga actual, y son perfectamente in-
útiles para conocer el verdadero lenguaje de los
delincuentes (1).

Los delincuentes no son buenos conservadores
ni de la lengua que ellos hacen, y su tendencia á
la variabilidad ha de conocerse, más que en ningu-

_____

(1) El inspector de vigilancia D. Francisco García y García, publicó en 1889, en Zaragoza, el *Catón del agente de la policía judicial*, estudio muy estimable en todo menos en el
«Vocabulario gitano», que no es más que copia de algunas
palabras del Diccionario de D. Francisco Quindalé (Sales
Mayo).

na otra cosa, en la alteración de las palabras que toman de otra lengua. Así se ve que no toman de esa lengua los términos más apropiados y que les comunican su tendencia metafórica, siempre propensos á desfigurar y á imponer su sentido traslaticio. No llaman, como en el caló propiamente dicho, á la cadena *berija*, al presidio *caltrabo* y á la horca *ustiri*, sino que prefieren el agitanado *rastri*, el traslaticio *beré* ó *berón*, el germanesco *viuda* ó el jergal *gañoteo*. Generalmente con casi todas las palabras de preferencia ocurre lo mismo, y de aquí tantas permutaciones, alteraciones y defectos ortográficos y prosódicos. El sentido metafórico de la jerga comunicado al caló se ve al denominar al rancho *gañipen* ó *gabi* (alterando el *gancibé*, *ganciben*), que es lo propio que si jergalmente se le llamara *avaricia*, consiguiéndose por este hecho denominarlo por la cualidad de su escasez y miseria y denominarlo con una palabra más oculta que la usual, expresando el mismo sentido. Otro ejemplo de traslación está en lo siguiente: el cajón, en la jerga actual, se llama *pusca*; pusca en caló significa escopeta, y *escopeta* jergalmente quiere decir palanqueta. Con la palanqueta se abre el cajón, y por eso lo llaman *pusca*. Otra modalidad es la de llamar al agujero *chirroé*, corrupción del adjetivo *chinorré*, que significa pequeño.

Aparecen alteraciones ó derivaciones del caló en las siguientes palabras: *chaborro* = adolescente. (De *chaboró* = hijo); *chibato* = mozuelo (de *chabal* ó de *chabó*); *corbar* = herir (de *encorbar* =

asesinar); *papiro, papil* = billete de banco (de *pa-pira* = carta, naipe, y de *papiri* = vale, bono); *gati* = camisa (*gaté*); *estarú* = cárcel (*estaribel*); *brija* = cadena (*beriga*); *farga* = ropa (*fardi*); *plima* = peseta (derivación de *flima* = calderilla, derivado á su vez del caló *flime* = poco); *chalada* = huída (del caló *chalar* = ir, andar, caminar); *esgarrabel* = poner preso (de *estaribel* = cárcel); *talabosa* = ropa (de *talarar* = vestir); *quel* = cuarto piso (de *quer* = casa).

Aparecen modalidades y desinencias gitanas en las siguientes: *guillalaor* = cantador; *espirra-bao* = muerto (probablemente deriva de espirar); *apenao* = condenado; *andivelar* = andar; *chan-güí* = presidiario novato; *aguilinó* = ratero (agitanando el *aguileño* germanesco); *mojúa* = puñalada (de mojar). Lo propio ocurre en la locución «estar de centinela» = *aplacerar la coba*, que corresponde á una locución jergal muy generalizada, *dar la coba*, que quiere decir entretener á una persona para que no se mueva ó no se fije mientras se realiza un hecho que podría estorbarlo si se fijase. El sentido está tomado literalmente de la coba de la gallina. De la locución jergal de los jugadores *irse al río*, que quiere decir ocultar algo de la ganancia, y que los ladrones lo aplican á la ocultación de parte de lo robado, es traducción gitana *dar len* (*len*, en caló, es río).

Quedan otras palabras, en las que subsiste el régimen propiamente jergal observado en *germania*, y son las siguientes: casa = *chiscón, magra,* borda (1); ventana = clariosa; colchón = manso (2); sábana = nubol (3); faja = ronda (4); calzoncillos = balumbres; chaleco = chupo (5); gorra = parpusa; levita = sepia; dijes = colgajos; gabán de brazo = muleta (6); dedo = datil, tizo; dedos = largules; boca = coba (7); pescuezo = troncho; cuerda = guindala (8); grillos = ciseles; la prevención = la prevenda; el calabozo = el casto; noche = oscura; palanqueta = fuerza; llave falsa = maestra; robar = buscar, salvar, ostilar; fracturar = espaldar; atar = luar (9); confesar = berrear (10); librarse de la pena = burlarse.

----

(1) En la novela picaresca se usa muchas veces la locución «dando bordos», para sintetizar la ocupación de los pícaros, dedicados constantemente al hurto ó á otro género de proceder contra la propiedad. Actualmente los jóvenes dedicados á los procedimientos de la delincuencia asociada, se llaman golfos.

(2) Igual concepto que el nombre germanesco de sufrida, que se da á la cama.

(3) Alteración de nube.

(4) Igual concepto que culebra.

(5) De chupa.

(6) Tomado del toreo. Los tomadores del dos necesitan muleta para realizar el hurto, y dan ese nombre á cualquier prenda de vestido de que se valen para ese fin.

(7) Es una permutación de letras; pero como para dar la coba necesitan de la boca ó labia, es decir, de la palabra, se juntan dos sentidos.

(8) De GUINDAR, que familiarmente significa ahorcar. Aquí los delincuentes han perpetuado el significado histórico de la cuerda como ejecutora de la sentencia.

(9) ¿De liar?

(10) Igual concepto que el germanesco bramar.

Cómo se usa el caló.—Aparte las colecciones de palabras que me han servido para el análisis que queda hecho, tengo otras más que pueden completar este estudio. Contando la de «caló carcelario» que anteriormente se menciona, son siete y proceden tres de investigaciones directas hechas en los presidios, tres de delincuentes de la delincuencia asociada de Madrid, que se prestaron á facilitar listas de las palabras de caló usuales entre ellos, y una del Sr. Lugilde, producto de consultas á delincuentes de la última procedencia. Entre todas suman 477 palabras, no todas diferentes, pues algunas se hallan repetidas.

La colección número 1 es obra de un gitano del presidio de Ceuta, y se caracteriza por la mayor pureza de su origen. Sólo encuentro una palabra agitanada *(balunes, balunes parñes)* y los neologismos gitanos *veo baró de rendunde* (comandante de presidio) que encierra, tal vez, una locución irónica, si *rendunde* es una alteración de *redundí* (garbanzo), si *veo* es alteración de *vea* (huerta), y, en tal caso, sería el comandante el «superior ó principal *(baró)* del huerto de los garbanzos», personificándose en esta leguminosa el rancho del presidio. Son de igual índole las siguientes: *chino* (alguacil), *bedo de ran* (cabo de presidio, denominación formada por elipsis de *bedoró* (mozo) y *ran* (vara) «mozo de vara»), *estaña* (dormitorio de penados, cuadra, traslación del significado propio de *estaña*, que califica la tienda, covacha ó puesto de vender) y *un pan di pen* (calabozo, que es alteración del adjetivo *pànipén*, mal, lo que equivale á decir que calabozo es «un mal»).

La colección 3.ª (la 2.ª es la de caló carcelario) contiene 56 palabras escritas por un delincuente de Madrid. La mayor parte son gitanas. Parecen agitanadas *profulo* (cerilla; otros dicen *pirfulo*), *san sibela* (chitón), *la bisui* (buena vista) y *jerre* (guardia civil). Esta última puede derivar de *jeró* (cabeza, cumbre, almena) y haberse formado por una representación equivalente á la que en la jerga actual ha llamado á la guardia civil *tricornio*. Hace constar la maldición gitana «malos *mengues te trajelen*» (malos demonios te devoren). Son jergales de otra procedencia las palabras *tralla* (cadena), *pañosa* (capa) y *clau* (llave), y la locución *va jacarandoso* (va bien vestido).

La colección 4.ª es la más numerosa. Contiene 149 voces recogidas en uno de nuestros establecimientos penales, y la mayor parte corresponden al caló integramente. La *germania* está representada por *coba* (boca), *gao* (pueblo), *alares* (pantalones), *lima* (camisa), *nube* (capa), *piltra* (cama), *viuda* (horca) y el agitanado *cerdañi* (de *cerda*, cuchillo). Los neologismos jergales, por *ases* (grillos; alteración y transmutación de «asas»), *berrearse* (delatar), *borrega* (moneda de cinco duros. ¿Alude al toisón?) *guinda* (alforja), *lagarto* (bolsa de dinero; por el color verde y la forma alargada de estas bolsas), *mostagán* (vino; de «mosto»), *marrajo* (candado; derivación y transmutación de «marrar»), *sobre* (chaqueta), *safo* (pañuelo) y *tralla*.

Son agitanadas *apirabar* (fornicar; alteración de *pirabar* y *piraberar*), *beró* (presidio, que puede ser traducción gitana del germanesco *banasto* = cárcel, toda vez que *veró* significa serón), *burló* (juego; puede ser traducción gitana del «juego de monte» (*bur*, monte) y completarse con *burló* (embuste); de aquí deriva *burlote*, que en la jerga actual califica la partida de juego de monte poco limpia), *chunquitas* (cosas malas; de *chungalipén*, *chungaló*, tentación, maldad de pensamiento), *churriazo* (puñalada; de *churi*, cuchillo, puñal), *chupana* (choza; ¿de «chopo?»), *espá* (llave; de *espandar*, abrir, rajar), *guillabarse* (cantarse; probablemente en el sentido de delatarse; si es así, puede derivar de *guillao*, loco), *licha* (calle; ¿de *liché*, vacío?), *pusca* (escopeta), *pusca* (delator; ¿es adaptación del germanesco *tiro*, engaño?; *puscali* es pluma y *puscanó* cuadrillero de la Santa Hermandad) y *sonanta* (guitarra).

La colección 5.ª (65 palabras, casi todas gitanas) procedente de un delincuente de Madrid, conserva los términos germanescos *coba, alares, lima* y *gao*, con la significación de casa; los neologismos *sobrepuesta, safo* y *berrearse*, y los gitanismos *sonanta* é *ir á beró* (ir á presidio), y llama *berre* al juez (¿contracción de *berrearse?*) *dátiles* á los dedos, *sorna* al oro, *morabio* al vino (de «mora»), *curda* al borracho, *tea* á la navaja, *brigili* al corazón, *filicho* al chaleco (de *filichi*), *barbián* la «cosa buena», *reblandañi* la piedra y *canariches* los botones.

En la colección del Sr. Lugilde (94 palabras,

gitanas en su mayoría), se conservan las palabras germanescas *baldeo* (con el significado de cuchillo), *cerdañi*, *clauchí* (llave), *pelosa* (manta), *nube*, *alares* y *calcos* (zapatos), y los neologismos *espada*, *sobre* y *tea*, con la locución *diñar un teazo* (dar una puñalada), añadiéndose los neologismos *polvorosa* (plaza), *moreno* (monte), *floja* (seda), *banderilla* (llave), *trullo* (tren), *chupo* (chaleco), *cañas* (medias), *marmellas* (tetas), *cingla* (cincha), *guiñaera* (baticola; ¿expresión irónica aludiendo al guiño del ojo?), *costiñar* (montar), *comprinchar* (comprar), *implantirse* (esconderse).

Por último, la colección 7.ª, apuntada por un delincuente de Madrid, no tiene en forma de léxico más que 15 palabras, dándose las demás en forma demostrativa y en cantares. Indica tres casos; uno de robo, otro de engaño y otro de seducción. Dice en el primero: «Vamos á *chalar* á un *dron* á *randar* porque *chala* un *busnó* con mucho *sonague*; va montado en un *berda*». *Chalar* es marchar, caminar, *dron* camino, *randar* robar, *busnó* es un extraño (pero aquí le dan el significado de paleto) y *sonague* es un neologismo que significa oro y derivará probablemente de *sorna* (oro): *berda* significa carro, y probablemente es una alteración de *beré* (galera, carro) y *berdó, i* (barco). En el segundo dice: «Vamos á llevarle á ese *eray* un *gras nililo*, porque *tenela* muchos *jallares* y vamos á engañisarle». *Eray* significa caballero, *gras* caballo *(gra)*, *nililo* loco (no se sabe la procedencia de esa palabra), *tenelar* (de tener) es un ajergamiento lo mismo que *engañisarle* (de engañar) y *jallares* (de *jayere*, hacienda, fortuna) una alteración del gitano. En el tercero dice: «¿Tú te *camelas aviyar* con á *manguis?* A *manguis tenelo* muchos *jayeres* para *diñártelos* á *tuguis* para que *jalleles* y *vistisieres.* Comprendo que *tenelas* otro *manus;* pero yo tenelo más *pelés* que él y se la voy á *quitizarar».* Quiere decir: «¿Tú quieres *(camelar)* venir *(abillar)* conmigo *(mangue)?* Yo tengo muchos dineros *(jayeres)* para dártelos á tí, para que cobres *(jayere* significa también sueldo, paga, honorario) y vistas. Comprendo que tienes otro hombre *(manú);* pero yo tengo más cojones *(pelé,* huevo) y se la voy á quitar.»

Siguen los siguientes cantares:

Yo tenía un *filichi* (chaleco)
con *camarinches* (botones) de *lama* (plata)
una *sobrepuesta* (chaqueta) *furre* (1)
y una *culebra* (cinturón) con *jaras* (onzas).

—

Dicen que los *quinaores* (2)
llevan la vida en un hilo;
la lleven ó no la lleven
quinaor es mi marido.

—

(1) *Furre* puede ser un derivado del verbo *furuñar* (favorecer, proteger), equivaliendo á una redundancia del concepto *sobrepuesta.*

(2) De *quinar* (comprar). Los quinquilleros se llaman *quinaores de gumas* y *cacarelos.*

Para *sicobar* un *mague* (1)
tres cosas son menester:
una *pusca* (escopeta) y buen *gras* (caballo)
y *tenelar* buenos *angles* (2).

—

El *minche* (vulva) de esa *rumi* (mujer)
dicen no *tenela bales* (pelos);
los he *dicaito* (visto) yo,
los *tenela* muy *juncales* (espléndidos).

—

Si no *aviyelas* (vienes) conmigo,
hazte cuenta que has marcado
en la tierra un enemigo.

—

Si me *diñelas* (das) tu *minche* (3)
yo te daré mi *quiló* (4);
haremos una contrata
para *pirabar* (cohabitar) los dos.

—

Los *tirajays* (zapatos) que *aviyelas* (llevas)
en tus pulidos *pinrés* (pies),
á un compañerito mio
le han costado los *parnés* (dineros).

—

(1)   *Sicobar*, de asaltar. *Mague* debe ser corrupción de *men-gue*; literalmente significa duende.

(2)   Le dan el significado de testículos.

(3)   Esta es la forma propiamente gitana. *Minchabar*, parir.

(4)   *Quiló, quilen*, miembro.

El *mestipen* (1) me querías,
ahora *estardo* (preso) me aborreces:
¡Desgraciado del que cae
en la mano de los jueces!

El primer hecho que se debe apreciar es el considerable número de palabras de caló que han tomado los delincuentes para su lenguaje. Estas palabras representan lo mismo que cualquier término de la jerga. Sirven para sustituir un concepto usual con otro disimulado, y no alteran en manera alguna la sintaxis. Lo que alteran son las desinencias y la estructura de algunas palabras tomadas directamente del castellano y que sufren un particular agitanamiento, como lo demuestran las siguientes: *comprinchar*, *implantirse*, *tenela*, *engañisarle*, *manguis*, *tuquis*, *vistisieres*. De todos modos la influencia es doble, porque ese agitanamiento se completa con un ajergamiento, como se ve en el pronombre personal *manque*, ajergado en *manguis*, que se extiende al nominativo «tu», transformado en *tuquis*. De esta alteración de disinencias es ejemplo el cantar:

Tienes una boqu*irris*
tan chiqui*tirris*
que me la comeri*ba*
con tomat*irris*.

De aquí que teniendo en cuenta que, no obs-

---

(1) Equivale á «En libertad me querías». *Mestipé, mestipen*, redención, rescate, liberación.

tante el predominio de la jerga, subsiste, con algunos términos de *germania,* la influencia jergal
derivada del castellano, puede predecirse que este
ajergamiento es un disolvente del caló; y como el
caló, con la personalidad del gitano, tiende á des-
aparecer, la nueva jerga le conservará términos
tan transmutados que no podrán explicarse sin
este precedente.

El caló se usa, dentro de la locución propiamente castellana, por intromisión de palabras,
como se usa la jerga. De todos los documentos que
he reunido, sólo uno desdice en parte la regla general, por la abundancia de palabras de caló. Es
el cantar siguiente:

> El chibel barba del breje
> menjindé á los burós:
> apincharé ararajay
> y menda la pirabó (1).

A un alarde propio de las investigaciones semi-
académicas del Sr. Lugilde se debe atribuir la traducción al caló de mi artículo *Los dos verdugos,*
con el título de *Dui buchas sos marardelan* (Dos
cosas que matan), donde los investigadores de la

----

(1) La traducción es difícil y parece enigmática. En el
original de que la tomo dice el delincuente que la escribe:
«Esta no la pongo claro; adivina tú». Se puede traducir literalmente del siguiente modo: «El día *(chibé)* más gracioso
(barbaló) del año *(breje)* acobardé (¿*men,* apócope de *menda,* yo,
y *jindé,* de *jindama,* miedo, cobardía?) á los toros *(burel,* toro);
ví *(apicharar,* ver, percibir) la fraila *(ar,* art. la; *arajay,* fraile)
y la cohabité» *(pirabar,* cohabitar).

lengua zíngara pueden estudiar las alteraciones
que ha sufrido el caló en el recinto de las cárceles (1).

---

(1)   DUI BUCHAS SOS MARARDELAN

Jes manús se chivó on la marmucha, chaló á la charipen
on sos or manús de la dógi sobaba, le diñó yes chumendo on
la sentallí y lo trinqueló *entre* ler murciá.

Daranó or manús *de* la dógi; se vedeló najando on *la* charipen, sat ler acais but espande y chalaos, najlé, la muí es-
pandó sata tenerara or querló on *la* cacobí; la flla de muló,
sobradaoso y sarsa ler baes pandalañis opré ler pumanes de
desqueró pandalaor, y *los* murciá sicobaos, voltisaraos per
nasti mucarse.—¿Per coin nu ustilas? ¡Ah! Per orsos marela.
Penchabelo sos lo sinele per sos tuti diñe la mestipen.

On andalló tamuñi gao sinó. Tuques avillabas ustibelando
or chepo *de* tucue day. Menda sinaba sosque tuques sinelas
sat ler tamuñi orobreros, canguelos y ujarares. Tramistó os-
tiné adial sos tuques. Nastí sinaba or jambo chorró sinaba
yes jere fendo sos nu camelaba, sos ne astisaba araquerar y
dajirando *de* alalá nu pendabló: ¡Soscabelas estormenao!—Cha-
lé e la estaripen pandó sat avel manuses *de* dógi y guillé al
estardó. De oté avillelo. De oté sinelan maugue bal pariñó,
mangues chijés, tasarós mangues buchás chorreás. Sinelo
tucue patus persos te diñe la charniqué sat or crejete, tami
nanai sinelo tucue bato peror prejeneto, ni per les jelenes.
Menda ne astiselo jeler. Sinelo sata or vengue *de* la majarí
chanelaora sos tenerelo or estardó on tasaró mi arat.—Querela flima me diñaron yesqui lil sosque mangaban tucue alangarí. Nu neguisaré á livanarla y astisaba sugerelar panchardí nases on panchardí lirestre inadiales. Chanelé sos sinabas
or manús *de* la dogi, y he avillao nanai sat urujanza *de* char-
nique, unga metosomia pendablarte sos sinela lachó la mariven. Or alangarí ne sinela yes furuné, sinela nejebar la puñí.
Nanai tenereles tripasarí per sos pene sata plastañí baró, sata
chandó. On or caltrabó parruguela or manus, tami sequerela

Con alteraciones y sin ellas el caló, en boca y manos de los delincuentes, ni se habla ni se escribe de ese modo. Presta las palabras, y tal cual

---

chanelaor. Menda he sinao tasaró on estardó: livanó on *la* currialí *de* la barandas; busnó *de* ler nasalé; bederó del salamito; jambo *de* la cangrí, pechislá, jamborrillo del jumisto de livanar; queraor de la jallipen; or sos liraba ler mule; chobaor *de* las gates: busnó chando, larichipén; y yesqui chumi ajileré al tasabelaor ó buchí. He sinao tasaró sata sinastro, sat albirije, sat ducordansa, tami di oropendolo bus sos metosomia grecar. Coin sat chorrós dronilla, chorró se querela. ¿Penchabarelas sos or alangarí sinela la charniqué? Nanai: sinela la mariven buter estongeri y soralí. ¿Chanelas sos or estardó ne sinela finibusterre? Resuñar or jil chorró sinela adial sos ne mucarle se chive on or drupos.

A ler dui buchas se acarean buyelar. Or tasabelaor ne muquela chivarse or jil on las purriá, tami el jil chorró retrequemí de beró marela el arat.

El texto original del artículo traducido se publicó en el periódico *El Liberal* el 10 de Abril de 1888. Dice así:

«LOS DOS VERDUGOS

...Un hombre penetró en la capilla, avanzóhacia el lecho en que el reo descansaba, le dió un beso en la frente y lo abrazó.

Extremecióse el reo y se incorporó rápidamente, los ojos muy abiertos y extraviados, la boca como si ya oprimiera el cuello el corbatín, lívido, sudoroso, y con las manos crispadas sobre los hombros de su opresor y los brazos rígidos en actitud de rechazar.

—¿Por quién me tomas?... ¡Ah!... por el verdugo. ¡Tal vez lo soy porque te dí la vida!... En este mismo sitio fué... Tú venías devorando el pecho de tu madre. Yo estaba donde tú estás, con los mismos pensamientos, inquietudes y esperanzas. También desperté sobrecogido como tú. No era el verdugo; era un hombre que me abrazaba con emoción, que no locución acomodaticia ó llamativa, y nada más. No es una lengua que se impone y suplanta á otra lengua, sino un disimulo que sustituye á otro disimulo, rigiéndose en esto por las mismas in-

---

acertaba á expresarse y que, balbuciente, me dijo: «Estás indultado». Salí de la cárcel y, en cuerda con otros delincuentes, fuí al presidio. De allí vengo. De allí son mis canas, mis achaques, mi indiferencia y mi maldad. Soy tu padre, porque te engendré y te dí el delito con la vida, pero no soy tu padre ni por el sentimiento, ni por el amor, ni por la ternura. Yo no puedo amar. Soy como el demonio de la Santa Doctora. Tengo el presidio en todo mi ser.

Hace poco me presentaron una solicitud llena de firmas en la que se pide tu indulto. Me negué á firmarla y podía haber puesto cincuenta nombres en distintos caracteres de letra. Supe que eras el reo y he venido, no con alientos de vida, sino con demostraciones de que es mejor la muerte.

El indulto no es un beneficio, es un recargo, una terrible agravante de la pena. No te extrañe que me exprese con autoridad. En el presidio desaparece el hombre, pero se adquiere erudición. Yo lo he sido todo: escribiente de oficina, enfermero, practicante, sacristán, pasante de escuela, parihuelero, lavandero, ranchero, cabo de vara, *abogado de poyete*, y una vez ayudé al verdugo. Lo he sido todo á lo presidiario, de manera que teniendo aptitud y aun maestría en muchas artes, sólo tengo disposición para delinquir. «Quien con lobos anda á aullar se enseña.»

¿Crees que el indulto es la vida?... No: es la muerte más lenta y dolorosa. ¿Crees que el presidio no es el garrote?... Enrarecer el aire es lo mismo que impedir su entrada en los pulmones. Los dos efectos se califican de asfixia: asfixia por enrarecimiento ó por estrangulación. El verdugo impide la entrada del aire en los pulmones; «l ácido carbónico, verdugo de la atmósfera presidial, estorba la entrada del oxígeno en la sangre.»

fluencias jergales. El caló encuentra, por decirlo así, una organización lingüística y una organización profesional, y á ella se acomoda influyéndola en algún modo. Por lo tanto, el caló, en el lenguaje de los delincuentes, debe considerarse, no como una planta nueva, sino como un ingerto.

JERGAS REGIONALES.—El Sr. Gil Maestre ha recogido las siguientes palabras de la jerga que hablan los delincuentes catalanes: «aldeano es *pixol*; arruinado, *najabát*; arriba, *superas;* avisar que llega alguien, *picar sera;* amigo, *consala;* bofetón, *mastae;* buscar, *busquiñar;* balanzas, *pasantas;* bueno, *barbal;* calle, *tiroldo;* cerradura, *pet;* encontrar, *tupiller;* lío de tela, *fajola de farga;* mentira, *taba;* noche, *laracha* ó *aracha;* paliza, *atip;* preso, *estarado, caregat;* piojo, *gaul;* soldado, *sorxe, seroy;* cabeza, *tujoi;* tener, *agrabar;* dedos, *bastes;* hombre, *pechul;* cadena, *tralla;* escalera, *escaluy;* puerta, *purtincha;* cajón, *roncín;* tu mujer, la *marquincha de tu cas;* mujer, *marca;* señora, *sumera;* gallina, *pica en terra*».

De esas palabras tienen origen germanesco, *gaul* (germ. *gao* = piojo), *marca* y *marquincha;* tienen origen gitano, *barbal, laracha, aracha, estarado* y *bastes;* parecen agitanadas, *busquiñar* y *purtincha;* son jergales, *forata* y *tralla,* y son castellanas á modo jergal, *taba* y *agrabar.* Es decir, que la influencia predominante en la jerga española se deja conocer en el 50 por 100 de las palabras de la jerga regional, caracterizándose esta jerga por influencias evidentes de la lengua del país, y menos evidentes y acentuadas las de otras lenguas con las que puede hallarse en contacto, como ocurriría en Barcelona con el italiano y el francés.

En la jerga andaluza predominan conjuntamente las influencias germanescas y las gitanas, y abundan más que en ninguna otra región los neologismos jergales. En esa jerga el cuchillo es *chori,* significado traslaticio de *choró,* que en caló quiere decir mal, daño, perjuicio; el dinero suelto es *graja esparruá* (que así andaluzamente se transforma esparramada en *esparramá* y gitanescamente en *esparruá);* bolsillo del chaleco es *foso* (y en ese foso caen los dedos de los *tomadores del dos);* paraguas, *medio mundo;* la peseta, *una misa;* el real, *un punto;* alhacena, *roperucho;* libertad, *libertarucho,* y cárcel, *carzuri.*

OTRAS JERGAS.—No están estudiadas todas las jergas que se hablan en nuestro pais. Entre las jergas delincuentes se mencionan el «caló presidial», el «caló de los *andarios* ó quinquilleros» *(Quinaores de gumas* y *cacarelos)* y el «caló de los delincuentes de las grandes poblaciones». Entre las jergas no delincuentes figuran la «Garisma (gerigonza, gringo) de los ciegos» («O latín dos cegos», que dicen en Galicia) y la «Garisma de los canteros y picapedreros» de la provincia de Pontevedra.

De esta segunda he recogido las siguientes locuciones: *Mariñar as iscas.* «Hacer *(mariñar)* las (as) sopas *(iscas).*» *Asives, asives é nexo me quilles ya jalrua de toi non perdegudimes.* «Así, así

(asives) y no me fastidies *(quilles)* y cállate la boca»
(jalrua; perdegudimes, abrir, decir).

El estudio de la «garisma» de los ciegos tiene
mucho interés, pues confirma lo que dice el *La-*
zarillo de Tormes de su ciego, que á los pocos días
«le mostró gerigonza». También confirma los términos jergales que se emplean en las «Ordenanzas bribiáticas», publicadas por Mateo Alemán en
su famosa novela picaresca, y confirman el parentesco y el contacto entre la delincuencia asociada
y la mendicidad asociada, entre la «gerigonza» de
los ciegos y la *germania* de los rufianes y ladrones.

La abundancia de palabras de *germania* se demuestra con decir que de las diez palabras que me
han facilitado de la «garisma dos cegos», cinco son
germanescas *(hartón, grito, fardamenta, ansia* y
ansio), demostrándose la novedad en llamar genéricamente *hartón* al pan, y *grito* al pan de trigo, y
fardamenta á la ropa, y *ansio* al río, porque lleva
agua *(ansia)*. Las otras palabras son *segre* (pan de
centeno), *maquinanta* (caballeria), *cherpos* (dineros), *auretra rufar* (aguardiente; de *auretra,* agua, y
rufar, calentar) y *pinza* (muchacha).

En este cantar también se halla una palabra de
germania:

> Esta *roula* n'o esqueiro
> ha d'haber o vervo xiro
> que o *garlou* unha *xeva*
> *pelicoria* con *colirio.*

Esta noche *(roula)* en el molino
ha de haber gran algarada,
que nos lo ha dicho *(garlou)* una vieja
bota *(pelicoria)* con vino *(colirio)*.

El verbo germanesco *garlar* y la estructura
jergal de *pelicoria (peli,* de piel, el continente, y
coria, de *colirio,* el contenido de la bota) indican
lo interesante que sería el estudio de esta jerga y
de otras de su índole, no para la investigación más
completa del lenguaje de los delincuentes y sus si-
milares, sino para el conocimiento de las manifestaciones jergales del idioma castellano.

VOCABULARIOS JERGALES

Complemento del anterior estudio es la publicación ordenada de los dos *Vocabularios jergales* que nos han servido de base documental.

Uno de ellos, el *Vocabulario de germania*, se ha publicado varias veces y en distintas épocas, desde que en 1609 lo dió á conocer su autor Juan Hidalgo, y consta casi integro en el «Diccionario de la lengua castellana», publicado en distintas ediciones por la Academia.

Nuestro Vocabulario está formado previa consulta de la edición publicada en Madrid por D. Antonio de Sancha en 1779, y de las voces jergales contenidas en la duodécima edición del Diccionario de la Real Academia Española.

En este Diccionario hay voces que no constan en el *Vocabulario de germania*, y á la vez se eliminan otras por suponer que no pertenecen inmediatamente al léxico jergal, sino al lenguaje común.

Generalmente elimina las palabras que constituyen modos de conjugación, siempre que consta la voz radical del modo indeterminado del verbo. Hidalgo hace constar casi siempre, á la vez que esa voz radical, el participio pasivo, y en tal caso,

si se analiza la palabra en su verdadera significación y en su empleo adecuado, resultará que tiene
un valor inmediatamente calificativo, que aconseja
mantenerla.

Elimina también una serie de palabras por
no considerarlas particularismos jergales, como
«agarrar», «agostar», «agraviado», «agraviar»,
«agravio», «alado», «alcándora», «alerta», «alto», «apuestas», incurriendo, en mi opinión, en la
falta de no reconocer que esas mismas palabras,
no obstante su significado· genérico, tienen en la
jerga una representación peculiar, que debe reconocerse y mantenerse dentro de la integridad de
los modos representativos de ese lenguaje.

A la vez importa definir si al significado común
de algunas de esas palabras lo precede un significado jergal ó lo fomenta una predilección jergal,
que de ese modo han pasado al lenguaje común algunas palabras nacidas ó alimentadas en la jerga.
Como ejemplo típico de esa clase de eliminaciones
en que el Diccionario incurre, citaremos la palabra *bramante*, que, de un lado, los académicos pretenden hacerla derivar del árabe, aunque dubita-
tivamente, y de otro, la jerga hace alegatos bastante positivos para proclamarla como suya.

Dejando las eliminaciones, indicaremos algo
respecto á las correcciones. Hidalgo dice *zerra, zu-
carro (illo), caxcarada, durindana* y *sierra*, y la
Academia las rectifica escribiendo *cerra, sucarro,
cajtarada, durindaina* y *siena*. Como ya se han hecho indicaciones acerca de la improcedencia de al-

gunas de esas correcciones léxicas, basta mencionar el hecho.

Por último, la Academia añade palabras que no constan en el *Vocabulario* jergal. Tales son: *apartador de ganado, apartamiento de ganado, avisar, bajamanero, birlar, calandria, cañón, cierto, corva, dancaire, desmirlado, encartujado, enrejar, fatigar, galea, ganzúa, gañiz, garandar, garbear, garda, gardar, garsina, garsinar, gaza, güeltre, jarandina, jorgolín, Juan de Garona, palanquín, pencar, pisa, verrugueta, verruguetear.*

Esas palabras, que constituyen una ampliación del léxico, llenan su papel dentro de los fines que el Diccionario se propone, toda vez que en su mayoría están tomadas de las obras literarias, y el Diccionario á lo que principalmente tiende es á ofrecer la interpretación de los términos que el lector pudiera encontrar dudosos ú oscuros en la lectura de esas obras, aunque, generalmente, los autores explican, al citar la palabra, el significado que se le atribuye.

Lo único que pudiera objetarse es que algunas de esas palabras, aun teniendo su entronque en la verdadera jerga, pertenecen á la inventiva del autor que las usa, para desenvolver su intención irónica. Otras, como *garbear*, no pertenecen á la jerga delincuente, sino á otra particularísima, y tanto, que ese verbo no se ha empleado más que refiriéndose al modo de vivir de los soldados que se procuraban por medio del pillaje aquello de que carecían para mantenerse fisiológicamente, en la época en que las pagas eran menos corrientes que el hambre.

Por último, hay otro grupo de palabras que no pudieron ser recogidas por Juan Hidalgo, porque acusan la influencia transformadora de la «germania» y la ingerencia del «caló». Caló es *güeltre y gañiz*, y gitanismos *garandar* y *gardar*.

De todos modos, hemos adoptado el proceder de hacer constar en el·léxico de *germania* todas las palabras que constan en el de Juan Hidalgo y todas las palabras que añade la Academia. En el caso de constar en aquel·léxico y no en éste, lo indicamos con una H, y en el caso contrario con una A.

El *Vocabulario de caló-jergal* se publica por primera vez.

Podíamos haberlo hecho grandemente nutrido de palabras con sólo transportar, según uso de algunos compiladores fáciles, una buena parte del Diccionario de caló de Sales Mayo, y con recoger indistintamente todas las palabras de índole jergal que flotan en el lenguaje común.

Con referirnos á la parte de este libro en que se trata de este asunto, es bastante para que se comprenda el criterio á que nuestro proceder se sujeta.

En primer término, el *caló-jergal* lo apreciamos como lengua de los delincuentes habituales, y nos atenemos á su modo de usarla según la documentación positiva y las investigaciones directas que nos permiten conocer el empleo de su lenguaje.

No obstante, creemos haber incurrido en alguna preterición, y para remediarla daremos un consejo á los que se propongan estar al tanto de las mutaciones del lenguaje jergal contemporáneo.

Guía segura es conocer los caracteres de la *germania*, que, aunque haya en gran parte desaparecido, no han desaparecido los modos mentales que la determinan en cualquier momento.

Complemento de esa guía es el estudio del «Diccionario de caló»; y quien conozca la estructura de la *germania* y la estructura del «caló», tiene bastante para interpretar con cierta rapidez cualquier neologismo jergal que obedezca á uno de tantos modos como quedan especificados en el estudio de la jerga española.

ABREVIATURAS EMPLEADAS EN LOS DOS VOCABULARIOS

A. . . . . Academia.
a. . . . . verbo activo.
adj. . . . . adjetivo.
adv. . . . . adverbio.
al. . . . . alemán.
ant. . . . . anticuado.
ár. . . . . árabe.
berb. . . . . berberisco.
castell. . . . . castellano.
cat. . . . . catalán.
d. . . . . diminutivo.
despect. despectivo.
f. . . . . femenino.
fam. . . . . familiar.
fr. . . . . francés.
germ. . . . . germania.
gr. . . . . griego
git. . . . . gitanismo.
H. . . . . Hidalgo.
interj. . . . . interjección.
ital. . . . . italiano.
lat. . . . . latín.
lit. . . . . literal.
m. . . . . masculino.
n. . . . . verbo neutro.
pl. . . . . plural.
r. . . . . verbo reflexivo.
sánscr. . . . . sánscrito.
tur. . . . . turco.
U. t. c. r. úsase también como reflexivo.
V. . . . . Véase.
val. . . . . valenciano.

VOCABULARIO DE GERMANIA

A

Abrazado. (De *abrazo*) adj.- H. Al que prenden. A. Preso. ‖ Es representativo del acto de prender, no del de estar en prisión.

Abrazador. m. H. Criado de justicia. A. Corchete.

Acerrado. adj. H. Asido.

Acerrador. (De *cerras*, manos. La A. modifica la ortografía. H. dice *azerrador*) V. **Cerras.** m. Criado de justicia.

Acerrar. (De *a* y *cerra*. Ortografía modificada) V. **Cerras.** a. H. Asir. ‖ La A. añade, agarrar.

Acogido. m. H. Huido. ‖ Es muy propio de la jerga. Tiene el mismo valor que el concepto de retraído, esdecir, refugiado en una Iglesia. Alude al derecho de asilo.

Acomodar. a. Juntar. ‖ La representación no es genérica. Se enlaza, probablemente, nada más que con el concepto rufianesco de la cópula.

Acorralado. adj. H. Arrinconado.

Acorralar. a. H. Arrinconar á uno. ‖ A. Refugiarse, huyendo de la justicia.

Acorralarse. r. H. Retraerse huyendo. ‖ Alude también al derecho de asilo.

Adorno. m. Vestido. ‖ pl. Chapines.

Aduana. f. H. Donde los ladrones recogen los hurtos. ‖ A. Lugardonde los ladrones juntan las cosas hurtadas. ‖ Mancebía. ‖ En ambos casos se inspira en el concepto de tributo: tributo ladronesco y tributo rufianesco.

Aellas. f. pl. Llaves. || La representación jergal no es clara. Puede atribuirse á un doble fenómeno de permutación, consistente en permutar la *a* en *v*, lo que equivaldría simplemente á una inversión, permutando á la vez la colocación de las demás letras, y de aquí resultaría de *llaves*, con el cambio de *a* en *v*, la permutación en *aellas*. Al mismo tiempo indica un imperativo de acometividad ladronesca ¡*aellas!* que puede ser glosado del imperativo de acometividad militar «¡á ellos!»

Aferrado. adj. H. Asido.

Aferrador. m. H. Criado de justicia || A. Corchete.

Aferrar. a. H. Asir.

Afufa. f. H. Huída || La A. lo incluye como f. fam.

Afufado. adj. H. Huído.

Afufar. n. H. Irse huyendo.

Agarrar. (De *a* y *garra*) a. H. Tomar ó asir. || La A. no lo incluye como jergal.

Agostado. adj. H. Consumido ó gastado.

Agostador. m. El que consume ó gasta la hacienda de otro.

Agostar. (De *agosto*) a. H. Consumir ó acabar. || La A. no lo incluye como jergal.

Agosto. m. Pobre.

Agraviado. adj. H. Ofendido. || La A. no lo incluye como jergal.

Agraviador. m. Delincuente incorregible.

Agraviar. a. H. Ofender. || La A. no lo incluye como jergal.

Agravio. m. H. Ofensa. || La A. no lo incluye como jergal. || El concepto de agravio, y sus derivaciones, no es en la jerga genérico como en el lenguaje común. Es específico de particulares agravios, dentro de las tendencias de la sociedad agermanada.

Agüela. f. Capa.

Aguila. f. Ladrón astuto. || La jerga ha juntado dos representaciones: la de ave de rapiña y la de la vista perspicaz, que han sido utilizadas por todos los retóricos para ponderar metafóricamente altas cualidades. || También hay en esto un trasunto de heráldica delincuente. || **Aguila de flores llanas.** H. Ladrón que de ordinario usa flores ladronescas.

Aguileño. V. **Aguilucho.** Al hacer esta referencia dice H. que «es lo propio, ó ladrón astuto».

Aguilucho. m. Ladrón que

entra á la parte con otros ladrones, sin hallarse en los hurtos.

Aires. m. Cabellos.

Ala de mosca. Treta ó flor que usan los fulleros en el juego de naipes.

Alado. H. Ido.

Alar (De *ala* y también del término marítimo *halar*. Se emplea como voz popular en los provincialismos aragoneses y andaluces. Los aragoneses lo emplean como imperativo diciéndole á la persona á quien invitan á marcharse ó á trabajar, *jala!* Los andaluces lo emplean también como expresión del mismo movimiento al decir «y jala, jala fuimos á tal parte». Por eso es más creible que derive de *ala*, y que en el imperativo aragonés equivalga á decir «¡vuela!» a. H. Ir. ‖ Se emplea también como reflexivo, y como tal lo incluye la A. ‖ La A. cita el plural **Alares**, que en germania significa zaragüelles ó calzones, y que por esta representación justifica el derivado de *ala*.

Alarde m. H. Visita de jueces en cárcel. ‖ La A. lo incluye como voz común. ‖ Es un despectivo delincuente, con relación al concepto que les merece la justicia.

Alba. f. Sábana.

Albaire. m. Huevo. ‖ Deriva de la representación crómica, pero enlazado con el nombre de la sábana y terminando en *aire* (V. **Caire**) tiene un sentido de significación rufianesca.

Albanado. adj. Dormido.

Albaneguero. m. Jugador de dados.

Albanés. m. **Albaneguero.**

Albaneses. pl. Dados de jugar.

Alcancia. (Del ár. *alcanz*, tesoro) f. Padre de mancebía.

Alcándora. (Del ber. *candor*) f. H. Camisa.

Alcándora. (Del ár. *alcándara*, de que es corrupción el término jergal) f. Percha de sastre donde se cuelga la ropa.

Alcatife. m. Seda.

Alcatifero. m. Ladrón que hurta en tienda de seda.

Alcorque. (De *corcho*) m. Alpargata.

Alegria. f. Taberna. ‖ Familiarmente es común llamar *alegre* al borracho.

Alerta. (Del ital. *all'ertá*) adv. H. Estar apercibido. ‖ La A. no lo incluye como particularismo jergal.

Alertado. adj. H. Avisado ó apercibido.

Alertarse. r. H. Apercibirse.

Aliviado. adj. H. Al que le han robado algo.

Aliviador. m. Ladrón que recibe el hurto que otro hace, y se va con él para ponerlo á cobro.

Alivio. m. Descargo que da el preso. ‖ Procurador.

Almifor. (Del ar. *almifar*, caballo ligero) m. Caballo.

Almifora. f. Mula.

Almiforero. m. Ladrón que hurta caballos ó mulas.

Alolargo. fr. c. H. Huir.

Alón. (De *alar*) H. Irse.

Alta. f. Torre. Ventana. ‖ Lo de torre, hay que referirlo á una sensación persecutoria. V. **Estrella** y **Salud**. Lo de ventana, á una sensación ladronesca.

Altana. f. H. Iglesia. A. Templo.

Altanado, da. adj. Casado.

Altanero. m. Ladrón que hurta por lugar alto.

Alto. H. Pararse. ‖ Corresponde probablemente á la estrategia ladronesca.

Amaestrado. adj. H. Enseñado.

Amaestrar. (De *a* y *maestro*) a. H. Enseñar ó amansar. A. Amansar. ‖ La equivalencia de enseñar y amansar indica que este término procede origina-

riamente del grupo *cuatrero* de la ladronesca.

Amigos. m. pl. H. Dineros.

Amilanado. adj. H. Atemorizado.

Amilanar. (De *a* y *milano*) a. H. Atemorizar. ‖ La A. no lo incluye como particularismo jergal.

Amparo. m. Letrado ó procurador que favorece al preso. ‖ Igual concepto que **Alivio**.

Anclas. f. pl. Manos. ‖ Término correspondiente al grupo de los de influencia marítima. Responde á la representación ladronesca de agarrar en el fondo.

Ancha. f. Ciudad.

Angustia (Del lat. *angustia*, angostura, dificultad) f. Cárcel ‖ pl. Galeras. Véase **Ansia**.

Angustiado. m. Preso ó galeote.

Anillos. m. pl. Grillos de prisión. ‖ Representación de forma. V. **Antojos**.

Ansia. (Del lat. *anxius*, angustiado, afligido) f. Agua. ‖ Tormento de agua. ‖ pl. Galeras. ‖ La representación es de origen esencialmente procesal. Deriva del «tormento de toca» (V. pág. 55). Por eso, y después por simpatía hacia el vino, se llama *ansia* el agua. La pena de galera, por cumplirse navegando, equivale á un segundo tormento de agua.

Antojado. adj. Preso con grillos.

Antojos. (De *ante* y *ojo*) m. Grillos de prisión. || Es una representación de forma. V. **Anillos**. Es la conservación del nombre antiguo de «anteojos».

Antuviada. f. Golpe ó porrazo.

Antuviar. (De *ante* y *uviar*) a. Dar de repente, ó primero que otro, un golpe. || En la jerga moderna se dice MADRUGAR. (U. t. c. r.)

Anublado. adj. Ciego. || H. dice AÑUBLADO.

Anublar. a. H. Cubrir. A. Cubrir cualquier cosa. U. t. c. r. || H. dice AÑUBLAR.

Apaleador de sardinas. Galeote.

Apandillar. (De *a* y *pandilla*, que deriva de *banda*) a. H. Juntar, jugando á los naipes, la suerte ó algún encuentro. A. Procurar suerte favorable, ó formar encuentros con fullería.

Apartador de ganado. m. A. Ladrón de ganado.

Apartamiento de ganado. A. Hurto de ganado.

Apasionado. m. Alcaide de la cárcel. || Puede derivar de dos concordancias representativas: de que la cárcel es «pasión» y de que el alcaide es parcial, es apasionado, no es justo.

Apiolado. m. H. Preso.

Apiolar. (Deriva de *pihuela*, que era la correa con que se guarnecían y aseguraban los piés de los alcones y otras aves). a. H. Asir ó aprisionar. || La A. no lo incluye como particularismo jergal.

Apretado. m. Jubón. || Responde á una sensación procesal y penal. V. **Coton** y sus derivaciones.

Apuestas. f. pl. H. Atraviesas que echan los que ven jugar. || La A. no lo incluye como particularismo jergal.

Apuntado. adj. H. Señalado. || Equivale á sospechoso.

Apuntador. m. Alguacil. || Apunta, señala á los sospechosos.

Apuntar a. H. Señalar. || Equivale jergalmente á señalar por sospecha. Vulgarmente se dice del sospeñoso, *señalado*.

Aquileño. adj. ant. Aguileño. H. El que tiene talle de ladrón. A. El que tiene traza y buena disposición para ser ladrón. V. **Aguila**.

Arbol. m. Cuerpo.

Arbolado. m. H. Levantado ó crecido. A. Hombre de gran estatura.

Arifarzo. m. Capote de dos faldas ó sayo sayagües.

Arista. f. Piedra. H. lo pone en pl.

Armada. f. La flor que el fullero lleva hecha en el naipe.

Armadilla. f. H. Dar para que juegue uno á otro. A. Dinero que uno da á otro para que juegue por él. ‖ La definición de la A. esta mal interpretada. Si **Armada** es flor que el fullero lleva hecha en el naipe, **Armadilla** y también **Armada**, que según H. tiene esta segunda significación, debe ser flor que el fullero lleva hecha con la persona á quien da dinero, no para que juegue por él, sino para que intervenga en la «que tiene armada». ‖ En los modos jergales del lenguaje común se han conservado locuciones como la de VAMOS Á ARMARLA, que equivale á ARMAR UNA PARTIDA DE JUEGO.

Arpía. f. Corchete ó criado de justicia.

Arredomado (De *redoma*) adj. H. Astuto ó sabio.

Arredomar. a. Juntar ‖ r. Escandalizarse. ‖ Corresponde á las representaciones ladronescas. Probablemente la astucia la representa la redoma, tanto por su forma, por lo que equivale á rodeo (V. **Rodeo**) como por disimular lo que contiene. Esa misma representación de forma explica el modo reflexivo del verbo, que probablemente alude á que la persona que se escandaliza parece en actitud arredomada ó de redoma, por la posición de ampulosidad imitativa en que coloca los brazos y las manos.

Arrendador. m. El que compra las cosas hurtadas.

Arriscado. (De *arrisco*, riesgo) adj. H. Pendenciero. La A. no lo incluye como particularismo jergal.

Arróbiñar. (¿De *robo*?) a. Recoger.

Arrojados. m. pl. Zaragüelles. A. Calzones.

Arroscar. a. ant. ENROSCAR. Envolver ó juntar.

Artifara. (Del gr. *artos*, pan)

m. Pan. ‖ V. **Pesos de** artifara.

Artife. m. **Artifara.**

Artifero. m. Panadero.

Artillado. adj. H. Armado.

Artillar. a. H. Armar ‖ r. Armarse.

Asas. f. pl. Orejas.

Asta. f. H. Lanza. ‖ Dado hecho de mayor á menor.

Astado. m. H. Largo ó crecido. ‖ V. **Arbolado.**

Astar. a. H. Alargar.

Astil. m. H. Lanza.

Astilla. f. Flor hecha en los naipes.

Astillazo de tabancos. H. Gasto de bodegones ó pérdidas en ellos.

Atacado. adj. Muerto á puñaladas.

Atacador. m. Puñal.

Atalaya. f. Ladrón.

Atarazana. (Del ár. *adar acenáa*, la casa de la fabricación) f. Casa donde los ladrones recogen los hurtos. ‖ V. **Aduana.**

Avisado. m. Juez. ‖ Lo califican literalmente por los avisos ó *soplos* que recibe.

Avisar. a. A. Notar, observar.

Aviso. m. Rufián.

Avispado. adj. H. Sospechoso ó recatado. A. Suspicaz, recatado.

Avispar. (De *avispa*) a. Espantar.

Avispedar. a. Mirar con cuidado ó recato.

Avispón. m. A. El que anda viendo donde se puede robar.

Avizorar. a. H. Mirar con recato.

Avizor. (Del ár. *abcer*, pl. de *baçar*, ojo, vista, perspicacia) m. H. El que está mirando con recato para avisar á otro. A. El que acecha para dar aviso de lo que pasa. ‖ pl. A. Ojos.

Azor. m. Ladrón de presa alta.

Azorero. m. El que acompaña al ladrón y lleva lo que hurta.

B

Babilonia. f. H. Sevilla.
Babosa. f. Seda.
Badelico. m. Badil.
Baila. f. ant. **Baile** H. Suceso.
Bailador. m. Ladrón.
Bailar. a. Hurtar.
Baile. m. Ladrón.
Bailico. m. H. Ladroncillo.
Bailón. m. Ladrón viejo.
Bajamanero. m. A. ladrón.
Bajamano. m. Ladrón que entra en una tienda y señalando con la una mano alguna cosa, hurta con la otra lo que tiene junto á sí. ‖ adv. m. Debajo del sobaco.
Bala. f. H. Pelota de hierro ó plomo.
Balada. f. Concierto. A. Convenio.
Balante. m. Carnero.
Balanza. f. H. Horca.
Baldeo. m. Espada.
Balhurria. f. Gente baja.
Balsa. f. Embarazo. A. Impedimento. ‖ Se puede referir al embarazo propiamente dicho, y por extensión al embarazo del ánimo. En tal sentido es voz de representación rufianesca.
Ballestas. f. Alforjas.
Ballestón. m. Cierta flor que usan los fulleros.
Banastero. m. Alcaide de la cárcel.
Banasto. m. Cárcel. ‖ Representación jergal muy exacta de la estrechez y hacinamiento de las prisiones.
Banco. m. Cárcel. ‖ Probablemente deriva de una representación económica, toda vez que antiguamente banco equivalía á «cambiante». Alude sin duda al sistema de tributación derivado de los abusos de la tarifa carcelaria.
Banquero. m. Alcaide de la cárcel ó carcelero.
Baraustado. m. Muerto á puñaladas.
Baraustador. m. Puñal.
Baraustar. a. Acometer. ‖ El significado común antiguo era el de confundir, trastornar.
Barbado. m. Cabrón.

Barbudo. m. Barbado.

Barcelonés faldudo. m. H. Broquel. ‖ Lo llamaron así porque los fabricaban en Barcelona, y porque se llevaba pendiente de la cintura y caído. Corresponde también á que en la armadura se llamaba falda la parte que caía de cintura abajo.

Barroso. m. Jarro.

Basilea. f. Horca. ‖ V. **Balanza.**

Bateles. m. pl. Junta de ladrones ó de rufianes. ‖ Este término debe ser incluido entre los de influencia marítima. Está formado probablemente por la relación de consecuencia que existía entre galeotes, rufianes y ladrones.

Bayosa. f. Espada.

Bederre. m. Verdugo.

Belere. f. Cosa de casa.

Belitre. (Del fr. *belitre*) adj. H. Pícaro. ‖ La A. n. l. i. como particularismo jergal.

Belitrero. m. Rufián que estafa á los pícaros.

Bellerife. (¿Del ital. *véllere, svéllere, svegliere,* desarraigar, estirpar?) m. Criado de justicia.

Bellorife. m. H. **Bellerife.**

Birlado. adj. H. Estafado.

Birlador. m. Estafador.

Birlar. a. A. Estafar.

Birlesca. f. Junta de ladrones ó de rufianes.

Birlesco. m. Ladrón y rufián.

Birlo. m. Ladrón.

Birloche. m. **Birlesco.**

Bisoño. adj. H Nuevo.

Blanco. adj. Bobo ó necio.

Blanda. f. Cama.

Blando. adj. H. Cobarde.

Bobo. m. Hurto parecido.

Boca. f. H Real. ‖ Ejemplo de doble permutación. V. **Coba.**

Bocado. m. H. Ladrón que juega de bocadillo. ‖ Los términos ladrón y juego no casan. El ladrón no pertenece á la fullería, aunque el fullero no sea otra cosa. «Jugar de bocadillo equivale á **encantar**». Trátase, pues, de un ladrón que se vale del ilusionismo de su palabra para el engaño.

Bochado. (De *boche*) m. Ajusticiado.

Boche. (Del cat. *botxi.* ¿Del ital. *boja?*) m Verdugo.

Bochero. m. Criado del verdugo

Bola. f. H. Feria.

Boleado. adj. H. Caído.

Boleador. m. H. Ladrón de feria. ‖ El que hace caer á otro.

Bolear. n. Caer.

Boliche. m. Casa de juego.

Bolichero. m. H. Coimero.

Bolsilla. (d. de *bolsa*) f. Bolsa que llevan los fulleros para esconder los naipes. || H. la llama falsopeto.

Bonito. m. d. Ferreruelo. || **Sayagüés.** Sayo de Castilla ó de Sayago.

Borne. (Del fr. *borne*, extremo, límite. V. además las acepciones que tiene en la *Pícara Justina* y que desvirtúan la etimología académica, dándole otra jergal propiamente representativa, pág. 179) m. Horca.

Bornido. m. Ahorcado.

Bosque. m. Barba.

Botica. f. Tienda de mercero.

Boticario. m. Tendero de mercería.

Boyuda. f. Baraja de naipes.

Brac'o. (Del ital. *braccio*) m. Brazo. || **Godo.** Brazo derecho || **Ledro.** Brazo izquierdo.

Bramador. m. Pregonero.

Bramante. (La A. no incluye esta voz jergal muy expresiva y perfectamente derivada. Da dubitadamente la etimología ár. de *baram*, copo de cordero. Podrá ser, pero en la jerga es una representación derivada del tormento que hace bramar, y el tormento está representado en el potro ó «cama de cordeles», y de aquí que al cordel se le haya llamado BRAMANTE) m. H. Cordel.

Bramar. n. Dar voces, gritar. || Tiene un significado procesal. Se enlaza con los gritos que se dan en el tormento. De las impresiones del tormento deriva.

Bramo. m. A. Bramido ó grito. H. y A. Grito con que se avisa el descubrimiento de alguna cosa.

Bramón. m. El que descubre algo; lo mismo que soplón.

Brasa. f. Ladrón || pl. H. fuego.

Brasero. m. Hurto.

Bravata. (Del ital. *bravata*) f. H. Fiero.

Bravatero. m. El que hace fieros. ·

Bravo. m. Juez.

Bravote. m. Fanfarrón. || La A. añade matón.

Brecha. f. Dado || El que tercia en el juego.

Brechado. adj. H. Al que ganan mal el dinero con dados falsos ó cargados.

Brechador. m. El que entra á terciar en el juego.

Brechar. n. Meter dado falso en el juego.

Brechero. m. El que mete dado falso.

Breviario. m. Ser breve en ejecutar alguna cosa.

Bribia. (Del ant. *briba*, derivado del b. lat. *briba*, pedazo

de pan pedido de limosna)
f. Arte y modo de enga-
ñar halagando con bue-
nas razones.

Bribión. m. El que halaga
con buenas palabras pa-
ra engañar.

Bueyes. m. pl. Naipes.

Bufar. (Del val *bufar*, soplar)
n. H. Dar gritos ‖ Tiene
un significado procesal.
Alude á los gritos que se
dan en el tormento, de-
clarando.

Bufia. f. Bota de vino. ‖ Es
representación de que la
bota *sopla* el vino cuando la oprimen, y es á la
vez representación de
que el vino hace *soplar*
ó descubrirse á quien se
embriaga.

Buflador. m. Tabernero.

Buflido. m. Grito.

Buhado. adj. H. Al que so-
plan ó descubren.

Buhar. (alteración de *bufar*)
a. Descubrir una cosa ó
dar soplo de ella.

Buho. m. Descubridor ó soplón.

Buzo. m. Ladrón muy dies-
tro ó el que ve mucho. ‖
H. añade: Lo mismo que
Columbrón.

C

Cachuchero. m. Ladrón que hurta oro.

Cachucho. (Del lat· *capsula*, cajetilla) m. Oro. ‖ ant. CARTUCHO. ‖ Por el continente se representa el contenido.

Cafar (¿Permutación alterada de *zafar?*) n. H. Escapar.

Caída. f. Afrenta. ‖ Lo que gana la mujer con su cuerpo. ‖ El concepto de afrenta no está ligado, á mi parecer, con la caída femenina. Los delincuentes se afrentan entre ellos y no suponen que es afrenta lo que practican.

Caira. (Derivado de caída) f. H. Caída.

Caire. (Derivado de caída; concordancia con *cairel*, que también se llama caída) m. H. **Caída**.

Cairelota. (Derivado de la representación de caída) f. H. Camisa gayada ó galana. ‖ Alude evidentemente á la camisa que viste la prostituta.

Cairo. m. H. **Caída**.

Cairón. m. H. **Caída**.

Cajtarada. f. A. Alboroto, pendencia. H. dice **Caxcarada**.

Cala. f. Agujero.

Calabacero. (Del término jergal *calabaza*) m. Ladrón que hurta con ganzúa.

Calabaza. (De *calar* y el ár. *baza*, dominar) f. Ganzúa.

Calado. m. Hurto que ha parecido.

Calandria. f. A. Pregonero.

Calar. a. Meter la mano en alguna faltriquera para hurtar.

Calarse. r. Entrarse en una casa para hurtar.

Calca. f. Camino. ‖ Corresponde á una impresión persecutoria, y en tal caso *calca* equivale á huella. ‖ pl. Pisadas.

Calcar. a. H. Pisar ó apretar.

Calcatrife. (Despect. del lat. *calcator*, pisador) m. Ganapán. H. además, palanquín.

Calcetero m. El que echa los grillos. ‖ V. **Calzas**.

Calcorrear. n. Correr.

Calcorros. m. pl. Zapatos.

Calcoteado. adj. H. Corrido.

Calcotear. n. H. **Calcorrear.**

Caleta. (De *cala*, agujero) m. Ladrón que hurta por agujero.

Caletero. m. Ladrón que va con el caleta.

Calzado. m. El que lleva grillos.

Calzar. a. H. Echar grillos.

Calzas. f. pl. Grillos de prisión.

Calle. f. Libertad.

Calleja. f. d. Fuga de la justicia. || H. dice: Huir de la justicia.

Camaleón. adj. H. Entonado. || Debe ser un calificativo dado al rufián bien socorrido En tal caso se compone el término jergal de *león*, que significa rufián y *cama*.

Cambiador. m. Padre de mancebía. || Concepto económico rufianesco.

Cambiar. a. H. Trocar.

Cambio. m. H. Mancebía. || Concepto económico rufianesco.

Camodar. a. Trastrocar.

Campana. f. Saya. || Representación de forma.

Campanudo. m. Broquel. || Representación de forma.

Campo de pinos. Mancebía.

Candujo. m. Candado.

Cantar. n. H. Descubrir alguna cosa. || Término de expresión procesal entre los delincuentes.

Cantor. m. El que declara en el tormento.

Cañón. m. A. El pícaro perdido que no tiene oficio ni beneficio.

Capa. f. Noche.

Capiscol. m. Gallo.

Caporal. m. Gallo.

Cáramo. (Del ár. *Kamr*) m. Vino.

Carcoma. f. Camino.

Carduzador. (De *carduza*, carda) El que negocia con la ropa que hurtan los ladrones.

Cargar. a. H. Cargar un dado de mayor á menor.

Caricia. (De *caro*, costoso) f. Cosa que vale cara. || Es una representación rufianesca de lo caro de la caricia femenina.

Carlanca. f. Cuello de camisa.

Carona. (Del lat *caro*, carne. También hay que apreciar el concepto jergal que conceptúa cara la camisa de mujer, de igual modo que, por derivación de la ganancia, la llamó *cairelota*) f. Camisa.

Carrera. (De *carro*) f. Calle.

Carretero. m. Fullero.

Carro. (Adviértese en este término una precisa ligación representativa. *Cargar* es «cargar un dado de mayor á menor». Ese verbo deriva del baj. lat *carricare*, del lat *carrus*, carro. La jerga ha calificado ful!erescamente el juego de ese modo: como función de *cargar*, es decir, de falsear) m. Juego.

Cáscaras. f. pl. Medias.

Caverna. f. Casa.

Centella. f. Espada.

Cerco. m. Vuelta ó rodeo. ‖ Mancebia.

Cerda. f. Cuchillo.

Cereceda. (Del ár *cilcila*, cadena) f. H. Cadena. A. Cadena en que van aprisionados los presidiarios ó galeotes.

Cernicalo. m. Manto de mujer.

Cerrallas. f. pl. H. Cerraduras de puertas.

Cerras. f. pl. A. Lasmanos. ‖ H. dice ZERRAS. ‖ En la jerga italiana es *zera*, y figura entre los arcaismos.

Cerrón. (De *cerrar*) m. Llave ó cerrojo. ‖ H. Pestillo de golpe.

Certa. f. Camisa.

Certus. adj. H. Cierto.

Cica. f. Bolsa.

Cicarazate. m. **Cicatero.**

Cicatero. m. Ladrón que hurta bolsas.

Cierta. f. La muerte.

Cierto. m. Fullero.

Cifra. f. Astucia.

Cigarra. f. Bolsa.

Cigarrón. m. aum. Bolsón. H. añade: ó gato de dinero.

Ciquiribaile m. Ladrón. ‖ V. **Baile.**

Ciscar. (De *cisco*) a. H. Proveerse ó dar del cuerpo.

Cisne. m. Mujer pública. ‖ Equivale á tonta y necia. V. **Blanco y Palomo.**

Clamado. adj. H. Voceado. ‖ Debe ser término procesal de los delincuentes.

Clamar. a. H. Dar voces.

Clamo. m. Diente. ‖ Enfermedad. ‖ Alude á la sensación imperiosa del hambre y á la sensación dolorífica del padecimiento.

Clarea. f. Día.

Clarear. a. Alumbrar.

Clariosa. f. Agua.

Claro. m. H. Cielo. A. **Clarea.**

Clauca. (Del lat. *clavicula*, llavecita) f. Ganzúa.

Coba. f. Moneda de real. ‖ Ejemplo de doble permutación. V. **Boca.** ‖ A. Gallina.

Cobarba f. Ballesta.

Cofrade de pala. Ayudante de ladrones, que hace pala ó cubre.

Cofradia. f. Muchedumbre de gente. ‖ Malla ó cota. ‖ A. Junta de ladrones ó rufianes.

Coima. f. H. Mujer del mundo.

Colme m. Señor de casa. ‖

H. **Del alto**, Dios. || H. **De las clareas**. Dios.

Colaina. (De *colar*) f H. Vez de vino.

Colmar. (De *colmo*) H. Henchir.

Columbrado. m. H. Al que miran.

Columbrador. m. H. El que mira.

Columbrar. a. H. Mirar.

Columbres. m. pl. Los ojos.

Columbrón. m. Lo que alcanza una mirada.

Comadreja. (De *comadre*) f. Ladrón que entra en cualquier casa.

Comba. f. H. Tumba de iglesia. || A. Tumba.

Combada. f. Teja.

Comendador de bola. Ladrón que anda en ferias. || V. **Bola**.

Cometa. m. Saeta.

Comodar. a. H. Trocar.

Comporte. m. Mesonero.

Compuesta. f. H. Es cuando han robado á alguno y los mismos ladrones parecen delante del que han robado con diferentes vestidos. || A. Cautela de los ladrones cuando parecen con diferentes vestidos delante de la persona á quien han robado. || Probablemente no tendría una significación tan circunstancial y equivaldría al término forense CUARTADA.

Conca. f. Escudilla.

Concha. f. Rodela.

Confusión f. H. Calabozo de cárcel. || A Calabozo ó cárcel.

Consejil. f. Mujer pública. || V. **Consejo**.

Consejo. m. Rufián astuto.

Contentos. m. pl. Reales.

Contraste. m. Perseguidor.

Contrato. m. Carnicería. || Representación rufianesca.

Contray. m. Paño fino.

Contribuidor. m. El que da algo.

Contribuir. a. H. Acudir dando algo.

Corchetada. f. Cuadrilla de corchetes.

Corchetesca. f. **Corchetada**.

Cordobán (En). H. Lo dicen cuando han robado á uno y lo dejan en cueros.

Corral. m. Cercado. || H. **Encorral**. Acorralado, arrinconado.

Corredor. m. Ladrón que concierta un hurto. || pl. Corchetes.

Correo. m. Ladrón que va á dar aviso de alguna cosa.

Corriente. m. Río.

Corrincho. m. Corral.

Cortadillo. m. Cierta flor ó trampa de que usan en el juego de naipes los fulleros.

Cortezas. f. pl. Los guantes.

Cortijo. (De *corte*) m. Mancebía.

Corva. f. A. Ballesta.

Corvado. adj. Muerto.

Catarrera. f. Mujer baja y común.

Cotarrero. m. Hospitalero. V. **Coto.**

Coto. m. Hospital ó cementerio de la iglesia.

Cotón m. Jubón. || **Colorado.** Lo que dicen jubón de azotes. || **Doble.** Jubón fuerte con malla.

Criar. (De *crear*) a. Tener.

Crioja (En la jerga italiana la carne se denomina con los arcaísmos *crea* y *criolfa*) f. Carne.

Criojero. m. Carnicero.

Cruz. (Elipsis de *cruzado*) f. Camino.

Cruzado. (De *cruzar*) m. Camino.

Cuadrado, da. m. Puñal || Bolsa.

Cuadro. m. Puñal || pl. Dados.

Cuatrero. m. Ladrón que hurta bestias.

Cuatro. m. Caballo || **De menor.** Asno.

Cuatropeo. m. Cuartago.

Cubierta. f. Saya.

Cuexca. f. Casa.

Cuescos. m. pl. Azotes.

Culebra. f. H. Una tira en que suelen coser dineros y se la revuelven al cuerpo. A. Taleguillo largo y angosto en que suelen llevar el dinero los caminantes, atándoselo á la cintura para tenerle más guardado. || H. y A. Lima de hierro. || H. La que dan en la cárcel á algún preso.

Cumbre. f. H. Alto.

CH

Chancero. m. Ladrón que usa de chanzas ó sutilezas para hurtar.

Chancos. m. pl. H. Chapines.

Chanfaina. f. Rufianesca.

Chanza. (Del ital. *ciancia*) f. Sutileza ó astucia.

Chanzaina. f. Chanza.

Chapitel. (De *capitel*) m. Cabeza.

Charnel. m. Dos maravedises. ‖ pl. Dinero menudo.

Charniegos. m. pl. Grillos de prisión.

Chatonado. (Permutación de *tachonado*) m. Cinto.

Chepo. (Permutación de *pecho*) m. Pecho.

Cherinol. (Del ár. *cherif*, jefe) m. El que es principal en la rufianesca ó ladronesca.

Cherinola. f. Junta de ladrones ó rufianes.

Chirlada. f. Golpe de palo.

Chirlar. (Voz imitativa) n. Hablar.

Chirlerín. m. Ladronzuelo.

Chirlo. m. Golpe. ‖ **Cruzado**. H. Cuchillada por la cara.

Chirlón. m. Charlatán.

Chispar. a. Chismear.

Chispas. f. pl. Chismes.

Chucero. m. Ladrón de bocadillo.

Chuche. (Caló *chiché*, faz, rostro; *chichí*, cara, aspecto, figura) m. Rostro.

Chueca. f. Hombro.

Chula. f. H. Muchacha.

Chulamo, ma. m. y f. Muchacho, muchacha.

Chulo. (Del ital. *fanciulo*) m. Muchacho.

Chusma (Del ital. *ciurma*: del al. *swarm*, enjambre) f. Muchedumbre.

D

Dancaire. (De *dar* y *caire*) m. A. El que juega por otro y con dinero de él.

Dedil. m. Anillo.

Demias. (Permutación de *medias*) f. pl. Medias calzas.

Dentones. m. Tenazas. ‖ La A. dice **dentonas.**

Desasado. adj. Sin orejas.

Desbalijado. adj. H. Al que sacan ó llevan alguna cosa.

Desbalijar. a. Sacar ó llevar.

Descornado. adj. H. Al que descubren.

Descornar. a. Descubrir.

Descuernapadrastros. m. Machete ó terciado.

Descuerno. m. Lo que se descubre.

Deschanzado. adj. Perdido ó descubierto.

Deschanzar. a. H. Perder.

Desflorar. *(Flor* es engaño fulleresco ó ladronesco) a. Descubrir.

Desmallador. (La *cota de malla* es lo que *desmalla*) m. Puñal.

Desmicador. m. El que mira.

Desmicar. a. Mirar.

Desmirlado. adj. Desorejado. ‖ V. **Mirlas.**

Desmotado. adj. H. Al que desnudan por fuerza.

Desmotador. m. Ladrón que desnuda por fuerza á una persona.

Desmotar. a. Desnudar por fuerza á una persona para robarla.

Desosada (De *Desosar.* Equivale á la locución jergal *la sin hueso*) f. La lengua.

Despalmado. adj. H. Al que quitan algo.

Despalmante. m. El que quita por fuerza.

Despalmar. a. Quitar por fuerza.

Destebrechador (*Brechar* es terciar en el juego para engañar) m. Declarador ó intérprete.

Destebrechar. a. Declarar.

Dichosos m. pl. Botines ó borceguíes de mujer. ‖ Constituye este término una alusión sensual. V. pág. 189.

Difunto. adj. Dícese del que está dormido.

Disciplinante. m. || **de luz.** El qué sacan á la «vergüenza» || **de penca.** El que sacan á azotar públicamente por haber cometido algún delito.

Disimulo. m. Portero de la cárcel.

Doblarse. r. Entregarse uno á la justicia debajo de amistad.

Doble. m. El condenado á muerte por justicia. || El que ayuda á engañar á uno.

Duende. m. Ronda.

Dupa (Del fr. *dupe*) m. H. Ignorante ó bobo, ó al que engañan. A. El que se deja ó ha dejado engañar.

Duratón. m. Duro.

Durindana. (Alude á la espada de la justicia, por apelación á *Durindana*, la espada de Roldán. V. pág. 168) f. La justicia. || La A. dice **Durindaina.**

Durlines (Despect. de *Duro*) m. pl. Criados de justicia.

Duros. m. pl. Los zapatos. || Los azotes.

E

Ejército. m. Cárcel.

Embuciar. (Alteración de *embuchar*. Derivado de *embudo*) a. Comer.

Embudos. m. pl. Zaragüelles. || Representación de forma.

Empleo. m. Hurto.

Empreñar. a. H. Henchir.

Enano. (Por su pequeñez, comparada con la espada) m. Puñal.

Encampanarse. r. Ensancharse ó ponerse hueco, haciendo alarde de guapo ó valentón || V. **Campana, Campanudo.**

Encantar. a. Entretener con razones aparentes y engañosas.

Encarrujado. m. Toca de mujer.

Encartujado. m. A. **Encarrujado.**

Enclavijar. a. Cerrar ó apretar.

Encorral. V. **Corral.**

Engaviar. (De *en* y *gavia*. Término de influencia marítima) n. Poner en alto. A. Subir á lo alto.

Engibacaire (De *engibar*,

guardar y recibir, y *caire*, lo que la mujer gana con su cuerpo) m. Rufián.

Engibador. m. **Engibacaire.**

Engibar. a. Guardar y recibir.

Enjaezado. m. Galán.

Enjaezar. a. H. Aderezar.

Enrejado. m. Cofia ó red grande de mujer || Preso.

Enrejar. a. A. Prender, poner en la cárcel á uno.

Enroscar. a. Envolver, liar la ropa || V. **Arroscar.**

Entornar. a. H. Torcer.

Entrevar. a. Entender. || La A. añade, conocer.

Entruchado. adj. R. Entendido ó descubierto.

Entruchar. a. **Entrevar.**

Entubajar. n. Deshacer engaños.

Enturar. a. Dar. || Mirar.

Envesado. adj. H. Azotado.

Envesar. (De *envés*, que deriva de *inverso*) a. Azotar.

Ermitaño de camino. Salteador.

¡Esbate! interj. Está quedo.

Escala. f. H. Escalera.

Escalador. m. Ladrón que

hurta valiéndose de escala.

Escalón. m. Mesón.

Escalona. m. Escalador de paredes.

Escarpias. f. pl. Orejas. || Alude evidentemente á las orejas de mujer, de donde se cuelgan los pendientes.

Esclisiado. adj. Herido en el rostro.

Escotar. (De *es* y *cuota*) a. H. Pagar lo que se come ó se da.

Espadachín. (Del ital. *spadaccino*) m. Rufiancillo.

Espía. m. Persona que atalaya.

Espiado. adj. H. Malsinado. || A. Acusado, delatado.

Espiar a. H. Atalayar, malsinar.

Espillador. m. Jugador.

Espillantes. m. pl. Los naipes.

Espillar. (En la jerga italiana *spilare* es jugar. Lombroso la incluye entre las palabras extranjeras como

procedente del alemán) a. Jugar ó quitar algo.

Espillo. m. Lo que se juega ó se quita.

Espina. f. Sospecha.

Esquifada. f. Junta de ladrones ó rufianes.

Estaca. f. Daga.

Estafa. f. Lo que el ladrón da al rufián.

Estafador. m. Rufián que estafa ó quita algo al ladrón.

Estanques. m. pl. Silla de caballo

Estiba. f. Castigo.

Estibado. adj. H. Castigado.

Estibal. m. Botín ó borceguí de mujer.

Estibar. a. Castigar.

Estibo. m. Zapato. || H. pl. Criados.

Estibón. m. Carrera.

Estilbón. m. Borracho.

Estrada. f. Lugar y sitio donde se sientan.

Estravo. (Elipsis, de *estraviado*) m. H. Loco.

Estrella. f. Iglesia. || V. Alta, Salud.

F

Faena. f. H. Tarea.

Fajado. adj. Azotado.

Fajas. f. pl. Azotes.

Falduda. m. Broquel. || V. **Barcelonés.**

Falso. m. Verdugo.

Fanal. m. Ojo.

Farahusteador. m. Ladrón diligente.

Farabustear. a. Buscar.

Faraute. m. Criado de mujer pública ó de rufián.

Farda. (Del ár *fard*, fardo) f. H. Bulto ó lío de ropa. || La A. n. l. i. como particularismo jergal.

Fardialedra. (De *farda*, bulto, y *ledro, a*, bajo, ruin, despreciable) f. Dineros menudos.

Fárfaro. (Del it. *fárfaro*, planta medicinal. V. **Salud**) m. Clérigo.

Fatigar. a. A. Hurtar.

Fazo. (Elipsis de *fazoleto*) m. Pañuelo de narices.

Feila. m. Cierta flor ó engaño que usan los ladrones cuando les cojen con un hurto, y es fingirse desmayados ó con mal de corazón.

Feria. f. H. Concierto ó plazo.

Ferronas. (De *fierro*) f. pl. Las espuelas.

Ficante. m. Jugador.

Ficar. a. Jugar.

Fieras. m. pl. Criados de justicia.

Filar. a. Cortar sutilmente.

Filatero. m. Ladrón que hurta cortando alguna cosa.

Filosa. (De *filo*, corte) f. Espada.

Filoso. m. H. Cuchillo.

Finibusterre. (De las palabras latinas *finibus terrae*; lit., en los fines de la tierra ó del mundo) f. Horca.

Fisberta. La A. hace derivar este término del al. *schwert*, espada. El camino de introducción de este término en la jerga no es otro que la voga que alcanzaron los libros de caballería. El nombre de esa espada es el de la de Reinaldos de Montalván, ó mejor dicho, es alteración de *Fusberta*, que así se llamó esa espada. V.

Durindana, Joyosa) f. Espada.

Fisga. (Del ital. *fisch o*, silbido) f. H. Burla.

Fisgar. a. H. Hacer burla.

Flor. f. H. Engaño.

Floraina. f. **Flor.**

Florear. a. H. **Engañar** ó florear el **naipe.** A. Disponer el naipe para hacer trampa.

Florero. m. Fullero que juega floreando el naipe.

Florido. adj. Rico.

Florin. (Del ital. *florino*. Llamábase así por estar marcado con una flor de lis) m. Moneda.

Follosas. f. pl. Calzas.

Forano. (Elipsis de *foráneo*) adj. Forastero.

Formaje. (Del provenzal *formatge*) m. H. Queso.

Fornido. adj. H. Recio.

Fornir. a. Arreciar ó reformar.

Fresca. f. H. Nueva.

Frisar. a. H. Refregar. ‖ Azotar.

Fulidor. m. Ladrón que tiene muchachos para que abran de noche las puertas de las casas.

Fuñador. m. Pendenciero.

Fuñar. n. Revolver pendencias.

Fustancado. (De *fustanque*) adj. Apaleado.

Fustanque. (De *fusta*) m. Palo.

G

Galar. a. H. Ganar.

Galea. f. A. Carreta.

Galear. (Lo mismo que *gallear*) n. H. Bravatear.

Galera. f. H. Carreta.

Gamba. (Del lat. *gamba*) f. H. Pierna.

Gandido. (De *gandir*, comer, que deriva de *yantar*) adj. H. Necesitado.

Ganzúa. f. A. Ejecutor de la justicia.

Gañiz. (Del sánscr. *ganita*, cálculo, cuenta; de *gan*, calcular, contar) m. A. Los dados. ‖ Esta voz no la incluye H. Debe corresponder á la época en que el *caló* influye en la *germania*. En el Diccionario de caló figura GAÑÍA, juego de dados.

Gao. (Del sánscr. *gantu*, andante; caló *chu-gao*) m. Piojo.

Garabero. m. Ladrón que hurta con garabato.

Garabo. (Elipsis de *garabato*) m. Garabato.

Garandar (¿Del al. *verandern*, mudar, cambiar?) n. A. Andar tunando de una parte á otra.

Garbear. (De *garba*, equivalente al germanesco *gavillar*) n. A. Robar ó andar al pillaje. ‖ Este término se usa siempre como correspondiente á una jerga militar.

Garda. (Del ár. *árida*, viga trasvesera?) f. A. Viga.

Gardar. a. A. Trocar ó cambiar una alhaja por otra. ‖ Esta palabra aparece en el Diccionario de caló, sin más significado que el de trocar, cambiar.

Gardillo. (De *gardo*) m. Muchacho.

Gardo, da. (La A. deriva esta palabra del fr. *gars*, y no incluye el femenino. A mí me parece elipsis de *gallardo*) m. y f. Mozo, moza.

Garfiña. f. Hurto.

Garfiñar. (De *garfa*, cada una de las uñas de los animales que las tienen corvas) a. Hurtar.

Gargamillón. m. Cuerpo.

Gargantear. a. Confesar en

el tormento. H. añade: ó dar voces.

Garitero. m. Encubridor de ladrones. H. añade: ó los que dan camas á ladrones.

Garito. (De *garita*) m. Casa. || Según la segunda acepción de **garitero**, debe referirse á la casa en que se recogen los ladrones.

Garitón. m. Aposento.

Garlar. (Del lat. *gurrulare*; de *garrire*, charlar) a. H. Hablar.

Garlear. n. Triunfar.

Garlo. m. Habla ó platica.

Garlón, na. m. y f. Hablador, habladora. || La A. no influye el femenino.

Garo. (V. **Gao** en el *Vocabulario de caló-jergal*) m. Pueblo.

Garullas. f. Las uvas.

Garsina. (Del fr. *larcin*) f. A. Hurto. || Esta palabra puede ser una alteración de **garfiña**.

Garsinar. a. A. Hurtar. || Puede ser una alteración de **garfiñar**.

Garro. (De *garra*) m. Mano.

Gavia. f. Casco.

Gavilla. (Del ár. *abíla*, haz de mieses) f. H. Chusma de gente.

Gavillada. (De *gavilla*) f. Lo que el ladrón junta con sus robos.

Gavillador. (De *gavillar*) m.

H. Ladrón que junta lo que ha de llevar. A. Ladrón que junta los que ha de llevar para el hurto.

Gavillar. (De *gavilla*) a. Juntar.

Gavión. (De *gavia*) m. H. Sombrero.

Gaya. (Del lat. *gaudium*, alegría, gozo) f. Mujer pública.

Gayón. (De *gaya*, ramera) m. Rufián.

Gaza. (Elipsis de *gazuza*) f. A. Gazuza.

Gelfe. (Del ár. *chelf*, cruel, innoble) m. H. Esclavo.

Gentes. f. pl. Las orejas.

Gerifalte. (Del al. *geierfalk*; de *geier*, buitre, y *falk*, halcón) m. Ladrón.

Germana. f. Mujer pública.

Germania. f. Rufianesca.

Germano. (Del lat. *germanus*, hermano) m. Rufián.

Gertas (¿Elipsis de *ingertas*?) f. H. Las orejas.

Giba. f. Bulto. || pl. Alforjas.

Gigantes. m. pl. Los dedos mayores de la mano.

Gobierno. m. H. Freno de caballo. A. Freno.

Godeña. (De *godo*) adj. Principal.

Goderia. f. H. Comer de gorra, ó de borrachera. A. Convite ó comida de gorra.

Godizo. (De *godo*, é *iza*) adj. H. y A. Rico principal. ||

La A. incluye impropiamente el femenino de este adjetivo. Su composición indica que sólo se puede referir al hombre.

Godo, da. adj. H. Rico, principal. A. Noble, poderoso.

Golondrera. (De *golondrina*, por ir en bandadas) f. Compañía de soldados.

Golondrero. m. H. Ladrón que se hace soldado para hurtar sin riesgo.

Golondrino. m. Soldado.

Goloria. f. Estafa.

Golpeado. m. Postigo.

Golpear. a. Menudear en una misma cosa.

Gollero. (De *gollería*, que deriva de *gula*) m. El que hurta en los grandes concursos y aprietos de gente.

Gomarra. (¿Del sánscr. *kumára*, joven? ¿Alteración de *gomorra*? V. **Soma**) f. Gallina.

Gomarrero. (De *gomarra*) m. Ladrón de gallinas y pollos.

Gomarrón. (De *gomarra*) m. H. Pollo ó capón. A. Pollo de la gallina.

Gorja. f. H. Garganta.

Gorullón. m. Alcaide de la cárcel.

Gorra. f. H. **Goloria** ‖ m. H. El que echa la gorra.

Gorrón. adj. H. **Gorra.** Sig-

nifica la costumbre de algunos de comer, vivir, regalarse ó divertirse á costa ajena.

Granar. n. Enriquecer.

Granido. adj. Rico. ‖ m. Paga de contado.

Granizo. m. Muchedumbre de una cosa.

Grano. m. Ducado de 11 reales.

Granoto. m. Cebada.

Greno (Metátesis de *negro*) m. Negro. ‖ Esclavo.

Greñas. (Del lat. *crinis*) f. pl. H. Cabellos remesados.

Gridador. m. Gritador ó pregonero.

Gridar. a. H. Gritar.

Grido. m. H. Grito.

Grito. (Metátesis de *trigo*) m. Trigo.

Grofa. (Del lat. *scrofa*, puerca) f. Mujer pública. H. añade: ó baja.

Grullas. f. pl. Calzas de polaina. ‖ **de los segovianos.** H. Lo propio.

Grullo. (De *grulla*) m. Alguacil.

Gruñente. m. Cerdo.

Gruñidor. m. Ladrón que hurta cerdos.

Guanta. (¿Elipsis de *aguanta*?) f. Mancebía.

Guardacoimas. (De *guardar* y *coima*) m. Criado de padre de mancebía.

Guardadamas. m. **Guardacoimas.**

Guardaizas. (De *guardar é iza*)
Guardacoimas.

Guardapostigo. m. H. Criado de rufián.

Güeltre. m. A. Dinero. ‖
Esta voz no la incluye
H. Es voz gitana y corresponde á la época en
que empieza á ingerirse
el caló en la germanía.
Se cita en el *Soldado
Píndaro.*

Guido. adj. Bueno.

Guinchado. (De *guincho*, instrumento con punta para
herir ó picar) adj. Perseguido.

Guindar. (Del fr. *guinder*) a.
H. Aquejar ó maltratar.

Guindrado. adj. H. Perseguido ó maltratado

Guiñar. (De *guiño*) a. H. Señalar ó hacer del ojo ‖
r. Irse ó huirse.

Guiñarol. (De *guiñar*) m.
Aquel á quien hace señas con los ojos.

Guiñón. m. Seña que se
hace con un ojo.

Guisado. m. Mancebía.

Gura. (¿Del lat. *curia?*) f. La
justicia.

Gurapas. (De *gura*) f. pl.
Galeras (pena de).

Guro. (*gura*) m. Alguacil.

Gurón. (De *guro*) m. Alcaide
de la cárcel.

Gurullada. f. Tropa de corchetes y alguaciles.

Guzpatarero. m. Ladrón que
agujerea y horada las
paredes.

Guzpataro. m. Agujero.

H

Habas. f. pl. Uñas.

Hacho. m. Ladrón. ‖ Tenía este nombre un baile antiguo. V. **Baile.**

Harpiedo. adj. H. Baboso, necio.

Hartón. (Del gr. *artos*) m. Pan.

Hermana. f. Camisa. ‖ pl. Las tijeras. ‖ Las orejas.

Herrero. m. Ferreruelo.

Hincar. a. H. Hincar un dado.

Hopo. m. Cabezón ó cuello de sayo.

Horizonte. m. H. Casco de acero.

Hormigas. f. pl. Dados de jugar.

Hormiguear. n. Hurtar cosas de poco precio.

Hormiguero. m. Ladrón que hurta cosas de poco precio. ‖ Fullero que juega con dados falsos.

Horno. m. Calabozo.

Hostalería. f. H. Bodega.

Hostalero. m. H. Bodegonero.

Hostería. f. H. Tabanco ó bodegón.

Huebra. (De *obra*) f. Baraja de naipes.

Hueca. f. H. Caña.

Huerca. (De *huerco*, andas para llevar á los muertos; triste, retirado en la oscuridad; infierno, muerte, demonio) f. La justicia.

Hurgamandera. (De *hurgar* y *mandar*, en sentido rufianesco) f. Mujer pública.

Hurgamandales. m. pl. H. Criados de mujeres de la mancebía ó de los rufianes.

I

Ilustres. f. pl. Las botas.

Iza. (De *izar*, en el sentido rufianesco de poner en erección) f. Ramera.

Izado. m. El que está amancebado.

J

Jacarandana. (De *jácara*, que deriva del ár. *zacar*, narración de un hecho memorable) f. Rufianesca ó junta de rufianes ó ladrones. || Lenguaje de los rufianes.

Jacarandina. f. Jacarandana. || A. Jácara. || A. Modo particular de cantarla los jaques.

Jaez. (Del ár. *chachez*, aparato) m. H. Vestido ó aderezo de vestirse. A. Ropa ó vestidos.

Jaque. (Del persa *xah*, rey) m. H. Rufián.

Jar. n. Orinar.

Jarandina. f. A. Jacarandina.

Jardín. m. Tienda de mercader ó feria.

Jayán. (De *gigante*) m. Rufián respetado por todos los demás.

Jorgolín. m. A. Compañero ó criado de rufián.

Jorgolino. m. Jorgolín.

Joyosa. (Nombre de la espada de Carlomagno. V. página 198. V. Durindana. Fisberta) f. Espada.

Juan. m. H. Cepo de iglesia ó cadenado. A. Cepo de iglesia || A. De garona. Piojo. || Diaz. A. Candado ó cerradura. H. cadenado. || H. y A. Dorado. Moneda de oro || H. Machiz. A. Machir. Machete. || H. y A. Platero. Moneda de plata. || Tarafe. Dado de jugar.

Juanero. m. Ladrón que abre cepos de iglesia.

Justa. (Apócope de *justicia*) f. La justicia.

Justo. m. Jubón || Término de influencia procesal. V. Apretado.

L

Labradas. f. pl. H. Hebillas.

Labradora. f. La mano.

Labrados. m. pl. Botines ó borceguíes. || H. dice que sólo se, refiere este término al calzado de los hombres.

Ladrillo. m. Ladrón.

Lagarto. m. Ladrón del campo. || Ladrón que muda de vestido para que no le conozcan.

Landre. f. H. Bulto de dinero.

Landrero. m. El que hurta abriendo la ropa donde ve que hay bulto de dinero. || Ladrón que al trocar algún dinero, recibe el ajeno y no da el suyo, sosteniendo que ya lo ha dado. || H. añade: También dicen que es ladrón que juega de bocadillo.

Lanternas. f. pl. H. Los ojos.

Lechuza. f. Ladrón que hurta de noche.

Ledro, dra. (Del fr. *laid*) adj. H. Bajo ó que vale poco. A. Bajo, ruín, despreciable.

León. m. Rufián.

Leonas. f. pl. Las calzas.

Lepado. (Metátesis de *velado*) adj. H. Pelado.

Lepar. (Metátesis de *pelar*) a. Pelar.

Lerdo. adj. Cobarde.

Leva. f. H. Ardid ó astucia.

Levador. m H. El ladrón que en cogiendo algo pone los pies huyendo. Otros dicen que es el ladrón que carga el hurto. Otros que es el ladrón muy sutil y que usa de muchas levas para hurtar. || A. Ladrón que huye con prontitud después de ejecutado el hurto. || Ladrón astuto y sutil que usa de muchas tretas para hurtar.

Levarse. r. Moverse, irse.

Leyva. (¿Metátesis de *baile*?) f. H. Manga de sayo.

Liga. f. Amistad.

Ligero. m. Manto de mujer.

Lima. f. Camisa.

Lince. m. H. Ladrón de gran vista. || El que atalaya cuando están hurtando.

Lobatón. (Aumentativo de *lobato*) m. Ladrón que hurta ovejas ó carneros.

Lobo. m. Ladrón.

Lomar. a. Dar.

Longares. (Significación y representación de huir. V. **Alolargo**) m. Hombre cobarde.

Longuiso. m. **Longares.**

Lucas. m. pl. Los naipes.

Lucerna. f. Cadela.

Lucerno. m. Candelero.

Luceros. m. pl. H. Los ojos.

Luda. f. Mujer.

Ludio, dia. adj. Bellaco || m. pl. Ochavo, cuarto, moneda de cobre.

Luenga. adj. Principal.

Lumaderos. (¿*Limaderos?*) m. pl. Los dientes.

Luminaria. f. Ventana.

Luna. f. Camisa. || Rodela.

M

Maco, ca. adj. Bellaco.

Madrastra. f. Cárcel. || Cadena.

Madrugón. m. H. Madrugada.

Maleante. m. H. Burlador.

Maleta. f. Mujer pública á quien trae uno consigo ganando con ella.

Malla. f. H. Cota.

Mancar. a. Faltar.

Mancil. m. Mandil.

Mandamientos. m. pl. H. Los dedos de la mano. || La mano.

Mandil. m. Criado de rufián ó de mujer pública.

Mandilada. f. Junta de criados de rufianes.

Mandilandines. m. pl. Mandil.

Mando. m. Destierro.

Mandria. (Del sánscr. *mándara*, gordo, pesado, perezoso) m. Hombre simple ó tonto.

Manfla. (Del sánscr. *manapá*, bella, seductora) f. Burdel.

Manflota. f. Manfla.

Manflotescos. adj. pl. H. Los que siguen la mancebía. A. Que frecuenta los burdeles.

Maníblaj. m. Mandil.

Manida. f. H. Casada. || A. Casa.

Maraña. f. Mujer pública.

Marca. f. Mujer pública.

Marcar. a. H. Señalar en el rostro.

Mareador. m. Ladrón que trueca dinero. A. Ladrón que trueca la mala moneda por la buena.

Mareante. m. H. Ladrón que anda de una parte á otra.

Maria. f. H. Arca.

Mariscar. a. Hurtar.

Marisco. m. Lo que se hurta.

Marquiartife. (De *marca* y *artife*. Alude al pan que se gana rufianescamente) m. Pan.

Marquida. f. Marca.

Marquisa. f. Marca.

Martillado. m. Camino. || A. **Coger las del martillado.** Coger las de Villadiego.

Martillar. n. Caminar.

Martillo. m. Martillado.

Maselucas. m. pl. Los naipes. || V. Lucas.

Mastín. m. Criado de justicia.

Mayoral. (De *mayor*) m. Alguacil. || Corregidor.

Mazada. f. H. Cuando el fullero da con algún encuentro que junta.

Mechusa. f. Cabeza.

Menguar. n. H. Faltar.

Mercader. m. Ladrón que anda siempre donde hay trato

Mercadería. f. Lo que hurtan los ladrones.

Meseguero. (Del lat. *messis*, mies) m. H. Guarda de trigos.

Meter. a. H. Comer.

Milanés. (Por estar hecho en la fábrica de Milán) m. Pistolete.

Mina. (Del lat. *mina*, cierta moneda) f. Ludia. || Cobre. || Mayor. Oro. || Menor. Plata.

Miñarse. r. Irse, marcharse.

Mirlas. f. pl. Las orejas.

Misacantano. (De *misa* y *cantar*) m. Gallo.

Mizo. adj. Manco ó izquierdo.

Moa. (¿Apócope de moneda?) f. Moneda.

Mocante. (De *moco*) m. Lienzo con que se limpian las narices.

Mochín. (V. *Bochín*) m. Verdugo.

Mogollón. (Del ár. *ogol*, la acción de presentarse á comer sin estar convidado) m. H. Comer sin pagar.

Molino. (Alusión á la rueda del potro del tormento) m. Tormento judicial.

Mollerón. (De *mollera*) m. Casco de acero.

Montaña. (De *monte*. ¿Alusión al monte de Venus? Probablemente influyen más otras representaciones. Todavía el pueblo expresa las uniones ilícitas diciendo de los que viven de ese modo que están *amontonados*. El término jergal y todos sus equivalentes, me parecen derivados de «montón» De ese modo se justifica la etimología de piltro. V. pág. 97) f. Mancebía. || De pinos. Mancebía.

Monte. m. Mancebía.

Mordientes. f. pl. Las tijeras.

Moscante. m. H. Mosqueador.

Motar. a. Hurtar.

Mozo. m. Garabato.

Muflir. a. Comer.

Mundo. m. Rostro.

Muquición. f. Comida.

Muquir. a. Comer.

Murceo. m. Tocino.

Murciado. adj. H. Al que hurtan.

Murciar. a. Hurtar.

Murcigallero. (De *murcio* y *gallero*) m. Ladrón que hurta á primera noche. || H. Ladrón que deshace la ropa que otros ladrones hurtan.

Murciglero. m. Ladrón que hurta á los que están durmiendo.

Murcio. (Del lat. *mus, muris,* y la terminación despectiva *cio*) m. Ladrón.

Muro. Broquel.

Murta. (Del lat. *murta* y *myrta*) f. Aceitunas.

N

Nabato. m. H. Espinazo.

Nabo. m. Embargo.

Napas. f. pl. Nalgas.

Nares. (Del lat. *nares*) f. pl. Narices.

Navarro. m. Ansarón.

Navia. Cuerpo.

Negra. f. Caldera.

Negro. m. Astuto, taimado.

Negrota. f. Negra.

Nexo. adv. neg. No.

Nido. m. H. Casa.

Niebla. f. Madrugada.

Nipos. (¿Metátesis rufianesca de *pinos?*) m. pl. Dineros.

Noche. f. Sentencia de muerte. || H. Tristeza. || Capa.

Nones. adv. H. No.

Novato, ta. adj. H. Nuevo, sin experiencia.

Novatón, tona. H. Novato.

Novelero. (De *novela*, ficción) adj. H. Revoltoso. || Criado de rufián que lleva ó trae nuevas.

Nube. f. Capa.

Nublado. m. Nube.

Nuestramo. m. El escribano.

O

Obispo. m. Gallo.

Oncemil. m. Cota de malla.

Ondeador. m. H. El ladrón que tantea por donde ha de hurtar.

Ondear. n. H. Tantear.

¡Ori! interj. ¡Hola!

Oseta. (Contracción de *ose tal*) f. Lo que pertenece á la rufianesca.

Ovil. (Del lat. *ovile*; de *ovis*, oveja) m. Cama.

Ovillo. m. Lío de ropa.

P

Padrastro. m. Fiscal. || Procurador en contra.

Padre. m. Sayo: || H. Padre de mancebía.

Pagote. m. H. Los que de **Mandiles** están para ser rufianes y guardan la mujer para que la paguen. A. Aprendiz de rufián.

Pala. (Caló *palá*, espalda, dorso) f. Ponerse un ladrón delante de uno á quien se quiere robar, para ocuparle la vista.

Palanquín. m. A. Ladrón.

Paletero. m. Ladrón que ayuda á hacer pala.

Palmar. n. Dar por fuerza una cosa.

Palmear. n. Azotar.

Palmenta. f. Carta mensajera.

Palmentero. m. Cartero ó correo.

Paloma. f. Sábana.

Palomo. adj. Necio, simple, ignorante. V. **Blanco.**

Pandar. a. Juntar y componer los naipes para hacer una trampa ó fullería.

Panderete. m. Flor ó treta que los fulleros usan en el juego de naipes.

Papagayo. m. Criado de justicia ó soplón.

Parlar. (Del fr *parler;* del b. lat. *parabolare;* del lat. *parabola*, narración) a. H. Hablar.

Parrillas. m. pl. H. El burro en que dan tormento. || A. Potro.

Payo. (De *Pelayo,* nombre propio vulgar entre asturianos y gallegos) m. Pastor. || Probablemente lo emplearían en la acepción de rústico.

Pechardino de manga. H. Es cuando entre dos ladrones quieren hacer que pague alguno por ambos una comida ó cena. Concierta uno de los ladrones con el que han de engañar que reserven del gasto al compañero, y se concierta con el bodegonero para que si lo que les diere de comer ó cenar montare diez que pida veinte. Pagan cada uno su parte el ladrón y el **pechardino**, y después el tabanquero le restituye sus diez al ladrón, cobrando con los otros diez del engañado. || A. Engaño que hace uno á otro obligándole á que pague algo por ambos.

Pedro. m. Vestido que al tacto muestra pelo y lo usan los ladrones de noche. || Capote ó tudesquillo. || El cerrojo.

Peligro. m. Tormento de justicia.

Pelosa. f. Saya, capa, frazada.

Peloso. m. H. Capote de sayal.

Pelota. f. H. Mujer de mancebía. || Bolsa de dinero.

Peltraba. f. Mochila.

Pelleja. f. Saya.

Pellejo. m. Sayo.

Penado. m. Galeote.

Penas. f. pl. Galeras.

Penca. f. H. Azote de verdugo.

Pencado. adj. H. Azotado.

Pencar. (De *penca*, azote) a. A. Azotar el verdugo.

Pencazos. m. pl. Azotes.

Pencuria. (De *penca*) f. Ramera.

Penchicarda. f. Ardid que ejecutan algunos ladrones ó rufianes en el bodegón, donde, después de comer ó cenar, revuelven una pendencia,

y así se salen sin pagar.

Pendencia. f. Rufián.

Pensamiento. m. Bodegón.

Peñarse. r. A. Irse huyendo.

Peñas. f. pl. H. Irse. || **y buen tiempo.** Irse huyendo. || **de longares.** Irse muy lejos.

Percador. m. A. Ladrón que hurta con ganzúa.

Percha. (Metátesis de *pechar*) Posada ó casa. || Uña sobre que los ladrones cortan la bolsa.

Perlas. f. pl. H. Lágrimas.

Pernicho m. Postigo.

Pesado. adj. Embargado.

Pescada. f. Ganzúa.

Pescado. adj. Robado con ganzúa.

Pescador. m. H. Ladrón que hurta con ganzúa.

Peso. m. Embargo. || pl. **de artifara.** Pan.

Peste. f. Dado de jugar. || H. Maldición.

Pezón. m. Asidero de la bolsa.

Piador. m. Bebedor.

Piar. a. Beber.

Piarzón. m. H. Bebedor. || A. **Piarcón.** El que es gran bebedor.

Picador. m. Ladrón que usa ganzúa.

Picamulo. m. Arriero.

Picante. m. Pimienta.

Picado. adj. Ido.

Picar. a. H. Irse á prisa.

Picoa. f. Olla.

Picol. (Del ital. *piccolo*, pequeño adv. m. Poco, en pequeña cantidad.

Picón. m. Piojó. ‖ H. El que mira alguna cosa y lo roban.

Picosa. f. Paja.

Piedra. f. Gallina.

Pifar. a. A. Picar el caballo para que camine ‖ H. **Pilfar.**

Pifla. f. H. Mancebía.

Pifo. m. Capote ó tudesquillo.

Piloto. m. Ladrón que va delante de otros, guiándolos para hacer el hurto.

Piltra. (V. pág. 97) f. Cama.

Piltro. (V. pág. 97) m. Aposento. ‖ Mozo de rufián.

Pillado. m. H. Lo hurtado ó *jugado.*

Pillador. m. Jugador.

Pillar. (V. **Espillar**) a. H. y A. Jugar. ‖ H. Hurtar ó quitar.

Piñarse. (¿Peñarse?) r. H. Irse huyendo.

Pío. m. Vino.

Piorno. m. Borracho.

Pirámide. f. Pierna.

Pisa. f. A. Mancebía.

Pisante. m. Pie. ‖ Zapato.

Pitaflo. m. Jarro.

Planeta. m. Candela.

Plantado. Planteado. m. H. Enterrado.

Plantador. m. Sepulturero. ‖ H. **Planteador.**

Plantar. a. Enterrar.

Plantosa. f. Taza ó vaso para beber.

Plomada. f Pared.

Pluma. f. Remo.

Poleo. m. **Polinche.**

Poliche. m. H. Casa donde juegan.

Polidor. m. Ladrón que vende lo que han hurtado otros.

Polinche. m. El que encubre ladrones ó los abona ó fía.

Poniente. m. Sombrero.

Porra. f. Rostro.

Portar. a. H. Traer.

Posta. f. Alguacil.

Postillón. m. H. Rocín.

Potado. (De lat. *potatus*) m. Borracho.

Potar. (Del lat. *potare*) a. Beber.

Presa. f. H. Tormento.

Prestido. m. H. Préstamo.

Prestir. a. Prestar.

Prima. f. Camisa.

Primo. m. Jubón.

Puerto. m. Posada ó venta.

Pulido. m. H. Sutil, astuto. ‖ El que compra lo que hurta el ladrón.

Pulidor. m. H. **Pulido.** 2.ª acepción.

Pulir. a. H. Hurtar ó vender.

Pumente. m. Faldellín ó refajo de mujer.

Pungiente. f. H. Espina.

Punterol. m. Almarada de hacer alpargatas.

Punto. H. Interj. para dar aviso.

Q

Quebrar. a. H. Faltar.
Quemado. m. Negro.

Quemantes m. pl. Ojos.
Quinas. f. pl. Los dineros.

R

Rabiza. (De *rabo*. Quiere decir en sentido rufianesco que no tiene rabo disponible) f. H. Mujer de mancebía de las tenidas en poco. A. Ramera muy despreciable. || Alcahueta.

Racimo. m H. Ahorcado.

Rancho. m. H. Tienda ó lugar donde se recogen.

Raso. (Del sánscr. *rishi*, persona santa: en gipsio *rashi* y en caló *a-rajay*, sacerdote, hermano) m. Abad.

Raspa. f. Cierta trampa que usan los fulleros en el juego de naipes.

Raspadillo. m. A. **Raspa**.

Rastillado. adj. H. Al que lo arrebatan. A. Dícese de aquel á quien han robado una cosa.

Rastillero. m. Ladrón que arrebata una cosa y huye.

Rastillo. m. Mano

Rata. f. Faltriquera.

Ratón. m. Ladrón cobarde. || H. Ladrón de faltriqueras.

Rayo. m. Criado de justicia. || pl. Ojos.

Reble. m. Nalga.

Recambio. m. Bodegón.

Reclamo. m. Criado de la mujer de la mancebía. || H. Grito ó voz llamando á alguno.

Red. f. Capa. || H. de paño. A. de payo. Capote de sayal.

Redejón. m. Toca ó escofión de red.

Redero. m. Ladrón que quita capas.

Redoblado. m. H. Escapado huyendo.

Redoblón. m. Acción de redoblar el naipe para hacer el fullero la flor.

Redonda. f. Basquiña.

Registro. m. Bodegón.

Relámpago. m. Día. ||
Golpe

Remedio. m. Procurador.

Remolar. a. Cargar un dado
para que no corra sino
á la parte en que está
cargado.

Remolcar. a. H. Llevar.

Remollar. a. Aforrar ó guarnecer.

Remollerón. m. Casco de
acero.

Repullo. m. **Acetre**.

Rescatar. a. H. Librar.

Rescate. m. H. Lo que las
mujeres envían para li-
brar ó desempeñar á sus
rufianes.

Respeto. m. Espada.

Resuello. m. Dinero. || H.
dice **Resullo**.

Retén. m. H. Es tener el
naipe cuando el fullero
juega.

Retirarse. r. H. Recogerse
ó apartarse.

Revesa. f. A. Arte ó astucia
del que vende á otro que
se fía de él. H. Es cuan-
do uno vende á otro que
se fía de él.

Revolar. a. Escapar el ladrón que huye arroján-
dose de tejado ó ven-
tana.

Revuelta. f. H. Criado de
rufián.

Rey. m. Gallo.

Rigor. m. Fiscal.

Rixon. adv. de afirmación.
H. Si.

Rodancho. m. Broquel.

Rodeo. m. Junta de ladrones ó rufianes.

Rozar. a. H. Comer.

Rozavillón. m. El que come
de mogollón

Rozo. m. Comida.

Rueda. f. Broquel.

Rufezno. m. Rufianillo.

Rufo. m. Rufián.

Rufón. m. Eslabón con que
se saca fuego.

Ruido. m. Rufián.

Rumbo. m. Peligro.

S

Saco. m. H. Costal ó talega.

Sacocha. (Del ital. *saccoccia*) alforjas) f. Faltriquera.

Sacoime. (De *saco* ó de *sacar* y *coime*) m. Mayordomo.

Safarse.(Alteración de *zafar*, derivado del inglés *to save*, salvar) r. H. Escaparse, librarse.

Sage. (Del fr. *sage*) m. H. Astuto, avisado.

Sagitario. m. El que llevan azotando por las calles.

Salón. m. H. Palo.

Salsablanca. f. H. Mostaza.

Saltadores. m. pl. H. Pies.

Salterio. m. Salteador.

Salud. (V. Farfaro) f. Iglesia.

Salvar. a. Retén.

Salvatierra. m. Retén.

Sangrado. m. H. Al que sacan el dinero.

Sangre. f. H. Dinero.

Sangría. f. Abertura que hace el ladrón para sacar el dinero.

Sanguina. f. Achaque mensual de las mujeres.

Sano de Castilla. m. H. Ladrón disimulado.

Sardioqui. m. Sal. || Salero. || La A. Sardioque.

Sarmentera. f. Toca de red ó gorguera.

Sarzo. m. H Saya. || de papal. Sayo de faldamentos largos. || A. Sarco. || de popal.

Sayagués. m. H. Simple de Sayago. || Sano de Castilla.

Secreto. m. Huesped que da posada. || Puñal.

Senso. m. H El gusto ordinario.

Señal. f. Criado de justicia.

Sepultar. a. H. Esconder.

Serenidad. f. Desvergüenza.

Sereno. adj. Desvergonzado.

Serta. f. Camisa.

Siena. f. A. Cara.

Sierpe. f. Ganzúa.

Sierra. (A. Siena) f. H. Rostro. || pl. Las sienes.

Sillene. f. H. Silla de sentarse.

Similirate. m. Ladroncillo temeroso.

Soba. f. H. Aporreamiento.

Sobado. m. adj. Aporreado.

Sobaquido. m. Hurto que se lleva debajo del brazo.

Sobar. a. H. Dar á alguno de golpes.

Socorro. (A. Socono) m. Hurto. || Lo que la mujer envía al rufián.

Soma. (¿Apócope de *sodoma?* V. **Gomarra**) f. Gallina.

Sombra. f. Justicia.

Son. Voz para imponer silencio.

Sonantes. f. pl. Nueces.

Soniche. m. Silencio.

Soplar. n. H. Descubrir.

Soplo m. El que descubre á otro.

Sorna. (¿Del celt *sorren*, estar de mal humor?) f. Noche.

Sorner. n. Dormir.

Sorneado. adj. H. Dormido.

Sufrida. f. Cama.

Sufrido. adj. H. Al que dan tormento y niega.

Suzarrillo. A. **Sucarrillo**. (Diminutivo de *suzarro*) m. Paje.

Suzarro. A. **Sucarro**. (¿Del ital. *suzzare*, enjugar, secar poco á poco?) m. Mozo que sirve.

T

Tablado. m. Cara.

Tablantes. m. pl. Los manteles.

Tablón. m. Mesa.

Taco. m. Regüeldo.

Tachonado. m. Cinto.

Tajamar. m. Cuchillo de campo.

Tajón. (¿De *taja*, tributo?) m. Mesón.

Talar. a. Quitar ó arrancar.

Talón. (¿De *talar*?) m. Mesón. ‖ Sentido literal. H. Andar á pie.

Talonero. m. Ventero ó mesonero.

Tallado. m. Sayo.

Tallón. m. Bodegón.

Tamba. (Metátesis de *manta*, permutando la *n* en *b*) f. Manta de la cama.

Tapador. m. Sayo. ‖ Padre de mancebía.

Tapia. f. H. Pared.

Taplo. (Metátesis de *plato*) m. Plato.

Taquin. m. Fullero.

Tarafada. (Todas las palabras cuya raíz es *tara* deben considerarse como representativas de tributo)

f. Flor ó trampa en los dados.

Tarafana. f. Aduana.

Tarafes. m. pl. Los dados.

Taragoza. f. Pueblo.

Taragozaqida. f. Ciudad.

Tarquia. f. Tarja.

Tarrascar. a. Abrir ó tirar.

Tasquera. f. Taberna.

Techado. m. H. Tejado.

Techo. m. Sombrero.

Tejado. m. H. Sombrero. A. Capa, manto ó sombrero.

Temor. m. Cárcel.

Tercero. m. H. Galeote de tercer banco.

Terciado. m. H. Media espada.

Tercio. m. H. El que tercia, abona ó fía.

Terniza. f. H. Terna de dados.

Terroso. m. H. Turrón de tierra. A. Montón de tierra.

Tijeras. f. pl. Dedos mayores de la mano.

Tiple. (Porque hace *cantar*, declarar) m. Vino.

Tira. f. Camino. ‖ Flor de

fulleros. || **Angosta**. Juego de bolos.

Tiradera. f. Cadena.

Tirana. f. H. Ventana.

Tirantes. m. pl. Calzas.

Tiro. m. H. Engaño.

Tisvar. a. H. Mirar.

Toba. (Metátesis de *bota*) f. Bota de calzarse.

Tocado. (¿Estará tomado este término de la esgrima?) adj. H. Al que engañan ó roban.

Tocador. m. H. Fullero que toca ó señala los naipes.

Tocar. a. H. Engañar.

Tocino. m. Azote.

Toldar. a. Cubrir ó aderezar.

Toldo. m. H. Gravedad ó entonamiento.

Tomajón. m. H. Criado de justicia. A. Oficial ó ministro de justicia.

Torneo. m. Tormento de justicia.

Torno. m. H. **Torneo**. A. Potro de tormento.

Torzuelo. m. Anillo.

Trabada. f. H. Cota. A. **Trabado**.

Trabajar. a. Hurtar ó robar.

Trabajo. m. Prisión ó galeras.

Trainel. m. Criado de la mujer pública ó del ru-

fián, que lleva y trae recados ó nuevas.

Trápala. f. Cárcel.

Trapana. f. **Trápala**.

Trasmontado. adj. H. Traspuesto, huido ó escondido.

Trasmontar. a. H. Trasponer, huir ó esconder.

Trasponer. a. H. **Trasmontar**.

Travo. m. Esgrimidor ó maestro de esgrima.

Trena. (Del fr. *tráine*) f. Cárcel.

Treno. m. Preso.

Tres de menor. m. Asno ó macho

Treza. f. Bestia.

Tributo. m. Mujer de mancebía.

Trinquete. m. Cama de cordeles.

Triscador. adj. Sedicioso, fanfarrón, alborotador ó revoltoso.

Tristeza. f. Sentencia de muerte.

Tristura. f. Calabozo.

Tropel. m. Cárcel. || Ruido.

Tropelero. m. Salteador.

Turco. m. Vino.

Turlerín. m. H. Ladrón.

Turquía. f. Dobla de oro.

Turrón. m. Piedra:

Turronada. m. Golpe dado con piedra.

V

Vasido. m. H. Muerto.

Vasir. n. H. Morir.

Vayunca. f. H. Taberna.

Vedilla. f. Frazada.

Vellida. f. Frazada.

Vellido. m. Terciopelo.

Vellosa. f. Bernia de marinero. || Frazada.

Velloso. f. Carnero. || Bernia.

Vencejo. (Del lat. *vinculum;* de *vincire*, atar) f. Pretina.

Vengainjurias. m. Fiscal.

Ventosa. f. Ventana.

Ventoso. m. El que hurta por la ventana.

Verdón. m. Campo.

Verdoso. m. Higo.

Vergüenza. f. Toca de la mujer.

Verrugueta. f. A. Fullería, trampa en el juego de naipes.

Verruguetear. a. A. Usar de verruguetas en el juego.

Viento. m. Descubridor de algo, malsín, soplón.

Vigilia. f. H. La trompeta del verdugo.

Vigolero. m. Ayudante del verdugo en el tormento.

Vilagomez. m. El que saca barato de los naipes en la casa de juego.

Vilhorro. m. El que se libra de un peligro huyendo.

Viñas. f. pl. H. Irse huyendo. || H. y A. **y Juan Danzante.** Irse huyendo.

Visantes. m. pl. Los ojos.

Vistoso. m. Ojo. || Sayo.

Volador. m. H. Ladrón que hurta por ventana ó lugar alto.

Volante. m. H. Tocado de mujer.

Volara. m. H. Verdugado de mujer.

Volata. m. Volador.

Volatero. m. H. **Volata.** || H. y A. Ladrón que, corriendo, acomete á hurtar alguna cosa.

Volteado. m. H. Garabato.

Volteador. m. H. Ladrón que sube con garabato.

Voz. f. Consuelo.

Vuelo. m. H. Salto.

Vulgo. m. Mancebía.

X

Xión. adv. Sí.

Z

Zaina. f. H. Bolsa. ‖ A. Zaino.

Zaino. m. H. Traidor.

Zasco. m. H. Sayo largo.

Zinguizangue. m. H. Terciado ó machete.

Zurro. m. H. Paño de manos.

VOCABULARIO DE CALÓ JERGAL

A

Abanico. m. Cárcel celular de Madrid.

Abillelar. (Del sánscr. *av.*) Caló. n. Venir.

Achares. (Del caló *achangar*, avasallar, sujetar) m. pl. Celos. ‖ Loc. **Dar achares.**

Afanar. (Germ. *tar-afana*, aduana) a. Hurtar.

Afano. m. Hurto.

Afargar. (Germ. *farda*, lío de ropa; caló *fardí*, ropa) a. Arropar, cubrir con ropa.

Afares. (Germ.) m. Pantalones.

Alcantarillero. m. Escalador.

Alfiler. m. Puñal, cuchillo.

Aliviar. (Germ. Aliviado, alliviador) a. Robar. ‖ r. En los convites equivale á algo semejante á la locución germanesca pechardino de manga. ‖ Genéricamente, alude á esquivar el pago de una cuota ó de una cuenta, aparentando pagarla.

Ama. f. Alcahueta.

Amainar. n. Esperar, tener paciencia.

Amarre. m. Procedimiento de fullería que consiste en disponer los naipes de manera que salga la carta que el tahur considere favorable.

Alternar. (De la jerga taurómaca) a. tomar categoría. Ser admitido en el gremio ladronesco.

Andana. (Germ. *allana*) f. Iglesia.

Andarios. m. Vendedor. Quinquillero.

Andivelar. (Término agitanado) a. Andar.

Anglé. m. Testículo.

Anguí. (Caló *angustró*) m. Anillo.

Apaño. m. Querido, cortejo.

Apenao. (Germ. *penado*) m. Condenado.

Apirabar. (Caló *pirabar, piraberar)* n. Fornicar.

Apuntar. a. Hacer puestas en el juego.

Aquilinó. (Germ. *aguileño*) m. Ratero.

Arate. (Caló) m. Sangre, menstruación.

Arremanguiñar. (Tér. agit.) a. Arremangar.

Ases. (De *asas*) m. pl. Grillos de prisión.

Atracador. m. Salteador de ciudad.

Atraco. m. Asalto. || **á la conocida.** Con plan completo para operar sobre seguro. || **á la papira.** Exhibiendo una carta en que se conmina á la persona atracada. || **á la descarada.** Increpando por sorpresa á una persona ó apelando á otro proceder para colocarla en el trance de tener que comparecer ante los tribunales, por un motivo vergonzoso. || **del cloroformo.** Por anestesia violenta. || **en despoblado.** Salteamiento.

Asornar. (Germ. *sornar*, dormir) a. Adormecer.

Avión. m. Mantón.

Aviu. (Jerga cat.) m. Cuchillo.

Ayunisarar. (Tér. agitan.) n. Ayunar.

B

Bala rasa. (sánscr. *rasa*, licor; caló, *resí*, viña). Copa de aguardiente.

Baldeo. (Germ.) m. Cuchillo.

Bale. (sánscr. *bála*; caló, *bale*) m. Pelo.

Balebal. (sánscr. *bala*, puerca; caló *balebá*, tocino) m. Jamón.

Balicho. (Caló, *balebá, balibá*) m. Tocino.

Balumbres. (Castell. *valones*; caló *baluñé*) m. Calzoncillos.

Banderilla. f. Llave.

Baranda. (Caló, *barander*, magistrado, juez; *barandar*, castigar) m. Comandante de presidio. || **Mayor.** Gobernador.

Barbalote. (Probablemente es un término irónico, que alude á la actitud desairada del que es robado en la calle. En caló, *barbaló* significa airoso, gracioso) m. Robado por un tomador.

Barbear. a. Tantear para robar. || Seguir de cerca á una persona .

Barbián, ana. (Del caló *barbal, barbán*, aire; sánscr. *pavána*) adj. Gracioso, rumboso, airoso.

Barcas. (Cal. cat.) f. pl. Botinas.

Bari, il. (sánscr. *varya*; caló *baré, ró, rí*) adj. Excelente.

Baste. (Sánscr. *hasta*; caló, *bate, baste*) f. Mano.

Bata. (Caló) f. Madre.

Bato. (Caló) m. Padre.

Bedo de ran. (Del caló *bedoró*, mozo y *ran* vara) m. Cabo de presidio.

Beo. (Caló: matriz, útero) m. Organos sexuales de la mujer.

Beri. (Del caló *beré*, galera) m. Presidio.

Berda. (Del caló *beré*) m. Carro.

Beró. (Del caló *veró*, serón, traducción gitana del germanesco *banasto*, cárcel) m. Presidio.

Berón. Beró.

Berrear. a. Confesar, delatar.

Bicheo. m. Procedimiento para escamotear una alhaja mientras enseña varias de la misma clase el joyero.||Genéricamente se dice de cualquier escamoteo de dinero.

Bisuí. (¿Tér. agitan. de *visual?*) m. Buena vista.

Blanco. (Germ.) adj. Tonto. || Cobarde.

Blasfemo. Quinceno.

Bocata. (Caló) f. Hambre.

Bola. (Germ. feria) f. Libertad.

Borda. (Del caló *burda*, puerta) f. Casa.

Borrega. f. Moneda de cinco duros.

Breva. f. Año. || Caló cat. Onza.

Brija. (Del caló *beriga*) f. Cadena.

Brijill. m. Corazón.

Buchí. (Caló *buchil*) m. Verdugo.

Bufaire. (Término germanesco. De *bufar*, soplar, y *aire*) m. Delator, soplón.

Bultra. f. Bolsillo.

Buqué. (Caló cat.) f. Boca.

Burda. (Sánscr. *dvâra;* caló *burda*) f. Puerta.

Burel. (Caló m. Toro.

Burladero. m. Escondite.

Burladó. (Del caló *bur*, monte, generalizado al juego de naipes de este nombre) Caló cat. m. Jugador.

Burlarse. r. Librarse de la pena.

Burló. (Del caló *bur*) m. Juego.

Burlote. m. Partida de juego de poca cuantía en el juego de banca ó monte.

Burlú. (Del caló *bur*) caf. cat. m. Casa de juego.

Buscar. a. Hurtar.

Busnó. (Del caló *busné, busnó,* extraño, bárbaro) m. Juez. || Rústico.

Buten. (Del caló *bute*, mucho) adv. Excelente.

C

Cabecera. m. El que lleva la banca en el juego.

Cachá. (Caló) f. Tijera.

Cachear. (En el lenguaje jergal del presidio significa registrar) a. Robar.

Cacheo. (En presidio significa registro) m. Robo.

Cal. (Elipsis de *Fis-cal*) m. Fiscal.

Caliche. (Del caló *calé*, cuarto) m. Cobre.

Calcos. (Germ.) m. pl. Zapatos.

Cambiazo. (De *cambiar*) m. Escamoteo practicado por los **tomadores** y **timadores**, que consiste en cambiar un objeto verdadero por otro falso.

Camelar. (Caló) a. Enamorar.

Camelo. (De *came ar*) m. Engaño.

Campana. (Germ.) f. Saya.

Campiria. (Tér. agitan.) f. Campo.

Canariches. m. pl. Botones.

Cangri. (Persa *Kangura*, pináculo, torre; caló *cangarí*, *cangrí*) f. Iglesia.

Canguelo. (Caló) m. Miedo.

Cañas. f. pl. Medias.

Carajo. (Del indostán *Kar'h;* caló *jar*, orinar) m. Miembro viril.

Carboné. (Caló cat.) m. Monedero falso.

Carga. f. Policía.

Cargado. m. Preso.

Cargueño. m. Polizonte.

Carregat. (Caló cat.) m. Preso.

Carti. f. Cartera.

Cartucho. Tarugo.

Caspilla. (Caló cat.) m. Presidio.

Castañas. (Caló cat.) f. pl. Años de presidio.

Castes. (Sánscr. *Kàsht;* caló *casté*, *caté*, palo, bastón) m. Castigo.

Casto. m. Calabozo.

Cate. (Del caló *caté*) m. Bofetada.

Ceras. (Germ. *Cerras*, manos) Caló cat. f. pl. Los municipales.

Cerdañi. (Germ. *cerda*, cuchillo; caló *serdañí*) f. Navaja.

Cingla. f. Cincha.

Cirera (Caló cal.) f. Moneda de cinco duros.

Ciseles. m. pl. Grillos de prisión.

Clariosa. (Germ. *clariosa*, agua) f. Ventana.

Clau. (Germ. *clauca*, ganzúa) f. Llave.

Clauchi. (Tér. agitan.) f. Llave.

Clisos. (Caló *clisé*, ojo) m. pl. Los ojos.

Coba. (Metátesis) f. Boca.

Coba. (De *cobar*) f. Entretenimiento de una persona para engañarla. || Locución. **Dar la coba.** Engaño.

Colgajo. m. Dije.

Comprador. m. Ladrón por el procedimiento del tomador. || **de gachís.** El que roba á las mujeres.

Comprinchar. (Tér. agitan.) a. Comprar. || Hurtar.

Confitura. f. Declaración procesal. || **Tomar confitura.** Tomar el juez la declaración.

Coracero. m. Cigarro puro.

Corbar. (Caló *encorvar.* asesinar; germ. *corvado,* muerto) a. Herir.

Corones. (Caló cat.) m. Moneda de un duro.

Coscar. a. Hurtar.

Costiñar. a. Montar á caballo.

Criar. (Germ.) a. Tener, poseer. || Locución. **Jambo la cria.** El amo tiene dinero.

Cuco. m. Cabo de vara.

Cuento. m. La relación que hace en el **timo** el extranjero. || **del gallego.** Cuando el que la hace se expresa con este acento regional. || **del portugués, del francés.** Cuando se expresa chapurrando las respectivas lenguas á que se alude.

Cuerda. f. Conducción por trámites de justicia. || Gremio delincuente. || **Los de la cuerda.** Los del gremio.

Culebra. (Germ.) f. Faja.

Curda. (Caló *curdó,* borracho; *curdá,* embriaguez) m. Borracho.

Curelar. (Caló) a. Trabajar. || Hurtar.

Currupen. (Caló *curelar,* castigar) m. Castigo.

CH

Chabal. (Caló) m. Joven, mozo.

Chabalillo. dim. Mocito.

Chaborró. (Caló chaboró, hijo) m. Adolescente.

Chai. (Caló chai, niña, mocita) f. Prostituta.

Chalada. (Del caló chalar, ir, caminar) f. Huida.

Chalao, aa. (Caló charlao, loco, perdido el juicio) m. y f. Enamorado.

Chamullar. (Caló) a. Hablar.

Chanar. (Sánscr. djná; caló, chanar, saber) a. Entender. || Locución: **Chanando al chiva.** Advertencia para manifestar que hay presente una persona extraña.

Chancleta. adj. Torpe, irresoluto, cobarde.

Chanelar. (Caló: entender, saber, conocer) a. Entender. || ¿**Chamullas y chanelas?** ¿Hablas y entiendes? Esta es pregunta de inteligencia entre delincuentes habituales.

Changüi. m. Presidiario novato.

Chibato (Del caló chabal, chabó) m. Mozuelo. || Indiscreto.

Chinador. m. Tomador que roba cortando sutilmente la parte de la ropa correspondiente al bolsillo donde está la cartera de que se quiere apoderar.

Chinar. (Caló: cortar, tajar, aserrar) a. Robar cortando sutilmente el bolsillo para que caiga el objeto que contiene. || Romper. Aplícase á romper las cerraduras.

Chinel. (Caló) m. Alguacil.

Chinelas. f. pl. Alpargatas.

Chingar. (Del caló alachingar, alargar, estirar) n. Fornicar.

Chino. (Del caló chinar) m. Corte pequeño y muy afilado para cortar la ropa.

Chino. (Del caló chinel) m. Alguacil.

Chipén. (Del caló chachipé, chachipén) Verdad, realidad. || Locución: **de chipén.** De verdad. Se aplica esta palabra siempre en sentido ponderativo.

Chirlata. (Germ. *chirlar*, hablar) f. Casa de juego de menor cuantía.

Chirroé. (Del caló *chinorré*, pequeño) m. Agujero.

Chiscón. m. Casa.

Chisme. m. Cuchillo, puñal.

Chivarse. r. Delatarse.

Chivato. Chivo.

Chivo. (Representativamente del caló *chota*, delator) m. Soplón.

Choro. (Caló *chorar*, robar; *choraró*, *choruy*, ladrón; *choro*, robo; *choró*, mal, daño) m. Ladrón.

Chota. (Caló) m. Delator, soplón.

Chulapo. Despec. de **Chulo.**

Chulo. (Germ. *chulo*, muchacho) m. Mozo apicarado que se distingue por su porte y costumbres *flamencas.* Se aplica á los pícaros de los barrios bajos de Madrid. || **fandanguero.** Rufián.

Chunguitas. (Del caló *chungalipen*, *chungaló*, tentación, maldad de pensamiento) f. pl. Cosas malas.

Chupa. (Caló cat.) f. Americana.

Chupana. (De *chopo*) f. Choza.

Chupendo. (Del caló *chupendar*, besar) m. Beso.

Chupo. (De *chupa*, m. Chaleco.

Churí (Sánscr. *chchuri*; indostán *churi*; caló *churí*) f. Cuchillo, puñal.

Churré f. Guardia civil.

Churriazo. (Del caló *churi*) m. Puñalada.

Chusco. (Caló cat.) m. Moneda de un duro.

D

Dar. || **La fá.** Dar aviso. || **Garrote á la angui.** Dislocar la anilla de la cadena del reloj.

Datil. m. Dedo.

Debel (Caló) m. Dios.

Descuídero. (De *descuido*) m. Ladrón que roba lo que no está cuidado.

Descuido. m. Hurto que se hace aprovechando la inadvertencia ó el abandono de quien debe vigilar las prendas.

Diablo. m. Calabozo.

Dicañí. (Del caló *dicañí,* mirada) f. Ventana.

Dicar. (Sánscr. *drish*; indostán *dek, hna*; caló *dicar*) a. Ver.

Diñar. (Caló) a. Dar, entregar.

Diquelar. (Caló) a. Atender, mirar.

Drón. (Sánscr. *dram;* griego δρόμος; caló *drun, drund*)m. Camino. || **baró.** Camino real.

Dronista. m. Ladrón de camino y encrucijada. || **greñudo.** Salteador, bandolero.

Dunorré-barí. (Caló *baribustré, baribustripén*, abundancia) m. Mayor. Administrador del presidio.

E

Empalmar. a. Llevar el cuchillo, la navaja ó el puñal, ocultos en la manga, de manera que en el momento oportuno se deslicen y venga la empuñadura á la palma de la mano.

Engañisar. (Tér. agitan.) a. Engañar.

Entierro. m. Procedimiento epistolar que consiste en dirigirse á una persona contándole un episodio histórico de la vida de un presidiario ó preso para tentar su codicia con la adquisición de un tesoro, escondido en el fondo de una maleta que se encuentra ó en poder de la curia ó enterrada en un campo, ó depositada en un establecimiento de crédito.

Entretenida. (De *entretener*) f. **Coba**. ‖ Locución. **Dar la entretenida**.

Eray. (Sánscr. *rádj*; caló *eray*) m. Caballero.

Escama. f. Recelo, suspicacia.

Escamado. adj. Receloso, escarmentado.

Escamarse. r. Recelarse.

Escamón. adj. Suspicaz.

Esgarrabel. (Del caló *estaribel*, cárcel) m. Poner preso.

Espada. (Del caló *espandar*, abrir) f. Llave, ganzúa.

Espaldar. (Caló *espandar*) a. Violentar.

Esparramar. a. Expender moneda y billetes falsos.

Esparruar. (Tér. agitan.) a. Vender.

Espirrabao. (Tér. agitan. de *espirar*) m. Muerto.

Estache. (Caló) m. Sombrero.

Estaña. (Del caló *estaña*, tienda, covacha ó puesto de vender) f. Cuadra de presidio.

Estardó. (Caló) m. Preso.

Estaribel. (Caló) m. Cárcel.

Estaribó. (De *estaribel*) m. Cárcel.

Estarú. (De *estaribel*) m. caló cat. m. Cárcel.

Estranjero. m. El que refiere el cuento en el **timo**.

Estreta. (Germ. jubón, *apretado*) f. Camiseta interior.

F

Falla. f. Baraja.

Farda. (Germ. *farda*, bulto ó lío de ropa; caló *fardí*, ropa, ropaje) f. Ropa.

Fardao. adj. Vestido. || Locución. **Bien fardao**. Bien trajeado.

Farga. (Caló cat.) **Farda**.

Filar (De *fila*, cara, apócope de *filiación*) a. Observar con cuidado á una persona.

Filicho. (Caló *filicht*) m. Chaleco.

Flima. (Del caló *flime*, poco) f. Calderilla, moneda de cobre.

Floja. f. Seda.

Forata. m. Bolsillo interior. || Forastero.

Fuerza. f. Palanqueta.

Ful. m. Falso.

G

Gabi. Gañipen.

Gachó, chi. (Caló) m. y f. Varón, hembra.

Ganar. a. Hurtar.

Gancho. (De *enganchar* m. El que atrae al **primo** en el **timo**. || El que atrae á los **puntos** en las casas de juego. || El que lleva clientela á la casa de prostitución. || El que engancha en cualquier otro género de negocio.

Ganguil. (Caló cat.) f. Sortija.

Gañipea. (Caló cat.) f. Acto de comer.

Gañipén. (Del caló *gancibé, ganciben*, avaricia) m. Rancho.

Gañips. (De *gañipén*) f. Comida.

Gañoteo. (De *gañote*, garganta) m. Horca.

Gao. (Sánscr. *grama;* caló *gau;* germ. *garo*) m. Pueblo. || Casa.

Gatí. (Sánscr. *gâtra*, cuerpo; caló, *gaté*, túnica, camisa) f. Camisa.

Gras. (Sánscr. *Kharu;* indostán *ghora;* caló *grastí*) m. Caballo.

Gremio. (Germ. *germania*) m. Asociación delincuente.

Guaja. (Caló *guaja*, tambor, el que lo toca) m. Pícaro.

Guasa. (¿De *guaja*, tambor, *guajanó*, pito, representativos por los instrumentos y por quienes los tocan, del bullicio y de la picardía?) f. Broma picaresca. || Locución, **guasa viva.** Viveza en la broma.

Guinda. f. Alforja.

Guindala. (De *guindar*, ahorcar) f. Cuerda.

Guillabarse. (Del caló *guiyabar, guiyabelar*, cantar) r. Cantarse.

Guillalaor. (De *guiyabar*) m. Cantador.

Guiñaera. f. Baticola.

Guiri. m. Guardia civil.

Gurapandó. (Germ. *gura*, justicia. Caló: *pandar*, atar, liar, arrollar, estrechar. Es representativo de que el sol es un descubridor de delincuentes) m. El sol.

Guronda. (Del germ. *guro* y *ronda*) caló cat. m. El sereno.

Guita. (Del caló *gui*, trigo) f. Dinero.

Guitarra. (De *guita*, dinero) f. Supuesta máquina de hacer monedas de cinco duros, que se emplea en el **timo de la guitarra.**

I

Infundio. m. Embuste.

Infundioso. adj. Embustero.

J

Jacarandoso. adj. Bien vestido.

Jallares. (Del caló *jayere*, hacienda, fortuna) m. pl. Dineros.

Jamar. (Sánscr. *Khâd;* caló *jamar*) a. Comer.

Jamba. f. Ama de casa.

Jambizaro. (Del caló *hambé*, muchedumbre) m. Amo de casa.

Jambo. Jambizaro.

Jambo-baró. (Del caló *hambé*, muchedumbre, y *baró*, grande) m. Comandante de presidio.

Jambrú. (Caló cat.) m. Cortejo.

Jara. (Del caló *jara*, onza de peso) Moneda de oro de diez y seis duros.

Jerre. (Del caló *jeró*, cabeza, cumbre, almena) m. Guardia civil.

Jili. (Del caló *jily*, inocente, cándido) m. Tonto, memo.

Jindama. (Caló) f. Miedo, cobardía.

Jundo-gaché. (Del caló *jundo*, soldado, y *gaché*, varón) m. Empleado del cuerpo de penales.

Jundo-pasma. (Del caló *jundo*, soldado, y el término jergal *pasma*) m. Empleado de la policía.

Jundunarer. (Del caló *jundo*) f. Tropa.

Junca. (¿Del caló *juncal*?) m. Cajón.

Juncal. (Caló) adj. Generoso, liberal, espléndido.

Junar. (Caló *junar*, oir, escuchar) a. Atender. || Locuciones. **Junar al primero.** Atender al jefe cuando practican el atraco. || **Junando al chiva.** Advertencia de que hay persona extraña.

Jurba. (Caló cat.) f. Agua.

L

Lacha. (Caló) f. Vergüenza.

Lagarto. (Por el color verde y forma alargada de algunas bolsas de dinero) m. Bolsa de dinero.

Lama. (Caló) f. Plata.

Largui. (Caló cat.) m. Dedo.

Lata. (Dar la lata en las tabernas de Andalucia, consistió en expender en pequeñas vasijas de hoja de lata la mezcla de todos los vinos y licores que se juntaban en un lebrillo, como sobrante de lo que dejaban los bebedores en vasos y copas. El efecto trastornador que producía esta pócima, explica, por la intemperancia de palabra del borracho, la locución jergal) f. Conversación pesada, impertinente y molesta. ‖ **Dar la lata.** Hablar sin consideración á la molestia que se causa á la persona y al público, por la pesadez del hablador ó del asunto.

Latero. adj. Hablador pesado.

Latoso. Latero. ‖ Se aplica también al asunto de la conversación y de la oratoria.

Latigazo. (¿De *lata*?) m. Trago de aguardiente.

Levosa. f. Levita.

Libanar. (Caló) a. Escribir.

Libanó. (Caló) m. Escribano. ‖ Todo el que escribe.

Libertarucho. f. Libertad.

Licha. (Del caló *liché*, vacío) f. Calle.

Liga. f. Seda.

Lila. (Del caló *liló*, loco, extravagante. Puede ser una derivación del cast. *lelo*. En Aragón se dice «lilo» por «lelo». Dícese también «lilaila») m. Simple.

Lima. (Germ.) f. Camisa.

Lio. m. Enredijo amoroso. ‖ **Estar liado.** Estar amancebado. ‖ Confusión, desarreglo. **Estar hecho un lio.** Esta locución se aplica genéricamente á todo el que se manifiesta incierto ó aturdido en lo que hace ó en lo que dice.

Loba. f. Boca.

Luar. (¿De *liar*?) a. Atar.

Lumbaga. (Del caló *lua*, peseta) f. Peseta

Lumia. (Del caló *lumiaca, lumiasca*) f. Prostituta.

Luz. f. Dinero.

LL

Llamara. (Del caló *lama*) caló cat. f. Plata. ‖ **Boba.** Moneda falsa.

Lleona. (Caló cat.) f. Caja de guardar caudales.

Llima. (Germ. *lima*) caló cat. f. Camisa.

Lluqueras. (Caló cat.) f. pl. Alpargatas.

M

Madrugar. a Adelantarse á herir.

Maestra. f. Ganzúa.

Magra. f. Casa.

Magué. (Caló) m. Miembro viril.

Maleta. (De *malo*. Jerga taurómaca) m. Ladrón torpe.

Mangarelchite. (Del caló *mangar*, pedir y *chitar*, colocar) m. Dar el alto.

Mangue. (Caló) pron. pers. Me, mi.

Manró. (Indostán *mar'nee*; caló *manró*) m. Pan.

Manso. (Germ. *sufrida*, cama) m. Colchón.

Manú. (Sánscr. *mrit*; caló *manú*) m. Hombre.

Mara. f. Gente.

Maraña. f. Gente.

Marca. (Germ.) Caló cat. f. Mujer. ‖ **tuna.** Mujer lista.

Marcha. f. Asociación ladronesca. ‖ Locución. **Los de la marcha.** ‖ **Ir á la marcha.** Robar.

Marmallas. m. pl. Cartuchos de arma de fuego.

Marmellas. f. pl. Tetas.

Marrajo. m. Candado.

Mediomundo. m. Paraguas.

Mecha. (De *mechar*) f. Procedimiento para robar en las tiendas, que consiste en escamotear las piezas de tela llevándoselas ocultas entre las piernas y bajo las basquiñas.

Mechera. f. Ladrona que roba por el procedimiento de la mecha.

Merar. (Caló) n. Morir.

Merchero. m. Comerciante.

Mestipen. (Caló *mestipé, mestepen*, reducción, rescate, liberación) f. Libertad.

Meter. || **el tarugo. Cambiazo** que se hace en el **timo.**

Miche. (Sánscr. *mikh*, naturaleza) m. Órganos genitales de la mujer.

Minador. m. Ladrón que hace escalos por alcantarillas.

Misa. f. Peseta.

Mitisarar. (Tér. agitan.) a. Meter.

Moco. m. Cadena que queda desprendida después de haber quitado el reloj del bolsillo.

Mojada. f. Puñalada, navajada.

Morabio. (De *mora*) m. Vino tinto.

Mordaga. f. Borrachera.

Moreno. m. Monte.

Mostagán. (De *mosto*) m. Vino tinto.

Mují. f. La muerte.

Mul. (Sánscr. *muka;* caló *mui*) Boca. || Lengua.

Mulabar. a. Matar, ajusticiar.

Mulé. (De *mulabar*) f. Muerte. || Locución. **Dar mulé.** Matar.

Muleta. f. Cualquier prenda que lleva el **tomador** para disimular el escamoteo. || Gabán que se lleva al brazo.

N

Nuba. (Germ.) f. Capa.
Nubol. (Caló cat.) f. Sábana.
Najar. (Indostán *nasha;* caló *najar*) n. Huir. || Locución. **Salir de naja.** Huir.
Nililo. adj. Loco.
Novato. adj. Primerizo, inesperiente.

O

Oscura. f. Noche.
Ostilar. (Del caló *ustilar,* coger, tomar, percibir) a. Robar.

P

Paleta. f. Cuchara.
Pandipen. (Del caló *pandelar,* oprimir, apretar, sujetar) m. Calabozo.
Panoll. adj. Tonto, cándido.
Pañaló. (Del caló *pañi,* sánscrito *paniya,* agua) m. Aguardiente.
Pañosa. f. Capa.
Papil. (Del caló *papiri,* vale, bono) Caló cat. m. Billete de banco.
Papiro. (Gr. πzπύρz; lat. *papirus;* caló *pa irí*) m. Billete de banco. || **chinorrí.** (Caló *chinorré,* pequeño) Billete de banco de 25 pesetas.
Pardillo. m. Hombre rústico.
Parlo. (Caló) m. Reloj de bolsillo.

Parné. (Caló) m. Dinero.
Parpusa. f. Gorra.
Pasanta. (Caló cat.) f. Balanza.
Pasma. f. La policía. || Ladrón que vigila mientras los demás roban.
Pavias. f. pl. Narices.
Payo. m. Guardia civil.
Pego. m. Procedimiento de fullería, en el juego de monte, consistente en que salga adherida con otra la carta que no le es favorable al tahur.
Peleón. m. Vino.
Pelés. (Del caló *pelé,* huevo) m. pl. Testículos.
Pelma. adj. Torpe, pesado. Lo aplican los **tomadores del dos** á la persona que por su descuido y

torpeza es fácil despojarla.

Pelosa. (Germ.) f. Manta.

Pelusa. f. Manta.

Peñascaró. (Caló) m. Aguardiente.

Perchear. a. Tantear, reconocer.

Perdi. (Del caló *perdinel*) m. Guardia civil.

Perista. m. El que compra las alhajas robadas por los ladrones

Perruca. (*Pelucona* se dice familiarmente) caló cat. f. Moneda de oro de diez y seis duros.

Pesqui. (Caló) f. Sagacidad, penetración.

Pestaña. f. Vista penetrante. || Mirada escudriñadora.

Peta, te. m. Nombre. || **Petate ful** Nombre supuesto. || **Paruguelar el peta.** Cambiar de nombre.

Pica en terra. (Caló cat.) f. Gallina.

Piltra. (Germ.) Cama.

Pincha ubas. m. Alfiler de corbata

Pincho. m. Rufián.

Pinré. (Indostán *puer*; caló *pinré*) m. Pie.

Pirabar. (Caló) n. Cohabitar.

Pirarse. (Indostán *p'hirna;* caló *pirar*, andar; caminar, pisar) r. Huir.

Piro. m. Sustracción de un objeto. || **Dar el.** Sustraer la bolsa.

Plancha. f. Equivocación. || Locuc. **Tirarse una plancha.**

Plas, sa. (Caló *plal*) m. y f. Hermano, cofrade.

Plasta. (Caló) f. Capa.

Plima. Flima.

Pluma. f. Cuchara.

Poli. f. La policia.

Polilla. f. La policia.

Polvorosa. f. Plaza.

Porta. m. Portamonedas.

Porter. (Caló cat.) m. Portamonedas.

Potasa. (Caló cat.) m. Bolsillo.

Prevenda. f. La prevención.

Primo. (Apócope de *primerizo*) m. El que se deja engañar.

Privar. (Caló) a. Beber.

Privelo (De *privar*) m. Caña ó vasito para beber vino.

Prófulo. m. Cerilla.

Pullosa. (Germ. *pelosa*) Caló cat. f. Manta.

Punto. m. Jugador. || Real.

Purí. (Sánscr. *purá*; caló *purí*, anciano) adj. Viejo, avezado.

Puro (Caló cat.) **Purí.**

Pusca. (Caló *pusca;* escopeta) f. Escopeta. || Pistola. || Cajón. || m. Delator.

Pusla (Caló, *pusca*) caló cat. Pistola.

Q

Quer. (Sánscr. *gâra*; caló *quer*) m. Casa. || **De las 27 letras.** Casa cuartel de la Guardia civil.

Quiló (Caló *quilé, quilen*) m. Miembro viril.

Quinar. (Sánscr. *Kri*; hebreo *Kana*; caló *quinar*) m. Comprar.

Quinaor. m. Quinquillero. ||

De gumas y cacarelos. Quinquillero.

Quinceno. m. Delincuente habitual á quien como único recurso le imponen arbitrariamente quince días de arresto gubernativo por **blasfemo**, no pudiendo castigarlo por sus fechorías que no son descubiertas.

R

Randa. (Del caló *randé*, ratero, ladrón) m. Ladrón.

Rastrí. (Tér. agitan. de *rastía*) f. Cadena. || Grillos. || Faja.

Rata. m. Ladrón de la delincuencia asociada de Madrid.

Rato. m. Jefe de vigilancia.

Ratonero. m. Escalador. || Estafador.

Reblandañl. f. Piedra.

Recañl. (Tér. agitan. de *reja*) f. Reja de ventana. || Ventana.

Rechiflarse. r. Escamarse.

Registro. m. Procedimiento para hurtar.

Repañi. (Caló) f. Aguardiente.

Retamo. m. Capote de monte.

Rodeño. m. Individuo de la policía.

Roncu. (Caló cat.) m. Cajón con dinero.

Ronda. f. Convite colectivo de copas de vino. || Caló cat. Faja.

Rulo. Tarugo.

Rumi. (Caló) f. Mujer.

Runcali. (Caló cat.) m. Carro.

S

Safista. m. Ladrón de pañuelos de bolsillo.

Safo. m. Pañuelo.

Salvar. a. Robar.

Salto. m. Procedimiento de fullería en el juego de naipes, consistente en saltar la carta que no es favorable.

Sandunga. (Caló) f. Gracejo, garbo.

San sivela. interj. ¡Chitón!

Santero. (De *santo* y *seña*) m. El que avisa á los ladrones. || Confidente de ladrones.

Sardó. (Caló) m. Sargento.

Sepia. f. Levita.

Sicobar. (Caló, con el significado de sacar, repartir) a. Asaltar, atracar y despojar.

Sobre. f. Chaqueta.

Soga. f. Cadena.

Sonague. (Caló *sonacay*; sánscr. *svarnaka*) m. Oro.

Sonanta. f. Guitarra.

Sonsi. (Del caló *sonsí*, boca, labio) interj. ¡Silencio!

Sorna. (Germ.) f. Sueño.

Sorna. (Del caló *sonacay*) f. Oro.

Sornar. (Germ.) n. Dormir.

Sorñi. m. Oro.

Sorno. (Caló cat.) m. Oro.

Sorxe. (Caló cat.) m. Soldado.

Sosada. f. Tontería.

Susqueja matinal. (Caló cat.) Rancho.

T

Taba. (Caló cat.) f. Mentira.

Taco. (Del sánscr. *tchchard*, vomitar; caló *taco*) m. Regüeldo.

Talabosa. (Del caló *tol rar*, vestir) f. Ropa.

Tapia. (Germ. *pala*) m. El ladrón que se pone delante de la persona que va á ser robada, para distraerle la atención.

Tapu. (Caló cat.) m. Tapabocas.

Tarugo. m. Cartucho lleno de perdigones y hecho de manera que pueda simular estar lleno de monedas de oro.

Tasca. f. Casa

Tea. f. Naranja.

Tendero. m. Jorobado.

Tenelar. (Tér. agitan.) a. Tener.

Terne. (Sánscr. *tarun'a*, joven; caló *terné*, valiente) adj. Valiente.

Teta. ‖ Registro de la. Procedimiento de las ladronas que se dejan manosear para robar, y después se retraen haciéndose las ofendidas.

Timado. m. El que es robado por el procedimiento del timo. ‖ El que es engañado.

Timador. m. Ladrón que interviene en el **timo**.

Timar. (Del caló *timujiar*, adivinar) a. Engañar por el procedimiento del **timo**. ‖ Estafar. ‖ r. Entenderse un hombre y una mujer con miradas de simpatía amorosa.

Timba. f. Juego del monte. ‖ Pañuelo con dinero.

Timo. (Del caló *timujanó* adivino) m. Procedimiento para estafar á una persona tentándole la codicia. Intervienen en él el **gancho** (que es quien adivina), el **extranjero** (que es quien aparenta dejarse engañar) y el **primo** (que es el engañado). Todo consiste en que el **extranjero**, para depositar en poder de los otros dos una cantidad respetable de dinero, les exige que pongan ellos otra cantidad en garantía. Juntas todas las cantidades en un pañuelo, que dejan en poder del **primo**, escamotean al juntarlas el dinero de éste, y cuando pasan horas y lo quiere reconocer, no encuentra más que los perdigones que contiene el **tarugo**. (Véase el pormenor en **LA DELINCUENCIA ASOCIADA**).

Tintorro. m. Vino tinto.

Tío. a. m. y f. Hombre y mujer.

Tirajay. (Caló) m. Zapato.

Tirante. m. Bastón.

Tirón. m. Procedimiento para robar de las muestras de las tiendas. Lo practican dos rateros. Va uno delante y pasa sin tocar nada, y el que lo sigue tira de un pañuelo ú otra prenda y echa á correr en la dirección de su compañero. En esto sale el tendero á perseguir al ladrón, pero éste ya ha entregado el pañuelo al que iba delante y se vuelve (**hace la contramarcha**) para darse un encontronazo con el tendero, dificultándole la marcha mientras el que lleva lo robado desaparece.

Tizo. m. Dedo.

Tomador. m. Ladrón que escamotea. || **Del dos**. Que practica el escamoteo con dos dedos de la mano. Es generalmente ladrón de relojes de bolsillo. Los hay especialistas en escamotear alfileres de corbata. Hay especialistas en robar carteras.

|| **De chino**. Que corta sutilmente la parte de la ropa correspondiente al bolsillo para que caiga lo que contiene. Los que se valen de tal procedimiento son ladrones de carteras.

Tomar. a. Hurtar. || **la estampa**. El molde de la llave ó de la cerradura, para hacer una llave.

Tope. m. Campanilla ó timbre de habitación. || Procedimiento de que se vale el **topista**.

Topista. m. Ladrón de habitaciones que procede á la ventura. Entra en una casa y para saber si en determinada habitación hay gente, toca el **tope**. Si contestan pregunta si vive allí determinada persona y diciéndole que no se escusa y se retira. Si no contestan, procede á forzar la cerradura.

Trabajar. (Germ.) a. Hurtar. || **el percal**. Expender moneda falsa.

Trajandil. (Caló *prajandi*)

Caló cat. m. Cigarro puro.

Tralla. (Apócope de *trahilla*) f. Cadena.

Trena. (Germ.) f. Cárcel.

Tricornio. m. Guardia civil.

Trigo. m. Dinero.

Trona. (Caló cat.) f. Pistola.

Troncho. m. Pescuezo.

Trujan. (Tur. *tatun;* caló, *trujan*) m. Tabaco.

Trullo. m. Calabozo. ‖ Tren

Tura. (Caló cat.) f. Gorra.

V

Valla. f. Punto desde donde se hace la mina para un escalo.

Vallero. m. Guarda de la valla.

Vender. ‖ la castaña. Trocar el tarugo por el dinero del primo en el timo.

Veo baró de redunde. (*Vea*, huerto; *baró*, principal; *redundi*, garbanzo) m. Comandante de presidio.

Vihuela. Guitarra.

Viuda. (Germ.) f. Horca.

Vivo. adj. Listo, inteligente.

Z

Zacoime. (Germ.) Criado de confianza.

ADVERTENCIA FINAL

Este léxico debe considerarse como el primer ensayo de un VOCABULARIO DE CALÓ JERGAL. En tal sentido debe considerarse incompleto.

Contiene menos voces de las que se mencionan en el texto del libro referente á este asunto, bastando citar, para demostrarlo, los neologismos gitanos que se mencionan en las páginas 216 y 217.

No constan en él algunas voces de uso muy frecuente y que en un léxico más completo habrá que incluirlas. Tal ocurre, por ejemplo, con **Carpanta** (hambre).

Como hemos procurado atenernos á la documentación de los mismos delincuentes, hemos reducido las palabras á las que ellos mencionan en la colección de documentos que nos han servido de guía.

Más adelante, y si este libro tuviera la fortuna de una nueva edición, procuraremos hacer un VOCABULARIO DE CALÓ JERGAL en que consten todas las palabras jergales que usa el pueblo y que usan distintas asociaciones y colectividades relacionadas de este modo por cierta simpatía que influye en la comunidad de un lenguaje que se manifiesta en lo más hondo y en lo más elevado de la sociedad española.

AUTORES CITADOS EN ESTE LIBRO

Páginas

Alcalá (Jerónimo de)........................... 78 y 208
Alemán (Mateo)............ 22, 72, 78, 171, 172, 182 y 252
Arcipreste de Hita........................... 88 y 107
Ariosto.................................... 168
Ascoli.................................... 209
Bataillard.................................. 209
Biondelli.................................. 24
Borrow.................................... 86
Boyardo................................... 168
Capmany.................................. 67
Carboneres (Manuel)......................... 87
Cerdán de Tallada........................... 80
Cervantes. 22, 69, 75, 78, 106, 115, 116, 118, 122, 136, 141 y 160
Clemencín............................ 69, 169 y 199
Colocci.......................... 138, 143, 159 y 210
Costa (Joaquín)............................. 10
Covarrubias (Sebastián)...................... 56 y 215
Chaves (Cristóbal de'. 12, 21, 44, 60, 97, 128, 136, 151,
                                       157, 161 y 173
Durán (Agustín)............................ 91
Espinel................................ 78 y 208
Estébanez (Serafín).......................... 18
Fernández Guerra............................ 215
García (Francisco).......................... 235

Páginas

García (Pablo)..................................... 56
Gil Maestre (Manuel)...................... 226, 228 y 250
Hidalgo (Juan). 17, 25, 26, 70, 72, 106, 117, 118, 120,
　125, 153, 157, 165, 172, 200, 207, 224, 225, 257, 258 y 260
Laurent....................................... 13 y 68
Leland.. 212
Lombroso. 11, 12, 13, 16, 17, 18, 33, 44, 85, 100, 105,
　　　　　　121, 139, 141, 144, 158, 167, 198 y 201
Lugilde (Manuel)................. 226, 230, 239, 241 y 246
Luna (H. de).. 208
Mayor.. 167
Meneses.. 208
Miklosich.. 209
Nicolás de Piamonte................................ 168
Prado (Andrés de).................................. 195
Quevedo........... 22, 72, 75, 106, 114, 138, 165, 173 y 177
Reuss.. 133
Royer.. 11 y 12
Sales Mayo (Quindalé)..... 85, 117, 147, 195, 213, 215 y 225
Sancho de Moncada................................. 208
Tarde.. 14 y 15
Turpín................................. 168, 169 y 199

OBRAS CITADAS EN ESTE LIBRO

Páginas

Ardid de la pobreza y astucias de Vireno 195
Catón del agente de policía judicial 235
Coloquio de los perros .... 101, 106, 114 y 208
Día y noche de Madrid .... 77, 85 y 172
Diccionario caló castellano .... 85 y 225
Don Gregorio Guadaña .... 77, 141 y 172
Don Quijote de la Mancha .... 69, 75, 106 y 107
El casamiento engañoso 116
El castigo sin venganza 77
El celoso extremeño 122
El diablo cojuelo .... 77 y 168
El donado hablador 78
El escudero Marco de Obregón .... 78 y 208
El Lazarillo de Tormes .... 72 y 252
El Soldado Píndaro .... 77 y 141
Escenas andaluzas 18
Estebanillo González .... 76, 118 y 168
Genio e follía 44
Guzmán de Alfarache .. 72, 155, 157, 161, 171, 172, 182 y 184
La criminalidad comparada 14
La Gitanilla 208
La gran conquista de Ultramar .... 168, 169 y 198
La pícara Justina 26, 75, 84, 85, 99, 101, 117, 128,
                                168, 179, 190, 201 y 200

Páginas

La prostitución en France et á l'etranger............... 133
Les habitués des prisons de Paris..................... 13
L'Uomo delinquente............... 14, 16, 22, 34, 105 y 198
Orden de procesar.................................... 56
Pedro de Urdemalas................................. 208
Picaronas y alcahuetes............................... 87
Relación de la cárcel de Sevilla..................... 128
Revista general de Legislación....................... 229
Rinconete y Cortadillo.. 69, 75, 103, 118, 126, 133, 146,
160 y 162
Romancero general.................................. 91
Tesoro de la lengua castellana....................... 56
Virtud al uso y mística á la moda................. 162 y 200
Visita de la cárcel y de los presos................... 80

INDICE

	Páginas
Advertencia preliminar	v

TEORÍA Y CARACTERES DE LA JERGA

Definición	9
Caracteres que se atribuyen á las jergas	13
CARACTERES DE LA JERGA ESPAÑOLA. Alteraciones fonéticas. Formas de permutación	37
Formas de eliminación	39
Formas de fusión	39
Formas de representación	41
Calificación por atributos	41
Simplicidad de las representaciones	44
Exageración de representaciones	49
a) Representaciones que derivan de la persecución ó del castigo	53
b) Términos de influencia marítima	57
c) Acción	58
Eufemismos	59
Concordancias y derivaciones	62
Personificaciones	64
Origen de la jerga	66
La jerga en la literatura	71

Páginas

LA GERMANÍA

(ASOCIACIÓN DELINCUENTE)

La jerga y la sociología............................ 81
GRUPO RUFIANESCO.. 83
Nombres de la mancebía........................... 84
Nombres de las prostitutas........................ 84
Nombres de los rufianes........................... 86
Nombres de los dueños ó encargados del burdel...... 87
Nombres de los sirvientes de las prostitutas, rufianes
    y encargados ó dueños del burdel................. 87
Nombres de las alcahuetas......................... 90
Nombres de los contribuyentes..................... 90
Términos referentes á los beneficios que la prostituta
    proporciona al rufián........................... 91
La prostituta y el rufián.......................... 91
GRUPO LADRONESCO................................ 103
Los ladrones...................................... 103
Auxiliares de los ladrones......................... 126
Los matones...................................... 127

PSICOLOGÍA Y SOCIOLOGÍA DE LA JERGA

.... 129
Concepto anatómico............................... 136
Concepto fisiológico.............................. 143
Concepto psicológico............................. 150
Concepto sociológico............................. 158
Concepto jurídico................................ 167
CONCEPTO DELINCUENTE............................ 180
Concepto económico.............................. 180
Actividad.. 190
Persecución...................................... 192
Riñas y armas.................................... 196
Resumen... 201

EL CALÓ JERGAL

Transformación de la germania..................... 207
Palabras de germania incorporadas al caló.......... 224
Palabras de germania que aún se usan.............. 225
El caló.. 231
Caló criminal..................................... 232
Cómo se usa el caló............................... 239
Jergas regionales................................. 250
Otras jergas...................................... 251

VOCABULARIOS JERGALES

.... 257
Vocabulario de Germania.......................... 263
Vocabulario de caló jergal 311